安徽省社会科学普及规划项目（项目编号Z17013）研究成果

安徽民俗的教育意蕴

伍德勤　毛新梅　编著

北京师范大学出版集团
安徽大学出版社

图书在版编目(CIP)数据

安徽民俗的教育意蕴/伍德勤,毛新梅编著.—合肥:安徽大学出版社,2019.1
ISBN 978-7-5664-1750-3

Ⅰ.①安… Ⅱ.①伍… ②毛… Ⅲ.①风俗习惯—安徽 Ⅳ.①K892.454

中国版本图书馆CIP数据核字(2019)第007823号

安徽民俗的教育意蕴

伍德勤 毛新梅 编著

出版发行:	北京师范大学出版集团 安徽大学出版社 (安徽省合肥市肥西路3号 邮编230039) www.bnupg.com.cn www.ahupress.com.cn
印　　刷:	合肥现代印务有限公司
经　　销:	全国新华书店
开　　本:	170mm×240mm
印　　张:	15
字　　数:	205千字
版　　次:	2019年1月第1版
印　　次:	2019年1月第1次印刷
定　　价:	39.00元

ISBN 978-7-5664-1750-3

策划编辑:姜　萍　　　　　　　　　　装帧设计:李伯骥
责任编辑:姜　萍　王　晶　王　黎　　美术编辑:李　军
责任印制:陈　如　孟献辉

版权所有　侵权必究

反盗版、侵权举报电话:0551—65106311
外埠邮购电话:0551—65107716
本书如有印装质量问题,请与印制管理部联系调换。
印制管理部电话:0551—65106311

合肥包公祠

桐城文庙

宣城"文房四宝"文化节

徽州牌坊群

亳州龙灯会

菠林喇叭

三河旱船

凤阳花鼓

旌德打棍求雨习俗

砀山斗羊习俗

临泉肘阁戏

绩溪手龙舞

黄梅戏《女驸马》

芜湖铁画·迎客松

阜阳剪纸·年年有鱼

凤阳凤画·丹凤朝阳

霍邱泥塑·童趣

前　言

　　安徽位于华东腹地,是我国东部襟江近海的内陆省份,跨长江、淮河中下游,东连江苏、浙江,西接湖北、河南,南邻江西,北靠山东。清朝康熙六年(1667年)正式建省,取当时安庆、徽州两府首字得名。境内有皖山、皖水(即现今的天柱山和皖河),春秋时曾被封为皖国,故安徽简称"皖"。安徽省省树为黄山松,省花为皖杜鹃,省鸟为灰喜鹊。全省东西宽约450公里,南北长约570公里,总面积13.96万平方公里,居全国第22位。据2016年统计,全省户籍人口7027万人,共有52个民族散居其间。境内主要山脉有大别山、黄山、九华山、天柱山等,共有河流2000多条、湖泊110多个,包括长江、淮河、新安江和全国五大淡水湖之一的巢湖。长江、淮河横贯省内,将全省划分为淮北平原、江淮丘陵和皖南山区三大自然区域。安徽是中国文明的重要发祥地,拥有皖北、淮河、新安、庐州、皖江五大文化圈。安徽是中国道家文化、北宋理学等重要文化的发源地。建安文学、桐城文派、新安文学在不同时期开启了中国文风之先。中国历史上的道家思想创始人老子、庄子,东汉的神医华佗,三国时期的政治家、军事家曹操,明朝开国皇帝朱元璋,洋务运动领袖李鸿章,近代新文化运动的代表人物陈独秀、胡适,伟大的人民教育家陶行知等,都出自安徽。安徽六安是中国革命重要的红色根据地之一,其中金寨县是全国三大将军县之一。安徽凤阳小岗村是中国现代农村改革的发源地,如今新时代农村振兴计划已拉开序幕,五大发展(创新、协调、绿色、开放、共享)美好安徽建设正在进行。继承、发展和创新安徽地方民俗文化,是五大发展美好安徽建设的需要,更是安徽农村振兴的需要。

"民俗"是指一个民族或一个社会群体在长期的生产实践和社会生活中逐渐形成并世代相传、较为稳定的文化事项。简言之,就是民间流行的风尚、习俗。它包括信仰民俗、语言与文学民俗、生产与生活民俗、戏剧舞蹈书画等艺术民俗,以及休闲杂艺民俗等。民俗起源于人类社会群体生活的需要,在各个民族、时代和地域中不断形成、扩大和演变,为人们的日常生活服务,并成为人们日常生活的重要组成部分。它是一种来自于人民、传承于人民、规范人民的生活,并深藏于人民的语言、行为和心理中的最基本力量。中国是一个具有悠久的民俗文化传统的国家,各民族都有广大人民群众创造的各类民俗文化,并代代相传。这些民俗不仅奠定了中华民族的基本特征,也丰富了人们的生活,增强了民族的凝聚力。

安徽民俗资源极其丰富。京剧的"始祖"在安徽,黄梅戏是中国现代五大剧种之一,九华山是中国四大佛教圣地之一,齐云山是中国四大道教圣地之一,徽菜是中国八大名菜之一,古井贡酒是中国八大名酒之一;安徽也是老庄故里,孔雀东南飞的故地。另外,芜湖铁画、凤阳凤画、华佗五禽戏、徽派建筑、桐城文风以及包公廉政文化等,都是独一无二的。本书立足于安徽,并突出"民俗的现代教育价值"这一主题,既注重全面收集资料,又兼顾民俗文化的多样性和地区分布的广泛性。从安徽省内众多的民俗事项中精选了160余个民俗事项,侧重于德、智、体、美、劳等多方面教育内涵的挖掘与分析,或直接将民俗事项的内容呈现给读者,由读者自行体悟其中的教育意蕴。全书共分为五个部分:安徽民间传说信仰民俗与教育;安徽民间生活生产民俗与教育;安徽民间戏曲歌舞民俗与教育;安徽民间语言书画民俗与教育;安徽民间休闲杂艺民俗与教育。同时,将《中华人民共和国非物质文化遗产保护法》《安徽省非物质文化遗产条例》《教育部关于印发〈完善中华优秀传统文化教育指导纲要〉的通知》《中共中央办公厅　国务院办公厅印发〈关于实施中华优秀传统文化传承发展工程的意见〉》附于书后,便于大家学习和了解,以促进对国家和地方非物质文化遗产的保护、宣传与传承。总之,编写此书的目的,不仅是展示安徽地方民俗文化丰富的教育内容和民俗活动的教育功能,而且希望读者多从教育的视角审视和观照博大精深的地方民俗文化,主动从民俗文化事项和活动中汲取自我发展的精神食粮。尤其是家长和教师,要注重从民俗文化中选取有价值的教育信息和文化养分,促进青少年健康发展。所以,此书适合广大社会人群,尤其是安徽大中小学学生及其家长、教师阅读,也可作为安徽地方学校开设地方课程或校本课程的参考资料以及民俗旅游景点的文化读本。

目 录

第一章　安徽民间传说信仰民俗与教育

1. 不持一砚无丝藕 …………………………………… 002
2. 昭关难过走太平 …………………………………… 004
3. 合肥地名传孝道 …………………………………… 006
4. 弃官寻母孝先行 …………………………………… 007
5. 管仲甘罗颍上生 …………………………………… 008
6. 老子庄子亳州人 …………………………………… 011
7. 张辽威震逍遥津 …………………………………… 014
8. 铭传大败法国军 …………………………………… 016
9. 三过家门而不入 …………………………………… 018
10. 让他三尺又何妨 …………………………………… 019
11. 刘邦入洞项羽刎 …………………………………… 020

12 鞭打芦花问后妈 ……………………………………… 021

13 庙会首推大九华 ……………………………………… 023

14 寿县庙会四顶山 ……………………………………… 024

15 琅琊庙会初九日 ……………………………………… 025

16 祭祖祭社寄深情 ……………………………………… 027

17 桐城文庙兴文教 ……………………………………… 028

18 孤山小姑爱彭郎 ……………………………………… 030

19 潜山孔雀东南飞 ……………………………………… 031

20 舒城梁祝蝶双飞 ……………………………………… 032

第二章 安徽民间生活生产民俗与教育

21 起名抓周寄希望 ……………………………………… 035

22 成年礼仪促成长 ……………………………………… 036

23 婚礼夫妻誓恩爱 ……………………………………… 038

24 寿礼葬礼敬尊长 ……………………………………… 039

25 岁时节日年年有 ……………………………………… 041

26 红色家风传初心 ……………………………………… 044

27 中山装与虎头鞋 ……………………………………… 046

28 羽扇折扇凉风来 ……………………………………… 047

29 祠堂牌坊马头墙 ……………………………………… 049

30 上梁乔迁福满堂 ……………………………………… 052

31 打棍求雨安苗节 ……………………………… 054

32 牛歌傩舞祈丰年 ……………………………… 055

33 吴山贡鹅无为鸭 ……………………………… 058

34 符离烧鸡老乡鸡 ……………………………… 059

35 大杂烩与一品锅 ……………………………… 061

36 臭鳜鱼与枕头馍 ……………………………… 063

37 八公豆腐身自白 ……………………………… 065

38 九华佛斋心自清 ……………………………… 067

39 古井口子醉三秋 ……………………………… 068

40 毛峰瓜片祁门红 ……………………………… 072

第三章 安徽民间戏曲歌舞民俗与教育

41 庐剧黄梅安徽粹 ……………………………… 077

42 凤阳花鼓天下名 ……………………………… 079

43 国剧源于青阳腔 ……………………………… 080

44 砀山四平学众长 ……………………………… 082

45 肘歌抬歌儿童戏 ……………………………… 083

46 梆子坠子泗州戏 ……………………………… 084

47 目连救母倡善行 ……………………………… 086

48 渔鼓道情唱道情 ……………………………… 087

49 酉华唱经伴锣鼓 ……………………………… 089

50	古碑丝弦锣鼓声	090
51	跳旱船与踩高跷	092
52	手龙舞与火老虎	094
53	舞狮子与玩龙灯	095
54	鱼灯蛇灯十兽灯	098
55	皖东民歌唱人生	100
56	皖西民歌献新人	102
57	秧歌号子唱劳动	104
58	民谣儿歌伴童真	106
59	坟台菠林吹喇叭	108
60	佛歌道曲唱三生	110

第四章 安徽民间语言书画民俗与教育

61	安徽大鼓百姓爱	113
62	苗湖书会听众多	115
63	民间谚语多智慧	116
64	诗意对联育民魂	117
65	"文房四宝"国之宝	119
66	年画年画年年画	122
67	凤画源于朱元璋	123
68	吴山铁字耀中华	125

69 芜湖铁画传世界 …………………………… 126

70 阜阳剪纸美名扬 …………………………… 128

71 葫芦烙画火笔画 …………………………… 130

72 和县羽毛庐州蛋 …………………………… 131

73 旌德漆画细阳绣 …………………………… 133

74 灵璧石刻磬声扬 …………………………… 134

75 界首彩陶工艺精 …………………………… 135

76 根雕玉雕显神功 …………………………… 136

77 皖南竹雕技精湛 …………………………… 138

78 皖北面塑情意长 …………………………… 139

79 "徽州三雕"秀绝活 ………………………… 140

80 沿淮泥塑逗人乐 …………………………… 142

第五章 安徽民间休闲杂艺民俗与教育

81 亳州华佗五禽戏 …………………………… 146

82 徽拳洪拳东乡拳 …………………………… 147

83 利辛猴戏扁担戏 …………………………… 150

84 临泉杂技与马戏 …………………………… 152

85 足球老祖是蹴鞠 …………………………… 153

86 老少皆宜打木球 …………………………… 155

87 花棍原是霸王鞭 …………………………… 156

88 龙舟竞渡祭屈原 …………………………………… 158
89 清早茶馆唠家常 …………………………………… 159
90 夜市欢声品龙虾 …………………………………… 161
91 柳编竹编工艺良 …………………………………… 162
92 砀山印染爱蓝花 …………………………………… 164
93 围棋象棋六洲棋 …………………………………… 165
94 珠算纸牌与麻将 …………………………………… 168
95 斗鸡斗羊斗蟋蟀 …………………………………… 170
96 抵棍拔河顶拐拐 …………………………………… 172
97 沙包皮筋丢手绢 …………………………………… 174
98 抓鸡吃羊捉迷藏 …………………………………… 176
99 挑兵跳绳踢毽子 …………………………………… 177
100 陀螺滚圈放风筝 ………………………………… 180

附录一 中华人民共和国非物质文化遗产保护法 ……… 183
附录二 安徽省非物质文化遗产条例 …………………… 192
附录三 教育部关于印发《完善中华优秀传统文化教育指导纲要》
 的通知 ………………………………………………… 202
附录四 中共中央办公厅 国务院办公厅印发《关于实施中华优秀
 传统文化传承发展工程的意见》 …………………… 212

参考文献 …………………………………………………… 223
后 记 ……………………………………………………… 226

第一章
安徽民间传说信仰民俗与教育

民间传说属民间口头叙事文学,是民俗的重要内容。民间传说一般是由历史事件、历史人物以及与地方风物有关的故事组成,它是把比较广泛的社会生活内容通过艺术概括而依托在某一历史人物、事件或某一自然物、人造物之上,达到历史的文化因素、现实的精神需要与文学创作的有机融合。民间传说是艺术化的历史、神灵化的现实,也是历史化的艺术。优秀的民间传说是劳动人民智慧的结晶和本土民间文化的精华。民间信仰是指民众自发地对具有超自然力的精神体的信奉与尊重。它包括原始宗教在民间的传承、人为宗教在民间的渗透、普遍的民间信仰以及一般的民众迷信,如自然物崇拜、动植物崇拜、祖先崇拜、神灵崇拜等。它既是民众的一种情感寄托和精神信仰以及伴随其发生的行为和行为方式等,也是民俗的重要组成部分。民间传说和信仰具有极其丰富的教育内容,涉及思想政治教育、道德品质教育、哲学世界观教育以及智育和美育等多方面内容。人们在参与或体验这些民俗事项时,不知不觉地会受到感染和教育。

安徽各地的民间传说极其丰富,如关于老子、庄子、管子等思想家的传说,关于大禹、包公、刘铭传等勤政廉政的传说,关于重教、礼让和孝亲等优良传统的传说,关于梁祝、彭郎以及"孔雀东南飞"等忠贞爱情的传说等。另外,安徽的九华山和齐云山分别是中国重要的佛教圣地和道教圣地,安徽历史上的民间祭祖、祭神活动以及庙会活动更是兴盛,这些活动无不承载和传递着教育的信息,影响着安徽人的思想、信念和情怀。

1 不持一砚无丝藕

包公,即包拯(999-1062年),字希仁。庐州合肥(今安徽合肥市肥东县)人,北宋名臣。包拯病逝后被追赠为礼部尚书,谥号孝肃。包拯廉洁公正,英明决断,心系百姓,不附权贵,铁面无私,故有"包青天"之名。他出仕时曾写过一首戒廉诗:"清心为治本,直道是身谋。秀干终成栋,精钢不作钩。仓充鼠雀喜,草尽兔狐愁。史册有遗训,毋贻来者羞。"而他在为官生涯中也做到了清正廉洁。1062年5月,正在枢密院处理军政要事的包拯突然发病,卧床不起。自知来日不多的他留下遗训:"后世子孙仕宦,有犯赃滥者,不得放归本家。亡殁之后,不得葬于大茔之中。不从吾志,非吾子孙。"意思是,子孙做官如果犯有贪赃枉法之事,生,不得回老家;死,不得入祖坟。不听遗训者就不是我包拯的后人。他是中国传统廉政文化的象征。歌颂他廉政为民的民间故事不少,"不持一砚归"和"包河无丝(私)藕"就是其中的代表。

古代端州(今广东肇庆)出名砚,历任官府征贡品时,都要假朝廷之名搜刮多于贡品数量几倍乃至几十倍的端砚以中饱私囊。包拯在端州做了几年官,后奉诏从端州离任回京,船经羚羊峡时,发现一随从私携了一方砚台,说是临别时当地人赠送的。包拯听后大怒,立命掷于江中,方才继续赶路。说也奇怪,后来在掷砚的地方逐渐形成一个小沙洲——砚洲岛。这就是"不持一砚归"的传说,也是"包公掷砚成洲"典故的由来。清正廉洁是中国传统官德的基本规范,被视为"仕者之德";也是中华民族的传统美德,被视为"国之四维"之一。在肇庆市也建有包公祠和包公楼(位于砚洲岛东面),供人们敬仰。包拯是中国历史上著名的清官,由此可见一斑。

中秋节,合肥人除吃月饼外,还要吃包河无丝(私)藕。传说包拯晚年,仁宗封赏功臣要把半个合肥城封给包公。为让他的后代自食其力,包公拒绝了皇上的封赏。但仁宗一定要封赐,最后把一段护城河封给他。皇上金口玉言,再不领封,便有抗旨之罪。包公万般无奈,只好领封,但心里很不安。看到护城河里的藕荷,经过再三考虑,作出规定:河藕能吃不能卖,包拯铁面藕无丝(私)。说也怪,别地的藕,是藕断丝连,但包河藕无丝。从此,合肥地区便留下一句歇后语"包河藕——无丝(私)"。包拯后人恪守包公这一遗训,并在中秋这天请大家品尝包河藕,将藕加上冰糖,以示"冰心无私"。"包河里的藕,只送给乡邻吃,从不卖钱"这一美德,人们竞相效法,遂成风俗。"无丝(私)藕"是合肥人通过几百年的社会实践逐步形成的心理共识,也是中华民族不可或缺的重要精神。

现在合肥纪念包公最有名的地方就是包河边的包公祠(又名"包孝肃公祠")。合肥古城南护城河(包河)有一个沙洲,名"香花墩",传说是包拯少年时读书的地方。明弘治年间,知府宋鉴在墩上建包公书院,让包公后裔在此处读书。到嘉靖时期,书院得以重修,改名"包孝肃公祠"。此外,还有包拯墓,全称"包孝肃公墓园",位于包河南畔林区,与包公祠紧紧相连。包拯墓原来在他老家公城乡,北宋嘉祐八年(1063年),包拯的女婿将其灵柩护送回合肥老家,但后来金兵入侵时遭到破坏,现墓园是1985年重新修建的。

2 昭关难过走太平

昭关,位于安徽省含山县城北 7.5 公里处,西有大岘山,东有小岘山。连绵几十里,两山对峙,中间一豁口,有"一夫当关,万夫莫开"之势,自古以来便是南北交通要冲。春秋时期,这里地处吴楚两国边境,号称"吴头楚尾",为边关要塞。昭关之所以闻名遐迩,是因为在这里曾演绎过一段"伍子胥过昭关,一夜急白须发"的传奇故事。伍子胥,名员,字子胥,春秋时楚国人(今湖北监利县人)。春秋末期吴国大夫,军事家、谋略家。性刚强,青少年时,好文习武,勇而多谋。他的祖父伍举、父亲伍奢、哥哥伍尚都是楚国忠臣。周景王二十三年(公元前 522 年),楚平王占媳为妻,并听信谗言欲废掉太子,身为太子老师的伍奢因竭力劝谏,祸及全家,伍奢和大儿子伍尚被杀,伍子胥被迫逃离危机四伏的楚国,发誓要报仇雪恨。伍子胥辗转几国后决定投奔吴国。一日他来到昭关,关口悬挂着捉拿他的画像,盘查很严,无法出关。恰好遇见居住于此的东皋公,东皋公将他安顿家中,一连隐居七天。伍子胥想到国难家仇,悲愁交加,心急如焚,竟在一夜之间急白须发。东皋公在苦思冥想中见伍子胥急白了须发,灵机一动,让外貌酷似伍子胥的朋友皇甫讷化装成伍子胥先去闯关,引兵捉拿,伍子胥趁乱扮成老翁蒙混过关。伍子胥历经艰辛到达吴国,后帮助姬光(吴王阖闾)夺取王位,并被封为吴国大夫,辅助吴王励精图治。公元前 506 年,吴王阖闾拜孙武(《孙子兵法》作者)为大将,伍子胥为副将,亲率大军进攻楚国,最后攻占楚都,伍子胥为父报仇的目的得以实现。伍子胥过昭关的故事世代相传,表现了人们对伍氏父子忠诚正直、维护人伦、勇武坚贞以及东皋公和皇甫讷仗义助人品德的敬仰。该故事已入选安徽省非物质文化遗产目录。

"走太平",又名"正月十六走太平",是大文豪吴敬梓的故乡全椒县独有的传统民俗。每年正月十六这天,城内万人空巷,四乡八邻,扶老携幼、倾家出动,从清晨到深夜,数十万人到太平桥上走一走……人流如潮、摩肩接踵,甚为壮观,放烟花、燃爆竹、烧香烛,以此祈祷风调雨顺、逢凶化吉、消灾祛病、平平安安,寄托了当地劳动人民祛邪、避灾、祈福的美好愿望。从文献记载来看,全椒"走太平"能够传承至今,还和三位历史人物有关。传承之始,是为了纪念清官刘平。刘平,楚彭城人,字公子,东汉建武年间,拜为全椒长。传说刘平作全椒长时,有年大荒,刘平将朝廷拨付的可修三十里城池的款项用于赈灾,余钱仅修了三里的小城。这就是全椒老城"街包城"的由来(一般建城均为城墙包围街道,独全椒老城是街道包围县衙)。刘平因将朝廷下拨的建城款私自改用购买粮食救济灾民,而被罢官获罪,要被押解回京城问罪。全椒百姓得知消息后,倾城相送至城东太平桥,久久不愿离去,此时恰为正月十六。后来,每逢此时,百姓必到此桥焚高香燃爆竹,追念曾经的父母官刘平。

据县志载:太平桥又名"贺橹桥"。相传隋朝开国大将军贺若弼伐陈时,造橹于此,为纪念他平定战乱、善待百姓,当地百姓也称此桥为"贺橹桥"。后来,贺橹桥又渐渐改名为"太平桥"。

第三位就是御史陈瑛。明永乐初年,全椒一术士提出,如把全椒城的山峰(笔峰)加高,便能多出举子。教谕吴颖便带领一帮秀才前往彼处,培土加高,恰巧一总旗过此,与秀才发生口角受辱,于是诬告全椒人谋反。永乐帝欲派军队血洗全椒,都御史陈瑛闻之禀报帝王:椒人淳良,断不能造反,愿以自家性命担保。陈瑛的担保,避免了一场生灵涂炭的灾难。陈瑛死后,全椒人将其衣冠葬于东门太平桥边的高垄上。"走太平"也是为了纪念这位敢为全椒人鸣冤担保的官员。

走太平相沿成习,影响越来越大,范围越来越广,延及全椒周边邻县邻省,参加走太平的除县内外人外,外国人也纷至沓来游览。不难想象,

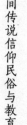

"走太平"所蕴含的"官为民、民爱官"的美德影响着一代代全椒人和前来走太平的游人。

3 合肥地名传孝道

在合肥市西街口有个地方名为"三孝口",它是为纪念从前的张梅、张祝、张松三大孝子而设立的。相传,昔日在合肥城西门附近曾住有一户人家,家中有一老母,已年逾古稀。膝下有三子,乃是远近闻名的孝子。为了照顾好老母,三子轮流精心守护左右,不轻易离开片刻。这年,老母不幸患痛疽,脓血不止。为了减轻老母痛苦,三子在竟轮番用嘴吮吸脓血。为了使老母疾病得以早日痊愈,三子四下寻访名医、偏方。然此疾病在当时乃属不治之症,要想治愈,实为不易。三子无奈只得转而进寺庙烧香求佛。一日,三子在寺庙门前,偶遇一算命先生,三子以实情相告,希望得到指点。算命先生听三子诉说后,托词曰:"若想治愈老母疾病,非补以活人肉汤汁不可。"此本是算命先生故意虚造之言,暗示其老母疾病已无法救治。然三子不悟话中之意,信以为真,竟在拜佛之时,从腿上剜下一块肉来,回家后迅即熬成汤汁,喂其老母。办法用尽,终未能挽救老母的生命。老母咽气后,三子又卖掉家产,买来棺材,为老母料理后事。然而,更加不幸的事还在后面。据《合肥县志》记载,就在三兄弟披麻戴孝守灵之日,不想邻家突然起火,眼看火势蔓延就要烧到他们家,三人担心大火烧及母亲的灵柩,于是奋力抬棺,但是怎么也抬不动。兄弟仨号啕大哭,并奋不顾身,匍匐在母亲的棺柩上护灵,结果俱被焚化。大火熄灭以后,众乡亲发现棺木和垫棺石完好无损,却唯独不见兄弟三人,有人便说这是皇天被他们的"孝"所感动,让其随母升化而去。于是地方官上奏朝廷,封三兄弟为孝子,树牌立坊以资表彰,并改西街口为"三孝口"。这就是合肥"三孝口"地名的由来。

"仁爱孝悌"是中华民族传统美德中最具特色的思想精华。"仁"的核心是"爱人",即重视人,尊重人,关心人,同情人。在家庭生活中,"仁爱"以"孝悌"为根本,崇尚"父慈子孝""兄友弟恭",从而形成一种浓厚的家庭亲情。尽管传说不一定为真,但合肥"三孝口"这一地名无时不在提醒人们"孝"是中华民族非常重要的传统文化。

 弃官寻母孝先行

"弃官寻母"是《二十四孝》中的故事之一,它就发生在安徽天长,形成了具有地方特色的"天长孝文化"。故事的主人翁叫朱寿昌(1010—1080年),宋天长人,《宋史》载有他弃官千里寻母之事。元代郭居敬根据朱寿昌等孝行故事,编著了《二十四孝》一书。书中许多故事都是民间传说,而朱寿昌千里弃官寻母是真人真事,并有传略记载。朱寿昌的父亲朱巽是宋仁宗年间的工部侍郎,朱寿昌七岁时,生母刘氏被嫡母(父亲的正妻)嫉妒,不得不改嫁他人,从此母子分离。朱寿昌长大之后,荫袭父亲的功名,出而为官,几十年的仕途颇为顺利,先后做过陕州、荆南通判,岳州、阆州知州等,然而他一直未得与生母团聚,思念之心萦萦于怀,以至于"饮食罕御酒肉,言辄流涕",母子分离后的五十年间,他四方打听生母下落,均杳无音信,为此他烧香拜佛,并依照佛法,灼背烧顶,以示虔诚。宋熙宁初年,听人说他母亲流落陕西一带,嫁为民妻,他又刺血书写《金刚经》,并辞去官职,与家人远别,千里迢迢,往陕西一带寻母,发誓不见母亲永不返回。精诚所至,朱寿昌终于在同州(今陕西大荔)寻到生母,母子欢聚,一起返回,这时母亲已经七十多岁。寿昌母刘氏离开朱家以后,改嫁党氏,又有子女数人,寿昌视之如亲弟妹,全部接到家中供养。有人将朱寿昌弃官寻母之事上奏宋神宗赵顼,宋神宗得知朱寿昌事后,诏令其官复原职。

朱寿昌的孝行,受到王安石、苏轼等人的赞美,历代广为流传。

朱寿昌的孝亲故事为天长构筑了享誉海内外的文化盛名——中国"孝子之乡"。天长市高度重视孝文化的弘扬,将孝文化纳入"文化强市"的总体布局,并以此作为构建社会主义核心价值体系,提升天长文化软实力的重要途径。尤其是天长邮政部门积极向安徽省邮政公司申请"孝文化展示中心"建设项目,并于2016年10月获批立项。经过半年多时间的建设,在2017年5月14日母亲节当天正式对外开放。展示中心向人们展示了古代二十四孝(孝感动天、亲尝汤药、啮指痛心、为亲负米、单衣顺母、鹿乳奉亲、戏彩娱亲、卖身葬父、刻木事亲、行佣供母、怀橘遗亲、埋儿奉母、扇枕温衾、拾葚异器、涌泉跃鲤、闻雷泣墓、乳姑不怠、卧冰求鲤、恣蚊饱血、扼虎救父、哭竹生笋、尝粪忧心、弃官寻母、亲涤溺器)和现代二十四孝(大爱无言、背母求学、休学侍母、割肝救父、千里十年、单身行孝、还乡奉母、十指连心、床前孝媳、一女八老、农妇佳话、花布抱母、背老爬山、媳代婆眼、火中救老、身残心孝、拼盘之家、爱夫及母、少女报恩、久孝成师、矮人大孝、发帖救母、四子寻母、少年大爱),并重点展现了天长市孝文化的保护传承以及在尊老、敬老、养老、助老等方面所做的工作,以弘扬"敬老"文化的优良传统。

5 管仲甘罗颍上生

管仲(管子)是我国古代春秋初期杰出的政治家、思想家、军事家和经济学家,许多学者称其为"淮河文明(文化)的伟大开拓者和奠基人"。据史料记载,管仲和鲍叔牙都是颍上人。颍河是淮河第一大支流,"颍上"即颍河之上,是个古老的地名。管仲先于孔子160多年,是孔子的前辈。在管子故里——今天的颍上县建颍乡管谷村附近有一人文景观,叫"文地春风",因孔子由陆路来过此地(住在文地村)而得名,历史上被列为"颍上八景"之一。

管仲早年经商,见多识广,提出了"国多财则远者来,地辟举(指土地全面开垦)则民留处;仓廪实则知礼节,衣食足则知荣辱"的社会思想和"德义未明于朝者,则不可加于尊位;功力未见于国者,则不可授以重禄;临事不信于民者,则不可使任大官"的用人之道。用今天的话说,就是要强调物质生产和经济基础。在任命官员时,必须考察德、才两个方面,特别是要有取信于民的真实政绩,而不是虚假的、表面的政绩。他初事齐国公子纠,帮助纠和公子小白争夺君位。但最终小白获胜,即位为齐桓公,管仲被囚。齐桓公不计前嫌,经鲍叔牙保举,任管仲为卿。他在齐进行改革,分国都为十五个士乡和六个工商乡,分鄙野为五属,设各级官吏管理。并建立选拔人才的制度,士通过三轮选拔,可作上卿的辅佐。他还将士乡按五家为轨、十轨为里、四里为连、十连为乡的军事编制进行组织。征税按土地好坏分等,适当征发力役,禁止掠夺家畜。由官府统一铸造、管理钱币,制定捕鱼、煮盐之法,因此国力富强。遂在此基础上帮助齐桓公以"尊王攘夷"为号召,使其"九合诸侯,一匡天下",成为春秋时代第一个霸主。因此管子又被誉为"法家先驱""圣人之师""华夏第一相"。关于管仲的传说,在其故里颍上民间代代流传。县城附近的管鲍祠也是今天的"颍上八景"之一。其正殿上方高悬"挚交千古"四个大字,两侧柱子上有一副对联"相齐桓公一匡天下,友鲍叔牙万古高风",这正是他一生的写照,也是他留给后人最宝贵的精神财富。

甘罗也是颍上人,其出生地即今天的颍上县杨湖镇甘罗村。他是战国时期秦国名臣甘茂之孙,著名的少年政治家。甘罗自幼聪明过人,小小年纪便拜在秦国丞相吕不韦门下,任少庶子。甘罗十二岁时出使赵国,用计使秦国得到十几座城池,并因此得到秦始皇赏识,赐任上卿(相当于丞相),成就了其"少年宰相"的美名。

当时,掌握朝政的吕不韦想攻打赵国以扩大封地,于是派刚成君蔡泽在燕国作大臣,燕王喜派太子丹到秦国作人质。吕不韦准备派张唐到燕国作相国,以联合燕国攻打赵国。张唐因替秦昭襄王攻打过赵国而遭恨,而前往燕国必经赵国,故不敢前往。吕不韦尽管不高兴,但也没办法。甘罗知道后主动请缨:"我有办法让他去。"吕不韦厉声斥道:"走开!我亲自出马都说不动他,你一个小孩子能有什么办法!"甘罗辩解说:"古时项橐(tuó)七岁就做孔子老师。如今我已十二岁,君侯为何不让我去试一试?"于是吕不韦同意让甘罗去试试。甘罗前往拜见张唐说:"您与武安君白起相比,谁的功劳大?"张唐回答:"白起在南面挫败强大的楚国,北面施威震慑燕、赵两国,战则胜,攻必克,我的功劳比不上他。"甘罗又问:"当年执掌秦政的应侯范雎与吕不韦相比,谁的权势更大?"张唐说:"当然吕不韦的权力大。"甘罗接着说:"当年范雎想攻打赵国,可白起阻拦他,结果范雎在离咸阳七里处绞死白起。现在吕不韦亲自请您前往燕国任相而您执意不肯,我不知您将身死何地啊!"张唐听后翻然醒悟,说:"那我听您的,前往燕国吧!"

张唐的行期定下来后,甘罗便对吕不韦说:"请君侯替我准备五辆马车,让我先去赵国替张唐打通关节。"吕不韦把甘罗的请求报告给秦始皇,秦始皇亲自召见甘罗,便派他前往赵国。甘罗到赵国后问赵悼襄王:"大王听说燕太子丹到秦国作人质的事吗?"赵王回答说:"有所耳闻。"甘罗接着问:"您听说张唐要到燕国任相吗?"赵王回答说:"也有所耳闻。"于是甘罗分析说:"燕太子丹到秦国,说明燕国不敢背叛秦国。张唐到燕国任相,说明秦国不会欺辱燕国。燕秦两国互不相欺,没有别的原因,就是想攻打赵国来扩大在河间一带的领地。大王不如先送我五座城邑来扩大秦国的领地,我请求秦王送回燕太子丹,再帮助强大的赵国攻打弱小的燕国。"赵王觉得有道理,立即划出五座城邑给秦国。秦国也送回燕太子丹。于是,赵国有恃无恐地进攻燕国,夺得上谷三十几座城邑,让秦国得到其中的十几座城邑。因此,秦始皇封赏甘罗任丞相之职。

司马迁《史记》记载:"甘罗年少,然出一奇计,声称后世。虽非笃行之君子,然亦战国之策士也。"这是一个少年奇才的故事,在中国历史上激励过无数少年奋发图强,立志成才。

老子庄子亳州人

老子,姓李名耳,字聃(dān)。约生于公元前576年,大概活了一百岁,亳州(今安徽亳州市涡阳县)人。涡阳位于安徽省北部,地处亳州市中心地带,闸北镇郑店行政村就是老子的诞生地,道教祖庭天静宫便坐落于此。天静宫,始称"老子庙",建于汉延熹八年(165年),唐、宋、元、明、清历代均有修葺,后毁于战火。1993年后重修。有关老子的传说在涡阳民间流传至今,带有浓厚的神话色彩,影响一代代人的思想和情感。现整理出的老子故事有40篇(包括神话传说),"入周求学"就是其一。

老子自幼聪慧,静思好学,家人请了一位精通殷商礼乐的商容老先生教他。三年后的一天,商先生向老夫人辞行,说道:"老夫人,我才疏学浅,该教的都教完了。您儿子才思敏捷,志向远大,不宜待在闭塞之地,必须到周都去求学。周都,典籍如海,贤士如云,天下之圣地,不去周都深造难成大器。"老夫人听后心中犯难:一为儿子年方十三,去宋都且难,去周都谈何容易?二为老氏只留此根,怎放心他孤身独行?正犹豫时,先生知其难,忙说:"实话告诉您,我师兄为周太学博士,学识渊博,心胸旷达,爱才敬贤,以树人为生,以荐贤为任。家养神童数位,皆由民间选来。不要衣食供给,待之如亲生子女。他知道您儿子聪慧超常,早想一见。现正好有家仆路经此地,愿带贵子去周。此乃千载难逢之机,请一定珍惜!"老夫人听后,悲喜交集。但为了孩子前途,只能忍痛割爱,同意老子入周求学。临行前,老子扑入母亲怀中,哭道:"母亲不要伤心,儿决不辜负老师厚望,待我业成功就,一定早日回来见您!"全家与商老先生送老子至五里之外,并目送他上马随博士家仆西行而去。于是,老子入周,拜见博士,入太学。天文、地理、人伦,无所不学;文物、典章、史书,无所不习。三年大有长进。博士又推荐其入守藏室为吏。守藏室是周朝典籍收藏之所,集天下之文,收天下之书,汗牛充栋,无所不有。老聃身处其中,如蛟龙入海。老子如饥似渴,博览泛观,通礼乐之源,明道德之旨,三年后又迁任守藏室史,闻名遐迩。后来,老子著《道德经》,创立了道家学说,倡导"道法自然""无为而治""柔弱处下"和"不敢为天下先"的政治理念与人生哲学。

  老子的故事在涡阳代代相传。这些故事大多采用地方口语,语言叙述通俗优美,有着较高的文学研究价值,并对弘扬道家道教文化、传承老子思想有着重要的推动作用。

  庄子(约前369—前286年),姓庄,名周,字子休,战国时期宋国蒙(今安徽亳州市蒙城县)人。古代著名的思想家、哲学家、文学家,他继承和发展了老子思想,是道家学派的代表人物,先秦庄子学派的创始人。后世将他与老子并称为"老庄"("老庄哲学"),他也被后世尊称为道教祖师、南华真人。他生平只做过宋国地方的漆园吏,史称"漆园傲吏",是地方官吏的楷模。他也主张"道法自然""天道无为",反对推崇圣贤。认为人活在世上须旷达、处世泰然,倡导"无己、无功、无名、无情"的精神境界。庄子喜欢用寓言托志、阐述自己的思想,如"东施效颦""邯郸学步""井底之蛙""望洋兴叹"等著名寓言就出自他的著作。蒙城现有庄子祠,位于县城北漆园办事处,始建于北宋,属道教庙宇。主要建筑有大三门、影壁、山门、逍遥堂、古衡门、濮池、五笑亭、观台、观鱼桥、梦蝶楼、南华经阁、东西碑廊、道舍、客舍等。

蒙城是庄子的故里，自然留有很多与庄子或庄子祠有关的传说。这些传说经过无数次讲述，不断滋润着人们的心田。如"千里送鹅毛"的故事：元末，蒙城庄子祠住着汪姓母子，平时靠种地度日。一年春天，有个穿戴破烂的小和尚来庄子祠化缘。汪氏见小和尚面黄肌瘦，十分可怜，忙给他做饭。吃过饭，汪氏和小和尚拉起家常。小和尚说："俺家住凤阳府钟离太平乡，俗姓朱，兄弟排行最小，名叫重八，家乡遭荒旱、闹瘟疫，父母和哥哥都病死了，俺只得在当地皇觉寺出家。师父说俺年轻饭量大，管不起吃的，叫俺外出化缘……"汪氏打心眼里可怜小和尚，问道："孩子，你到处要饭，连床被子都没有，如何在外过夜？"小和尚笑笑说："俺下铺地上盖天，日月星辰伴我眠！"汪氏一听，忙叫儿子汪大领着小和尚到祠后茅草庵里歇息，留他过了几天。小和尚吃了几天饱饭，人也精神起来。他和汪大一块挑水浇园、放鹅，十分勤快，特别是和那几只白鹅混得很熟。汪氏见小和尚实在，肯干活，就收他做了干儿子。这样，小和尚在祠内又住了些时日，便前往亳州方向云游去了。自重八走后，汪氏常惦念着干儿子。后来听说重八在淮西一带云游，并学得一身武艺，最终参加了郭子兴的抗元起义军，还升了官。可始终得不到确切信儿。一晃二十多年过去了。元朝失了天下，凤阳府一个叫朱元璋的人当了新皇帝，国号大明。一天，钦差大臣携带圣旨来到蒙城县衙，说是接汪氏母子进京。县官一听，不敢怠慢，急忙陪同钦差前往庄子祠拜见汪氏。汪氏得知干儿子重八就是如今的皇帝，万分欢喜，真是做梦也想不到。走前，汪氏想带点礼物，但家里也没什么值钱的东西。不过她记得重八小时候喜欢白鹅，于是就带了一只大白鹅准备送给皇上。蒙城离应天府（今江苏南京）有几百里路程，一路上汪氏坐在轿内始终抱着白鹅，还不时叫侍女打开轿帘，观赏沿途风光。终于来到应天府对岸的长江渡口，汪氏母子和钦差等人离岸登舟。汪氏只顾着观看长江风景,没曾想那只白鹅,一见江水滔滔,便张开双翅,飞入江中。汪氏急忙伸手去抓,只抓得几根鹅毛。到了应天府,朱元璋亲自把汪氏母子迎入后宫。酒席宴上,汪氏母子手捧鹅毛说起白鹅飞江的事,十分惋惜。朱元璋感念旧日情分,急忙站起来双手接过鹅毛说:"老娘进京来看孩儿,千里送鹅毛,礼轻情意重!"从那时起,汪氏老母千里送鹅毛的故事,一直流传至今。它教导人们要心地善良,扶贫济困,学会感恩。

张辽威震逍遥津

东汉末年,孙权在江北濡须口(今裕溪口附近)建立了军事据点,作为东吴的北门锁钥;曹操派重兵据守合肥、皖城(在今潜山县境),作为向南攻吴的基地。因此,魏吴双方在这几个地方频繁进行大战。213年,曹操率兵在濡须口攻打东吴,无功而返。214年,孙权派大将吕蒙、甘宁攻打皖城,魏将朱光及守城军民数万人被俘。215年,孙权趁曹操用兵汉中之际,亲率十万兵马攻向合肥。当时合肥有七千守军,而曹军主力又在关中,不可能来得及赴援,所以这场战役东吴占据明显优势。

出征张鲁之前,曹操曾派护军薛悌送函到合肥,函上写着"贼至乃发(贼军到的时候就打开)",在大军压境之际,张辽等便打开曹操的函,信函写道:"若孙权军来到,张、李两位将军出城迎战,乐将军守城;护军薛悌不要出战。"因双方兵力悬殊,诸将都对此指示感到疑惑。本来张辽、李典二人不和,曹操为了防止二人不和影响作战,于是命令乐进守城接应。看罢信,张辽说:"曹公正率军在外作战,等他率领的援军到达时,孙权军必定已攻破我们。所以信函是要我们在敌军集结完毕前先攻击他们,挫败敌人的锐气,以安定军心,然后方可顺利守城。成败在此一战,各位有何疑惑?"听此话,李典感慨地说:"此为国家大事,我岂能因私下恩怨而忽略公事呢？"当夜张辽就从七千人中选募八百名敢死队战士，并杀牛宴请他们，预备次日大战。

第二天凌晨，张辽披甲持戟，带着这八百人杀进孙权的部队，亲自杀了数十人，斩了两将，并且高喊："张辽在此！"敢死队员见张将军如此，便直冲孙权主阵。孙权大惊，不知该如何应战，退到小土丘上。张辽在土丘下仍然大吼："孙权！你有种下来决一死战！"孙权不敢有所举动，等局势稍稳，他定睛一看，张辽军不过数百人而已，就下令其他外围军队从后面把张辽敢死队包围起来，不让他们有机会逃跑。张辽看形势不对，连忙率左右将士突围，杀出一条血路。张辽与左右数十人杀出重围后，回头一看，其余陷在重围的战士们高喊："张将军难道要丢下我们不管了吗？"于是张辽又领着这数十人，杀进包围圈，把其他人救了出来。吴军为张辽的军威和士气所震撼，竟没有人敢抵挡。从凌晨战到中午，吴军将士原本高昂的斗志都萎靡下去，张辽遂领军回城，准备守城事宜。曹军初战告捷，军心大振，将领们对张辽心悦诚服。孙权大军到齐后继续攻城，但因城墙坚固，曹军防守有方，连攻十几日不下。张辽在城上看到吴军陆续退去，并发现孙权在后面压阵，机不可失。张辽立刻与李典、乐进率合肥城守军出城袭击。张辽率步骑数众突袭孙权。吴将甘宁、吕蒙等与张辽奋力拼杀，凌统则率亲兵护卫孙权突围。当孙权等骑马行至逍遥津桥时，见桥南板已被拆除丈余而不得过。在此危急关头，吴将谷利急中生智，于孙权坐骑后猛着一鞭，"以助马势"。骏马奋力一跃，飞桥而过，孙权夺路而逃，幸免于难。

此战史称"张辽威震逍遥津"。孙权在己方实力占有绝对优势的情况下，产生轻敌思想，对曹方的突袭缺乏有效的应对方法，在指挥上又严重失误；而张辽在极端不利的形势下，冷静分析，果断决策，身先士卒，英勇作战，最终挫败强敌，获得胜利。此战可以说是三国乃至中国历史上以少胜多的经典战例。东晋史学家孙盛评价说:"合肥之守,悬弱无援,专任勇者则好战生患,专任怯者则惧心难保。且彼众我寡,必怀贪惰;以致命之兵,击贪惰之卒,其势必胜;胜而后守,守则必固。是以魏武推选方员,参以同异,为之密教,节宣其用;事至而应,若合符契,妙矣夫!"曹操的知人善任和张辽的英勇善战一直受到历代学者的赞誉,并在民间广为流传。

铭传大败法国军

刘铭传(1836－1896年),字省三,自号大潜山人,安徽合肥(今肥西县大潜山附近)人。清朝名臣,系台湾省首任巡抚,洋务派骨干之一。年幼时仅受过几年私塾教育,但在读书期间,他知晓了不少古圣先贤的事迹,因而他充满豪情壮志。"大丈夫当生有爵,死有谥",这是年少刘铭传的志向。他的人生颇具传奇色彩,曾贩过私盐,啸聚山林,后来投奔淮军。1865年,授直隶提督。无锡之战中,率中路淮军俘太平军黄子隆以下两万余人。先后于黄陂、潍县、寿光等地败东捻军。后向李鸿章献计,将西捻军引到黄河、运河、徒骇河之间的狭长地带,在西捻军被围后与之决战,致西捻军全军覆没。他也因此晋为一等男爵。1884年,中法战争关键时刻,刘铭传抱病受命赴台,率领台湾爱国军民英勇抗击法国侵略者,以弱胜强、以少胜多,取得了基隆、淡水大捷,保卫了祖国的神圣领土——台湾不受侵犯。1885年,任台湾巡抚。在台任职期间,他编练新军、修建铁路、开煤矿、办电讯、改革邮政、发展航运事业,进行一系列洋务改革,并发展台湾近代工商业和教育事业。这些举措不仅巩固了台湾防务,也为台湾的近代化奠定了深远基础。后加兵部尚书衔,帮办海军军务,1891年因病离任。其治台策略与理念被后人承续,是推动台湾近代化建设的先驱者,有"台湾洋务运动之父"和"台湾近代化之父"之誉。1896年1月12

日,刘铭传在安徽老家刘新圩病逝。追赠太子太保,谥壮肃。身前著述有《刘壮肃公奏议》及《大潜山房诗钞》刊行问世。

  明清时代,在台湾建树最多的人物,除郑成功以外,就数刘铭传。他抚台6年,大力推进改革,全面开发建设台湾,使台湾从一个落后地区迅速发展成中国当时"最先进的省份"。他的辉煌功绩至今在海峡两岸人民中广为传颂。台湾史学家连横曾说:"台湾三百年间,吏才不少,而能立长治之策者,厥维两人……刘巡抚铭传,是皆有大勋劳于国家者也……溯其功业,足与台湾不朽矣!""非遗"工作者在普查中搜集整理出数十篇关于刘铭传的民间故事和传说。这些民间故事和传说,有的源于真实的故事,然大多数则是人们的口头艺术创作,表达了人们对这位淮军英雄的无限崇敬和爱戴之情。如有一则反映刘铭传耐心细致的小故事:当年李鸿章将刘铭传推荐给曾国藩时,还一起推荐了另外两个书生。曾国藩为了测验他们三人中谁的品格最好,便约他们在某个时间到曾府面谈。可是到了约定的时刻,曾国藩却故意不出面,让他们在客厅中等候,暗中观察他们的态度和行为。只见其他两位都显得很不耐烦似的,不停抱怨;仅刘铭传一个人安安静静、心平气和地欣赏墙上的字画。后来曾国藩考问他们客厅中的字画,仅刘铭传一人答得出来。这则故事当能给现今的年轻人以有益启示。

  在肥西县境内海拔最高的大潜山北建有刘铭传墓园,台北新公园(现名二二八和平公园)内立有刘铭传铜像,以纪念这位带领台湾走向近代化的先驱。另外,在台湾还建有纪念刘铭传的铭传大学。在安徽,不仅肥西县有铭传乡、铭传中学,合肥师范学院和合肥学院还分别建有刘铭传学院和刘铭传纪念馆。"铭传文化"已成为安徽与台湾传统文化的重要组成部分。

9 三过家门而不入

安徽怀远以山为屏,以水为障,地势险要,扼守可拒,为历代兵家必争之地。自古不但留下大禹、刘邦、曹操、赵匡胤、朱元璋、李自成、张乐行等历史名人的足迹,也曾吸引过无数文人墨客来此游览。早在四千年前,怀远就是涂山氏氏族聚居之地。广大劳动人民以朴实的语言,通过民间故事、传说、歌谣、谚语等,记录了历史上的重大事件、风土民情,创造出大量丰富多彩的民间文学。许多传说家喻户晓,流传深远,有的甚至成为千古绝唱。它是怀远广大劳动人民在漫长的历史长河中形成的最具辐射力的口头传承艺术,对怀远人民乃至更广大地区产生了深远影响。"涂山大禹传说"是从远古时代起就在怀远人民中间口头流传的叙事体民间故事。传说大禹治水到此,娶涂山氏女为妻,并在禹会村召会天下诸侯,留下了"三过家门而不入"等美好故事。

尧舜时代,洪水泛滥,千里长淮,一片汪洋。为根治水患,大禹"左准绳、右规矩""沐甚雨、栉疾风",借助与涂山氏的联姻,在涂山大会诸侯,劈山导淮,留下了"新婚三日而别""三过家门而不入"等千古佳话。传说禹娶涂山氏之女后,第四天就出去治水,多年未回过家。有三次经过家门口时也未能回家看看。第一次经过家门口时,听到他的妻子因分娩而在呻吟,还有婴儿"哇哇"的哭声。助手劝他进去看看,他怕耽误治水,没有进去。第二次经过家门口时,他的儿子正在他妻子的怀中向他招手,当时正是工程紧张的时候,他只是挥手打了个招呼,就走了。第三次经过家门口时,儿子已长到十多岁了,跑过来使劲把他往家里拉。大禹深情地抚摸着儿子的头,告诉他,治水大事未完成,没空回家,又匆忙离开,没进家门。农历三月二十八,是大禹治水成功和会诸侯的日子,也是自唐代起涂山淮河流域民众自发举办涂山朝禹庙会的会期。庙会日,沿淮民众敲锣打鼓,载歌载舞,从数十里或数百里外涌向涂山,参加祭祀大禹的盛会。涂山禹王庙会集祭祀、歌舞、民俗活动于一体,是对大禹治水无私奉献民族精神的传承,增强了民族的向心力和凝聚力;同时也是对大禹文化、淮河文化、道教文化的传承,推动了当地民间艺术的繁荣与发展。

让他三尺又何妨

中国人对土地有着特别的感情,不管是农村还是城市,常常是"寸土必争"。据《桐城县志》记载,康熙时期文华殿大学士兼礼部尚书张英的家人与邻居吴家在宅基地问题上发生争执,谁都不肯相让。于是,家人飞书京城,让张英打招呼"摆平"吴家。张英给家人回了一封信,信中题诗一首"千里修书只为墙,让他三尺又何妨。万里长城今犹在,不见当年秦始皇。"家人见书后,主动退让了三尺,而邻居吴氏见此,也主动退让三尺,建宅置院,因而,两家院墙之间有了一条宽六尺的巷子。桐城"六尺巷"由此得名。这条巷子作为中国文化遗产现保存于桐城市内,它是中华民族和睦谦让美德的见证。

包容谦让、平等待人,作为一种美德,在我们古代已经提倡,但真正能做到的人并不是很多,尤其在涉及自己切身利益的时候。毛泽东主席在新中国成立后会见苏联驻华大使尤金时,曾经讲到这个故事,说起这四句诗,用来表达两国之间交往应有的心态,尤其在涉及领土疆界问题时应该谦让、平等、协商。2016 年,中央电视台还将贺东久作词、张正扬谱曲的歌曲《六尺巷》安排到具有世界影响的春晚节目中,歌词是:"我家两堵墙,前后百米长。德义中间走,礼让站两旁。我家一条巷,相隔六尺宽。包容无限大,和谐诗中藏。一纸书来只为墙,让他三尺又何妨。街坊邻里常相敬,一段佳话永流芳。"人与人之间,尤其是邻居之间、同事之间,更应该这样。心胸宽广、放眼远处、恭谦礼让的人无论在何时都是受人尊敬的。应相信"吃亏是福"的古语,而不要"得寸进尺""斤斤计较"。

刘邦入洞项羽刎

安徽萧县县城东南约 25 公里的皇藏峪原名"黄桑峪",处于苏皖两省交界地带,隶属官桥镇。这里人杰地灵,群众中有不少传说,"皇藏峪的传说"就是其中一则。秦朝末年,刘邦与项羽为争夺皇位进行了为期 4 年的楚汉战争。公元前 205 年,刘邦偷袭项羽的都城彭城,被项羽打败。传说刘邦战败逃跑,只身藏在附近黄桑峪的皇藏洞中避难,并得到当地百姓的保护,躲过了项羽的追杀。因刘邦爱护百姓,以及身边的将士为他出谋划策,经过几年浴血奋战,刘邦摆脱了困境,最后凭借天时、地利、人和,战胜项羽,统一中原,登上了皇帝宝座。如今皇藏峪有皇藏洞、仙人床、三仙洞、拔剑泉、马扒泉、瑞云寺等景点,并伴有传说,给人以美好的回忆和遐想。

但项羽就没有那么幸运了。刘邦经过奋斗,化劣势为优势,最后与项羽决战。项羽的军队在垓下安营扎寨,士兵越来越少,粮食也吃没了,刘邦的军队又层层包围而来。夜晚,听到四周的汉军都在唱着楚地的歌谣,项羽大惊失色,心想:汉军把楚地都占领了吗?不然,为什么汉军中楚人这么多呢?他哪知道这是刘邦的"四面楚歌"之计。项羽心慌起来,失去信心,但还不忘美人虞姬,与虞姬抱头痛哭,深情话别,并决定"逃跑"。民间传说(也是史料记载),项羽被刘邦打败后,项羽带领八百人马突出重围。天亮后汉军得知项羽已逃跑,就命令骑兵将领灌婴率领五千骑兵追击。项羽渡过淮河,身边还剩下一百多人。项羽走到阴陵时迷了路,估计这回逃脱不了,对手下人说:"我从起兵打仗到现在已经 8 年时间了,亲身经历70余次战斗,从没有败过,所以才称霸天下。但今天却被困在这里,这是上天要灭我,不是我不会打仗啊!我今天仍要决一死战,愿为大家痛快地打一仗,一定要打胜三次,让各位知道这是上天要亡我,不是我用兵错误。"于是他把随从分为四队,朝着四个方向。汉军将他们层层包围,项羽对他的骑兵说:"我再为你们斩他一将。"并命令四队骑兵一起向下冲击,约定在山的东面分三处集合。于是项羽大声呼喝向下直冲,果然斩杀了汉军一员大将。项羽同他的骑兵在约定的三处会合。汉军不知道项羽在哪一处,便把军队分成三部分,重新包围上来。项羽就冲出来,又斩了汉军一个都尉,杀死百余人。再一次集合他的骑兵,发现仅损失了两人,便问他的随从道:"怎么样?"随从佩服地说:"真像您说的那样!"项羽最后逃至乌江边。这时乌江亭长劝项羽赶快渡江,说这里只有他这一条船,只要渡过乌江就安全了,将来可以东山再起、报仇雪恨。项羽面对乌江,笑道:"上天要亡我,我还渡江干什么?况且我项羽当初带领江东子弟8000人渡过乌江向西挺进,现在无一人生还,即使江东父老怜爱我而拥我为王,我又有什么脸见他们呢?或者即使他们不说,我项羽难道不感到惭愧吗?"于是拔剑自刎,留下"不肯过江东"的遗憾。

刘邦、项羽都有兵败逃跑的经历,但刘邦逃跑则是为了再生,项羽逃跑则是自寻绝路。刘邦知人善用、有勇有谋、能屈能伸,而项羽侠肝义胆、死要面子、宁断不弯。真是"性格决定命运"。

12 鞭打芦花问后妈

萧县地处安徽最北部,与山东接壤,古代也称"萧国"。传说萧县皇藏峪西北山顶,是孔子游此遇雨后的晒书场。孔子的弟子闵子骞,与老师同为鲁国人,后随父迁到萧国东南的乡村安家(闵家居住的乡村,即今宿州市埇桥区闵贤乡）。至今，萧县民间仍流传着许多有关孔子及其弟子的故事。"鞭打芦花"就是其中一则。

孔子的弟子闵子骞，常受后母虐待，却怀"孝恕"之心，矢口不讲。一次，子骞及二弟随父坐牛车出门探亲，行至萧国一山村旁，风雪突起，车上的二弟喜眉笑眼，没有一点寒意，而子骞则冻得瑟瑟发抖。其父见状，怒用鞭打，一鞭子下去抽烂了子骞的旧袄，霎时间芦花乱飞。随后其父发现二儿子的棉衣内则裹着丝绒，非常暖和。这下子他明白了，看着两个儿子一时无语。他立即赶车返回家中，愤怒休妻。但子骞却跪着求父亲饶恕后母："尽管后妈对我不是很好，但对弟弟们却很好，如果你要赶走后妈，那我们弟兄仨都没了妈。请您宽恕她吧！"后妈深受感动，也承认了错误，一家人复又和好。后来，孔子知道了这事，夸赞道："闵子骞真是个大孝子！""鞭打芦花"在当地还有另一个版本：说的是古时候有个男孩叫魏子干，自幼丧母，其父后娶一女子，又生下一男孩，子干的继母对他千般苛刻，万般刁难，做棉衣时给自己生的儿子用上好的棉花，而给子干用的是芦花。有一次，父亲带子干外出办事，见子干穿着厚实的棉衣仍在寒风中瑟瑟发抖，顿时大怒，举起鞭子抽了下去，只见棉衣破了，芦花随着寒风纷纷扬扬。父亲顿时泪流满面，赶紧赶着牛车返回家中（该地就是现在的"车牛返"村）。见到子干后妈后立即写下休书，要休了这个狠心的女人。但子干跪地求情说：自己没有了亲娘，不想让弟弟再失去亲娘，继母虽不爱他却爱弟弟……最后，继母也认识到自己的错误，表示要痛改前非。于是，父亲收起休书，完整的家庭得以保全。

"仁爱"和"忠恕"是儒家思想的核心，贤人闵子骞也好，普通百姓子干也好，他们能做到以德报恶、宽恕待人，他们是封建社会道德的一面镜子。就是在今天，"鞭打芦花"的故事仍然让人感慨良多。

13 庙会首推大九华

九华山是我国四大佛教圣地之一,著名的地藏菩萨道场,位于安徽省池州市青阳县境内。相传,719年,25岁的新罗僧金乔觉(也是派遣到唐朝的留学生)渡海来到九华山苦心修持,后来得道成佛,被认为是地藏菩萨化身,故又名"金地藏"。贞元十年(794年)农历七月三十,在九华山苦修75年的金乔觉以99岁高龄圆寂。此后,每到农历七月三十,佛教僧众和当地乡民都要举行隆重的祭祀活动,九华山庙会逐渐形成。明清时期,在佛诞节(农历四月初八)、盂兰节(农历七月十五)、地藏忌日(农历七月三十)都要举行"浴佛法会""盂兰盆会""大愿法会"。但凡这样的日子,朝圣和集市贸易兴盛,各地信徒组织各种团会,朝山进香、拜塔守寺,参加各种法事活动。九华山庙会以超度亡灵、祈求平安和众生安乐为主要内容,佛教僧众多举办"水陆法会""放焰口""拜忏""放生"等宗教仪式。如水陆法会,又称"水陆道场""悲济会",是汉传佛教的一种修持法,也是汉传佛教中最盛大且隆重的法会。水陆法会以上供十方诸佛、圣贤,下施普通民众斋食为基础,救拔六道众生,并广设坛场,使与会众生至各坛听经闻法。故在法会中供养、救度的众生范围相当广泛,因此集合了消灾、普度、上供、下施等诸多功德。宋朝的宗赜在《水陆缘起》中说:"今之供一佛、斋一僧、施一贫、劝一善,尚有无限功德,何况普通供养十方、三宝、六道、万灵,岂止自利一身,独超三界,亦乃恩沾九族。"所以,庙会成为传统社会民众心中的向往。

另外,农历七月三十属农闲时期,乡民们利用九华山庙会香客众多的机会做些买卖,实现商品流通,并举行舞龙灯、舞狮灯活动,表演目连戏《目连救母》和傩戏《九更天》《刘文龙》等节目,几日几夜,热闹非凡。经过千百年传承,九华山庙会已成为融祭祀、集市贸易和文化娱乐为一体的文化活动,内容丰富,吸引众多的国内外香客和游人,庙会期间接待人次常常突破十万之众,庙会影响极大。

14 寿县庙会四顶山

安徽省淮南市寿县(原属六安市)每年农历三月十五要举行隆重的四顶山庙会,这也是一种古老的传统民俗及民间宗教文化活动。庙会源于对碧霞元君的祭祀,主要内容是焚香祈福,后来发展为集焚香祈福、物资交流于一体的民间集会。它还是皖中地区碧霞元君信仰的核心空间,是集道教文化、民俗文化、商贸文化、民间工艺文化、饮食文化和现代文化为一体的皖中地区著名的传统庙会,被列为安徽省第二批省级非物质文化遗产。

相传,很久以前有一孩童在山上玩耍,突遇恶狼,生命危在旦夕,幸遇一少妇自北徐州经寿县回河南固始娘家,从恶狼口中救下孩童,众人纷传少妇乃九天仙女下凡,因此少妇成了除暴驱恶、佑护善良的神灵。为了纪念这位女神,群众伐木凿石,在四顶山上建起了巍峨的庙宇,称为"四顶山奶奶庙"。因"奶奶"救孩童是在农历三月十五,因而定此日为祭祀之日(即庙会期)。

明嘉靖《寿州志》称四顶山庙为"东岳祠",始供奉神妃碧霞元君。清《凤台县志》称之为"元君庙",并记述:"嘉庆十九年八月造北山碧霞元君行宫。"因此,庙会有确切起始时间应为清嘉庆年间。民国初年,庙会尚盛,出城北门,沿途摊点密布。出于宗教虔诚,路边尚有卖洗脸水的,给进香人洗脸净面用。他们边喊边唱:"洗洗脸,净净面,前面就是阎王殿。"阎王殿位于山下,是前往山上奶奶庙的第一站,殿内有阎王塑像。烧香人自此开始烧香上山。卖香人也喊唱道:"烧香敬敬神,保你头不疼;一步步,一层层,抬头就到南天门。"小商小贩一边叫卖一边给香客指路。南天门是道空门,无神像。过了南天门,是一条盘山路。群众说"盘山路,九道弯,一弯九个级,九九八十一"。前面不足一里路就到奶奶庙了。新中国成立后,庙会一度终止。20世纪70年代末期,又有群众自发地于农历三月十五上山烧香、还愿,庙会又兴盛起来。改革开放以后,当地政府因势利导,用古庙会举办物资交流大会发展商品经济,促进生产发展,此习俗得以延续。会期一般5至7日,正会两三天,三月十五这一天,庙会达到高潮,可谓人山人海。

由于受"河南女子救人"这一美丽传说的影响,四顶山庙会对河南香客格外厚爱,附近河南的不少女香客也乐意来此朝拜。有诗云:"四顶高山庙接天,烟云袅袅情绵绵;河南信女敬香客,一叩一瞻到山巅。"以前庙会,每年三月初一就大开山门,迎接河南来的香客。从初一日起,山上香烟缭绕,方圆数百里香客接踵而至,络绎不绝。热闹非凡的庙会活动背后深藏的这些传说、故事往往才是撩动人们心灵的最强音。

 琅琊庙会初九日

每年农历正月初九举办的琅琊山庙会是皖东地区历史悠久、规模最大、影响最广的民间传统习俗活动。农历正月初九,宗教传说是玉皇大帝的诞辰日,另一说是东岳大帝的女儿碧霞仙姑的生日。这一天,道士或道教信徒一般会相聚,举办道教祭坛活动。当地有一传说:东岳大帝的女儿碧霞仙姑因嫌天宫冷清寂寞,想到人间走一走,玩一玩。她定睛一看,大失所望,看到的一座山除了草还是草,没有花没有树,一点也不美。本想再另觅锦绣山川,但转念一想,现成的景色有何味道?不如自己动手造一处美景,想造多美就造多美。于是,她决定不到别处去了,就在这座小山上用石头垒个住处，并自己来美化这座山。这座山就是琅琊山。碧霞仙姑知道天宫里的甘霖能使花草变香，清水变甜。便每天往返天上人间，取来甘霖，洒在琅琊山上。她一次又一次、一天又一天，不辞劳苦，荒凉的琅琊山终于长出树开出花来，风景渐渐秀丽起来。其中琅琊寺一带的景色特别优美，这是因为盛甘霖的罐子不小心被弄翻了，甘霖全都泼在此处的缘故。美丽的传说将琅琊山与道教联系起来，或者因为道教与琅琊山有联系，而产生了美丽的传说。

道教在琅琊山活动历史悠久，早在东晋时就有道士隐居山中，并相继建成玉皇殿、玄帝行宫、三皇古殿、元君殿和二天门、三天门等。明代开国皇帝朱元璋建都应天府（今江苏南京），每年都要派太子、大臣回凤阳老家祭拜皇陵，滁州是必经的重要驿站，琅琊山也是祭拜队伍的必去之所。为彰显盛世和国泰民安，明朝政府有意支持并认可"琅琊山庙会"活动，让民众聚会欢娱，并由民间自发活动转为官方组织兴办，自此年年沿袭。后来每逢此日，众多的善男信女便来到山中，烧香拜神，祈祷平安。久而久之，便形成了"琅琊山庙会"。

随着经济迅速发展，城乡精神文明和物质生活水平不断提高，传统的庙会被赋予了新的内容。庙会期间，有专业文艺团体和群众自发组织的民间艺术表演，如花鼓、旱船、龙灯、舞狮、杂技、魔术等，形式多样，丰富多彩。参加庙会活动的游人，遍及江淮两岸，有上海、南京、扬州、蚌埠、合肥诸多城市的游客。庙会期间人数最多时可达十万之众，可谓"人如潮涌，盛况空前"。随着时代的进步、社会的发展，传统庙会逐渐被充实了富有鲜明时代气息的内容，成为人们游山赏景、商贾贸易、信息交流和共歌齐舞的盛会。

16 祭祖祭社寄深情

祭祖、祭社活动在民间非常流行,也是安徽省的重要民俗活动,下面介绍两例。

徽州祠祭,即祭祖活动,是徽州境内各宗族祭祀祖先的一项重要礼仪活动,属国家级非物质文化遗产。祠祭分族祭和房祭两种。族祭由族长主持,族长由族中年长辈高、儿孙繁衍、德高望重的人担当;房祭由各房头房长担任主祭。一般徽州宗族祠堂祭祖,有春祭、中元、秋祭、冬祭、先祖诞辰、先祖忌日等,最普遍和最隆重的祠祭是春秋二祭和冬祭。徽州祠祭按照朱熹《家礼》的规定,要求参祭人员必须整衣肃冠,严格遵循祠规。整个祠祭活动有严格的程式,其中由礼生读祭文,其祭文写作也有固定的格式。徽州祠祭自明代以来,曾广泛流传于古徽州的祁门县、歙县、黟县、绩溪等地。祁门县西部的马山、桃源、文堂、黄龙等传统古村落,至今还保留着相对完整的祠祭文化。其中马山村祭祖程序严格,仪式隆重。冬祭为每年腊月二十四挂祖容像,三十夜到祠堂拜祖先。春祭为正月初二、初四,祭后每人发一杯米酒。清明节要标坟拜祖,中元节做道士戏,祭祀孤魂野鬼。八月初一到西北面的西峰庙接西峰大圣,中秋节送回。桃源村陈氏宗族祭祀分小祭(家族祭)、中祭(支祠祭)、大祭(总祠祭)三种。宗祠祭祀的第一个程序是奉上十六种供品。祭祀人员分设主祭、启赞、通赞、哑赞、引赞、内务、执事、执鼓、鸣锣各一人,另奏乐队有若干人。逢大祭需供上整羊整猪各一只为主供品,同时各户捧上一盏或一对造型各异的接财纳福添丁的彩灯。徽州宗祠祭祀是与岁时节令相关的庆祝、祭祀习俗,是古徽州劳动人民创造的文化遗产,既具有强大的宗族凝聚力,也起到丰富宗族群众文化生活的作用。

绩溪县伏岭镇作为民间文化艺术之乡、徽剧之乡、徽菜之源,其文化底蕴深厚,民俗活动内容丰富。而北村祭社更是徽州民间信仰习俗的典型代表,集中展示了古徽州的民风民俗。北村的祭社活动一般由程姓的40岁男子("不惑"之年)主持。祭品有猪、羊、鸡、白面馍及五谷、徽菜(称琼碗)、大蜡烛、鱼、炮仗等。举办时间为每年的除夕夜起至大年初三。大年三十下午将"社猪""社羊""社鸡"及其他贡品送入社庙,正月初一举行祭社仪式。祭社仪式按固定的程序与规则进行,一般按"序立、降神、奠帛行初礼、鼓乐、右食、右乐、读祝、辞神鞠躬拜、化财、望燎、撤馔、礼毕"12个程序进行。仪式结束后由全村所有36岁男子舞板凳龙灯,"社馒"等祭品要分赠给20岁以上男子。祭社成为春节期间一道亮丽的风景线。祭社民俗活动,主要是为了祈求风调雨顺、五谷丰登、人寿年丰、国泰民安,它还是一种社会交流和社会教育活动。正如社庙里一副对联所说的那样:"德高望重,乾健坤柔,能保我子孙黎民延年益寿;日丽风和,桑阴柘荫,以与尔邻里乡党娱乐骋怀。"

17 桐城文庙兴文教

　　文庙,是纪念和祭祀我国伟大思想家、政治家、教育家孔子的祠庙建筑,又被称作"夫子庙""至圣庙""先师庙""先圣庙""文宣王庙",以"文庙"之名更为普遍。文庙具有纪念性、规制性、教育性等特点,成为读书人的朝圣之地。由于孔子创立的儒家思想在维护社会统治安定方面所起到的重要作用,历代封建王朝对孔子尊崇备至,从而把修庙祀孔作为国家大事来办,到了明、清时期,每一州、府、县治所所在地都建有孔庙或文庙。其数量之多、规制之高、建筑技术与艺术之精美,在我国古代建筑中堪称是最为突出的,文庙是我国古代文化遗产中极其重要的组成部分。

　　由于深受儒家文化影响,安徽文庙兴盛。根据江小角、陆勤毅先生的研究,安徽文庙均属于学庙。学庙又称"庙学",唐贞观年间确定"庙学合一"制度后,或因文庙而立学校,或因学校而设文庙。所以,文庙实现了儒学思想的崇高地位与儒学思想的弘扬传承的完美结合。安徽文庙兴建可追溯到唐代,历经宋元、明、清三次较大的发展阶段。因庙学合一,文庙与州学、县学相联系,所以共同促进了各地文化教育的发展。历史上安徽文庙遍及大部分州、府、县,现保存较为完好的文庙有近20座,如桐城文庙、蒙城文庙、芜湖夫子庙、望江文庙、霍山文庙、霍邱文庙、寿县文庙、歙县文庙、绩溪文庙、泗县文庙、太和文庙、旌德文庙、萧县文庙、安庆文庙、庐州文庙、和州文庙、颍上文庙等。其中最有代表性的是桐城文庙。

桐城文庙始建于元延祐初年(1314年),元末毁于兵乱。明洪武初拓展重建今址,明清两代共修葺过19次,为元明清以来桐城祭孔的礼制性建筑群。它位于桐城古城中心,整个文庙坐北朝南,以御道为中轴线,前为文庙门楼,依次为棂星门、泮池、泮桥(状元桥)、大成门、月台祭坛、大成殿;且以大成门为界,分前后两院落。大殿上方拓印着康熙手书的"万世师表"。殿内除至圣先师孔子像外,还有"四配"(颜回、子思、曾子、孟子)及"十二哲"(闵损、冉雍、端木赐、仲由、卜商、有若、冉耕、宰予、冉求、言偃、颛孙师、朱熹)塑像,供人瞻仰。另外,梁枋撑挑以雕刻或墨绘饰以入平仲学、侍席鲁君、杏坛礼乐、渔樵耕读、太公垂钓、太白醉酒、陶渊明赏菊、林和靖观海、周敦颐爱莲、文王访贤、孟母断杼、魁星点斗、独占鳌头等60余幅花卉人物故事图案,供人们观赏学习。文庙还有一套庄重严密的祭祀规程。人们参与文庙的祭祀活动,不仅接受了知识,欣赏到艺术,而且经历了一次灵魂的洗礼。文庙的文化活动,有利于尊师重教优良社会风气的形成与传承,有效地促进了地方文教事业的发展。如桐城一直流传着"富不丢猪,穷不丢书"的民谚。明清时期,桐城考中进士的达240多人,知县以上官员近千人,桐城派汇聚作家1200多人,影响遍及全国。

保护安徽文庙遗产,有利于弘扬儒家思想文化中的优良传统,尤其有利于传承尊师重教的优良社会风气。

18 孤山小姑爱彭郎

小孤山,位于皖、鄂、赣三省交界处的宿松县县城东南65公里处的长江中,素有"安庆门户""楚塞吴关"之称。小孤山秀美挺拔,很像一位云鬟高挽的古代女子。小孤山与长江南岸的"大孤山"(又名"大姑山")边的"彭郎矶"隔江相望。小孤山不仅有美妙的自然奇观,还给人以无限想象。"小孤山"传说包含许多极具神话色彩的优美故事,既有小孤山来历的传说,又有与小孤山有关的历史人物、事件的传说,其中流传最广、影响最大的是小姑与彭郎的故事。故事的主人公林小姑,即妈祖林默(妈祖庙的供主),又被称"圣母""天妃""广济夫人"等。小姑美丽善良,聪慧过人,不仅会医术,还乐于救助江河湖海的遇难者,以济世救人为己任,因而无法与心爱的彭郎常相聚,后她献身大自然,变成小孤山。为祭拜林小姑这位善良美丽、济世救人的神女子,后人在山上建了小姑庙,并设有小姑梳妆亭等景点。2000年,小孤山被中国文物保护宣传委员会和中国文物保护世纪行组织委员会列为"中国历史文化遗产"。

千百年来,小孤山奇特优美的风光与动人的传说,吸引了许多的文人墨客与帝王将相。从北宋大文豪苏东坡诗句"舟中贾客莫漫狂,小姑前年嫁彭郎"可以看出小姑与彭郎的故事在当时广为流传,元、明、清及近代一些文人的诗作也反映了故事的流传。这些传说既颂扬了正义、勇敢、善良,表达了人们对大自然的敬畏,对美好幸福生活的向往,也是当地人民精神史和心灵史的真实记录。

19 潜山孔雀东南飞

"孔雀东南飞"的传说,可追溯到东汉建安年间。庐江郡小吏焦仲卿娶刘兰芝为妻,夫妻恩爱情深。由于丈夫在外做官,常年两地分居,平时婆媳相处多。虽然兰芝会织布、会裁衣、会弹乐器、会诗文,很能干,但也很有个性,不是什么都听婆婆的。在"女子无才便是德"的封建社会,这样的女子不太受欢迎。所以焦母认为"此妇无礼节,举动自专由",对其不满,将其遣回娘家。焦、刘两人分手时发誓生死相爱,不复嫁娶。兰芝回娘家后,其兄逼其改嫁,她万般无奈投水身亡,仲卿闻讯后也自缢于庭树。焦、刘殉情一事,震动了庐江郡,"家家户户说焦、刘",在民间广为流传。300 余年后,经过群众的集体创作,诞生了爱情诗的经典《孔雀东南飞》。南朝徐陵将该诗以"古诗为焦仲卿妻作"为题收入他所编的《玉台新咏》,从此该诗进入文坛成为定本。这是保存下来的我国古代最早的一部长篇叙事诗,堪称中国叙事诗成熟的里程碑。因诗的第一句"孔雀东南飞,五里一徘徊"引人遐想,给人以美好的意象,后来这个故事就被命名为"孔雀东南飞"。焦仲卿、刘兰芝被称为"中国的罗密欧与朱丽叶"。诗前小序记载了传说故事的梗概,其人其事其时,真实可考。焦仲卿,潜山焦家畈人,刘兰芝,怀宁刘家山人,两家仅一河之隔。潜山与怀宁在西汉至西晋时均隶属于庐江郡皖县。民间传说具有黏附性,"孔雀东南飞"传说也表现出对地方事物和名胜古迹的依附,在潜山焦家畈大渡口、相公桥、焦家庄园等地的遗迹遗存均依稀可见。历代流传的传说,至今在方言里仍可见端倪,比如将刁难媳妇的婆婆喊作"焦八叉",将受折磨的媳妇叫作"苦芝子",将懦弱无能的老好人称为"糯米官人"等。"孔雀东南飞"传说起源早、版本多、流传广,且衍生出"乞巧节""娘娘会"等民俗节日,具有口头性、集体性、传承性、变异性等特征。

2006年,"孔雀东南飞"传说被安徽省人民政府列入省级非物质文化遗产保护名录。《孔雀东南飞》这首爱情诗,共1700余字,虽然吟唱的是焦、刘双双殉情的悲情故事,但其富有神话色彩的结尾("两家求合葬,合葬华山傍。东西植松柏,左右种梧桐。枝枝相覆盖,叶叶相交通。中有双飞鸟,自名为鸳鸯。仰头相向鸣,夜夜达五更。")表达了人们对封建旧俗的深恶痛绝以及对美好爱情的强烈向往,并告诫后人"戒之慎勿忘"。当地民间也流传着"婆媳好,赛金宝;婆媳坏,家要败"的谚语。这也是告诫人们,要吸取焦、刘教训,处理好婆媳关系,家庭成员间要互相尊重,促进家庭和谐、社会和谐。现在,地方政府还开办了具有"孔雀东南飞"传统文化特色的学校,以便培养"孔雀东南飞"传说的文化传人和对青少年进行正确的爱情观教育。

舒城梁祝蝶双飞

梁山伯与祝英台的故事是一个凄美的爱情故事,在我国流传甚广。尤其通过戏剧作品的传播,梁祝的故事在中国已是家喻户晓,影响着中国人的爱情心理。但在安徽最早的传说流传于舒城县南港、百神庙、泉水堰、河棚一带。特别是在南港,民间代代相传,妇孺皆知,甚至出现过禁演梁祝戏、捣毁戏台、驱赶演职人员的事件。

舒城目前尚有多处"梁祝传说"的遗存:(1)梁祝墓坐落在南港镇向山村梁桥村民组,位于206国道边,有小溪绕墓流淌。(2)春秋山半腰上有春秋读书堂。传说春秋山学堂是西汉时蜀郡太守、官办教育创始人文翁读书处,后来为梁祝读书处,北宋时为大画家李公麟读书处。(3)两处祝家庄:一处在河棚镇泉石村,一处在干镇泉水堰。

相传,青年学子梁山伯辞家攻读,途遇女扮男装的学子祝英台,两人一见如故,志趣相投,遂于草桥结拜为兄弟,后同到红罗山书院就读。在书院两人朝夕相处,感情日深。但同窗三年,山伯一直不知英台是女儿身。三年后,英台返家,山伯十八里相送,二人依依惜别。在十八里相送途中,英台不断借物示意。山伯忠厚纯朴,不解其意。英台无奈,谎称家中"九妹"品貌与己酷似,愿替山伯做媒,并约好相亲之日。可是山伯家贫,未能如期而至。待山伯在师母的指点下前去祝家求婚时,祝父已将英台许配给马太守之子马文才。但山伯不知英台死活不从这桩婚姻,以为英台已变心,因而悲愤交加,一病不起,抑郁而死。英台得知山伯为己而死,悲恸欲绝。不久,马家前来迎娶,英台被迫含愤上轿。行至山伯墓前,英台执意下轿,伤心地哭拜亡灵,因过度悲痛而亡,后被葬在山伯墓东侧。据传,英台被迫出嫁时,有意绕道去梁山伯墓前祭奠,在祝英台哀恸感应下,天空突然风雨雷电大作,坟墓爆裂,英台翩然跃入坟中,墓复合拢,风停雨霁,彩虹高悬,梁祝双双化为蝴蝶,在人间蹁跹飞舞。

梁祝故事在民间流传已有1000多年,被誉为爱情的千古绝唱,梁山伯与祝英台也被称为"东方的罗密欧与朱丽叶"。它给人们留下了两点启示:一是反映了古代女子要求读书求学和追求男女平等的思想,以及反对"父母之命,媒妁之言"的封建婚姻制度和"门当户对"的婚姻观念;二是反映了年轻的读书人向往自由和对坚贞爱情的执着追求。

第二章
安徽民间生活生产民俗与教育

生活生产民俗是指与人们的衣食住行、生产劳动等密切相关的各种民俗事项,包括人生礼仪民俗、服饰民俗、饮食民俗、居住民俗、交通民俗和生产民俗等方面。它们都与教育有关系。教育的重要职能之一就是向人们,尤其是年轻一代,传授生活生产的知识和经验。在传授知识和经验的同时,也少不了对他们品德和行为规范的培养。如东汉班固在《白虎通义》中就明确提出服饰的三大功能:蔽形、表德劝善、区别尊卑。服饰不仅具有卫其内的功能,还有耀其外的作用,其教育内涵丰富。像传统的民俗服饰、近代的中山装、现代的职业服装等都承载着教育的符号和元素。现在的年轻人也常常将一些做人、处世的原则浓缩成若干文化符号编织、绘制或印染在服饰(如文化衫等)上,以提醒和标示自己的人格特征或行为准则。各种礼仪,更是直接的教育活动。如成人礼、婚礼、寿礼、葬礼等人生礼仪和岁时节日礼仪,都是有明确的教育主体和教育内容的家庭教育或社会教育活动。

安徽是农业大省,农业文明历史悠久。北方以生产小麦等为主,喜欢面食,酒文化源远流长;南方以生产水稻和水产品为主,是"鱼米之乡",茶文化独具特色;皖南山区还生产丰富的"山野"食材、药材和建材,徽菜和徽派建筑最具代表性;大别山区是革命老区,红色文化彰显家国情怀。

21 起名抓周寄希望

诞生礼是一个人一生中举行的第一个仪式,尽管自己当时是"不知道"的,但它在人生礼仪中占有重要位置,甚至影响人的一生。广义而言,诞生礼从出生前的求子、怀孕就开始,再到出生后的"洗三"(也叫"过三朝")"庆满月""庆百日""庆周岁",延续一年多时间。就其基本程序来看,安徽各地差不多。"洗三"一般在出生后的第三天举行,要开展祭祀活动和给婴儿沐浴,并设宴欢庆(也可安排在满月,吃满月酒时)。"洗三"时,要请一位"全福"且有威望的老太太主持。届时端上一个大铜盆(或木盆),盆中装上用槐枝、艾蒿煮过的热水,前来吃"三朝酒"的亲朋好友,将带来的铜钱、枣、花生、莲子、鸡蛋投入冒着热气的水中,名曰"添盆"。老太太一边念着喜歌,祝福孩子健康长寿,一边给孩子洗澡沐浴。在满月那天,还要举行剃满月头仪式。剃胎毛也有许多讲究,如是男孩,则将顶发剃成方形,据说这是乌纱帽帽翅的形状,预示长大后可以当官;如是女孩,则将余发剃成桃形,预示可以长得像仙桃一样美丽。"庆百日"仪式的主要内容是给婴儿挂"长命百岁"锁,预祝婴儿"长命百岁"。"庆周岁"是当孩子满一周岁时,要举行"抓周"仪式。最重要的是"洗三"和"庆周岁"。

"洗三"仪式的意义不仅在于向社会郑重宣布一个家族成员的诞生,还要为孩子取名。起名很有讲究,一般由长辈或请有文化的人来起。多以理想、爱憎、德操等方面的期望起名。如以"福、禄、寿、喜、才、权、发财、冒富、富贵、安邦、定国、振华"等字词起名,以表达长辈对孩子前程的祝愿;以"仁、义、礼、忠、和、善、信、德、勤、孝、爱、贤、廉、自清、奋发、图强、志强"等字词起名,以表达长辈对孩子德行的期许。还有以文章、诗词、典故、成语起名的,以表达对文学以及传统文化的尊崇。女性起名也常用反映女德的字词,如"贞、淑、娴、贤、巧、雅、静、丽、净、洁、端、庄"等。"庆周岁"要举行"抓周"仪式,人们试图通过这种方式预测孩子的未来。抓周时,要在婴儿面前摆上诸如胭脂、戒指、笔墨、书本、金钱、点心等,看孩子最先抓到什么。大人们会根据婴儿抓到的东西,判断婴儿长大后的志向——抓到胭脂的一定有女人缘,抓到点心的不愁吃喝,抓到金钱的可富甲一方,抓到笔墨或书本的一定是个读书做官的料。其教育意义无须赘述。

22 成年礼仪促成长

通常,人们将一个人步入成年人行列而举行的仪式叫"成年礼"。古代的成年礼一般包括三方面内容:一是进行能力考察,尤其是体力考验。在农耕社会,首先要考察其是否具备一个成年人应有的生产能力和生存能力。后来在以儒教治国的汉文化圈,成年仪式的主要内容则是考察一个人是否具备儒家思想以及与之相关的道德伦理精神。二是获得性的权利。性成熟是人成熟的一个重要标志,通过某种仪式赋予当事人以性的权利,从此可以结婚生子。三是在身体或装饰上作出某种标记,通过成年前后身体或其装饰物的某些变化以示"成年"。如文身、变发型、改佩饰、换服饰等。由于男女性别差异,中国古代的成人礼分冠礼和笄(jī)礼。男子一般满二十岁时行冠礼,即加冠,表示其已为成人,被族群承认,之后可以娶妻。女子一般是满十五岁后行笄礼。"笄"是中国古代女子束发用的簪子,行笄礼时由家长替女孩把头发盘起来插上一根簪子。改变发式表示从此结束少女时代,可以嫁人了。所以,成年礼又被称为"成丁礼"或

"成女礼"。

举行成年礼的年龄各地大同小异,一般都选择在青年男女性成熟之后,如女子初潮或男子遗精之后。当然,仅仅顾及生理年龄是远远不够的,人们在举行成年礼时还要充分考虑参与者的心理年龄与社会年龄。成年礼的本质,在早期是一种考验仪式,考察当事人能否承担起一个成年男人或女人应尽的社会义务;后来发展为一种象征仪式,到了一定年龄(社会习惯年龄或法定年龄),通过一定仪式正式批准进入"大人"行列,独立行使社会赋予的权利与承担相应的义务。

所以,有的教育学家认为,成人礼或青春礼是人类早期教育的萌芽。现代社会的成年礼已扩展了其社会功能,更具有庆典特征,不仅有接纳功能和教育功能,还有文化认同功能和娱乐功能等。有学者认为,成年仪式的施礼者是通过三种方式来实现其功能的:一是赋予受礼者以施礼者的社会价值观和道德传统;二是通过一定的仪式活动将施礼者所代表的价值观和文化传统传播开来,以对社区(或族群)成员形成影响,实现文化认同;三是展示成就,以实现对整个社会文化的影响。在现今的我国,成人礼一般规定在18周岁时举行,多由学校(高中或大学)来组织。常用的宣誓词是:"我是中华人民共和国公民,在18周岁成年之际,面对国旗,庄严宣誓:我立志成为有理想、有道德、有文化、有纪律的社会主义公民。遵守宪法和法律,热爱社会主义社会,拥护中国共产党的领导。正确行使公民权利,积极履行公民义务,自觉遵守社会公德。服务他人,奉献社会;崇尚科学,追求真知;完善人格,强健体魄,为中华民族的富强、民主和文明,艰苦创业,奋斗终生!"

由上可见,成年仪式对确立一个人的社会地位和人生信仰有着重要意义,我们应坚守利用成年礼活动对青年进行人生和信仰教育这一传统教育阵地。

23 婚礼夫妻誓恩爱

在人类文明发展史上,婚姻生活具有确保种的繁衍及构建社会行为模式双重功能。中国传统的婚姻模式,在汉代就已经定型,在今天仍发挥着重要作用。广义而言,传统婚礼分六个阶段,即"六礼":纳采、问名、纳吉、纳征、请期、亲迎。首先是媒人联系双方父母,介绍双方情况,了解双方生辰八字,看是否有命相相克等。如属相相克:"从来白马怕青牛,羊鼠相逢一旦休。蛇见猛虎如刀锉,猪遇猿猴不到头。"即属马的与属牛的不相配,属鼠的与属羊的不相配,属蛇的与属虎的不相配。还忌女属虎和羊。虎性凶猛,克夫。尤忌前半夜出生的属虎女子,下山觅食之虎,万不能娶;后半夜出生的为上山虎,老虎吃饱了上山休息,比较温和,还好一点。民间还有"女属羊,守空房"的谚语,忌女属羊。所以过去属虎、属羊的女子担心嫁不出去,便虚报岁数,以破禁忌。当然,这些都是迷信思想。如果媒人和双方父母觉得男女相配,就可以定亲,确立准亲家关系。一段时间后,如果(主要是男方)想或者觉得可以成亲了,就请媒人向对方"提亲",并确定婚期;接着是"请期"("送日子",准备迎娶)。最隆重的是"迎娶",要举行一系列仪式,包括拜天地、请喜酒、闹洞房等。第三天还要"回门",新郎陪新媳妇回娘家。狭义的婚礼主要是指"迎娶"时的礼仪活动。另外,受儒家文化影响,古代传统婚姻多是"父母之命""媒妁之言",这一习俗也造成了诸多悲剧。

不过,在中国人的传统观念中,相信姻缘是命中注定。"千里姻缘一线牵",中国人特别重视缘分,俗话说"十世修来同船渡,百世修来共枕眠"。这种观念有利于年轻人适应婚姻生活,维持婚姻和家庭的稳定。值得一提的是中国人传统的"才子佳人"观。在中国古代言情小说中,常有一个固定的模式,便是作品中的如意郎君是一个才高八斗的文弱书生,女方则是一位天生丽质的富家小姐,两人暗中相爱。女家知道后极力反对,生出许多事端来。无奈小姐心意坚定,花园赠金,助公子赴京赶考,公子不负重望,考中功名,衣锦还乡,与小姐共结百年之好。这便是中国古代言情小说中"才子佳人"的母题。在中国人眼中,郎才女貌是最完美的婚姻。因为在中国封建社会,衡量一个女子是否是好女子的标准不是才,而是是否漂亮,是否会伺候丈夫、公婆,是否能生儿育女,是否贤淑顺从。因此"女子无才便是德",便成了专门针对妇女的愚民政策。而男子自隋唐实行科举取士以来,只要通过考试便能平步青云,出人头地,即所谓"学而优则仕"。故男子无钱可以,无才却不成。从某种角度来说,"郎才女貌"这一价值体系的建立与当时的社会背景息息相关,也确实影响了年轻人的成长和发展。

从现今的婚礼来看,它无疑继承了传统婚礼的基本程式,但又被赋予了新的内容。一般在婚礼上,主婚人、证婚人以及双方父母代表都要致辞,主要是希望男女双方要互相包容、互敬互爱,要爱岗敬业、勤俭持家,要孝敬父母、尊敬长辈等。新婚夫妇也要在众人面前发表爱的誓言,并接受社会监督。这无疑是人生中最值得铭记的一次受教育的好时机。

24 寿礼葬礼敬尊长

寿礼是为了庆祝诞辰,源于我国古代所谓的"五福",即五种人生理想:福、禄、寿、喜、财。一般将庆祝60岁以前的诞辰叫"过生日",60岁(以前也有从50岁开始)以后称为"做寿"。逢十则做大寿,如60岁、70岁、80岁。民间有"十全为满、满则招损"的说法,故采取做"九"不做"十"(即做"虚岁"不做"实岁")。如在59岁时做60大寿,69岁时做70大寿。寿礼无严格的程式。一般是,寿辰之日,先把祖宗的牌位请于神案之上,点燃香烛,鸣放鞭炮,寿星穿戴一新,率全家拜祭。之后,寿星端坐寿堂椅子上,晚辈们依次跪拜祝寿,并献上祝寿礼品。现在已将磕头改为三鞠躬。接着是寿宴开始,众人给寿星敬酒,请寿星吃寿糕等,寿星再把寿糕、寿蛋、寿果分给众人吃。一说这是替寿星"嚼灾",也说是为自己"添寿"。寿宴上还必须有"长寿面"。吃面时,儿女晚辈要把自己碗中的面条拨给老人一些,谓之"增寿"。最后,大家要陪寿星看戏、看电影等。这也是对前来祝寿者的答谢。晚上,一般还要请执事人等(帮忙者)吃酒答谢,寿礼便圆满落幕。

祝寿的礼品多种多样,有吃(鸡鱼肉、苹果、石榴、桃)、穿(衣服、鞋等)、用(手杖、健身器材),还有寿幛、寿联、寿屏、寿匾等,或直接送钱(送银子)。值得一提的是,寿礼中一定要有寿桃。用桃祝寿可能源于王母娘娘做寿设蟠桃会款待群仙的神话,也有传说是源于孙膑为母亲做寿的故事。相传古代军事家孙膑18岁离开家乡,到千里之外的云蒙山拜鬼谷子为师学习兵法。一去就是12年,那年的五月初五,孙膑猛然想到:今天是老母80岁生日。于是向师傅请假回家看望母亲。师傅摘下一个桃送给孙膑说:"你在外学艺未能报效母恩,我送给你一个桃带回去给令堂上寿。"孙膑回到家里,从怀里捧出师傅送的桃给母亲。没想到老母亲还没吃完桃,容颜就变得年轻了,全家人都非常高兴。人们听说孙膑的母亲吃了桃变年轻了,也想让自己的父母长寿健康,便都效仿孙膑,在父母过生日的时候送鲜桃祝寿。还有地方县令孝敬父母用桃祝寿的传说等。由于鲜桃的季节性强,人们在没有鲜桃的季节,一般用面粉做成寿桃给长辈拜寿。尽管各地方的传说不尽相同,但倡导"尊老孝亲"的基本精神是一致的。

葬礼,也叫"丧葬礼"或"丧礼",是人生礼仪的最后一站,所以备受重视。它包括送终(送老)、告丧与奔丧、入殓(入棺)、出殡下葬、守丧等环节。中国民间传统的葬礼是建立在灵魂不死、葬先荫后、魂归故里等思想基础之上。既有对先人的尊敬、怀念和送别之情,也有加强家族成员或亲朋好友之间的联系和增进感情的社会功能。古代葬礼充分体现了儒家的宗法伦理观,并具体体现在丧服制度中。儒家丧服制度将丧服分为五等,俗称"五服"。它规定了丧仪中不同关系者的应着服装和着服期限。人们从对方所着服饰,即可知道服丧者与死者关系的远近亲疏,可以说丧葬礼是继婚礼之后对亲族关系的又一次大检阅。下面简述中国丧葬文化中"五服"制度的基本内容。

斩衰:服3年;丧服用最粗的麻布制作,不缝边,粗麻腰带;儿子及未嫁之女对父亲,妻对夫。

齐衰:服3年至3个月;丧服用粗麻制作,缉边;儿子及未嫁之女对母亲(3年),已嫁女对父亲(1年),孙子对祖父母(1年),重孙对曾祖父母(5个月),玄孙对高祖父母(3个月)。

大功:服9个月;丧服用熟麻布制作,白色;堂兄弟、堂姐妹、已嫁女对母亲、叔伯、叔父、兄弟。

小功:服5个月;丧服用较细熟的麻布制作;本宗对曾祖父母、伯叔祖父母、堂伯叔及未嫁祖姑、堂姑,外亲对母舅、母姨。

缌麻:服3个月;丧服用细麻布制作;远亲用,本宗对高祖父母、曾伯叔祖父母、族父母、族兄弟及未嫁族姐妹,外姓对岳父母舅等。

葬礼中,丧服标志着亲族关系的远近,也关系死者遗产的继承问题。因此,着何种丧服常常成为人们争论的焦点。

葬礼中具有丰富的伦理道德教育内容,也是开展有效德育的好时机。

25 岁时节日年年有

传统节日的源起大多与原始宗教仪式和农业生产有关。今天保留下

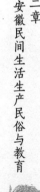

来的传统节日主要有春节、元宵节、清明节、端午节、乞巧节、鬼节、中秋节、重阳节、冬至、除夕等。还有一些现代节日和外来节日也慢慢变成传统节日,如儿童节、国庆节、母亲节、父亲节等。节日民俗具有丰富的教育内容,它们在不知不觉中对人产生教育影响。下面介绍在安徽有着较大影响的几个节日。

春节: 广义的春节一般从腊月初八(腊八)开始,直到正月十五结束。中间还有过小年(北方一般是腊月二十三,南方多是腊月二十四)、除夕(腊月三十,也叫"过年")、过大年(正月初一,狭义的春节)、人生日(正月初七)等。春节期间,除开展祭祖、祭神、驱鬼和贴对联、放爆竹、跳大舞、看大戏等活动外,拜年也是重要的活动。拜年又叫"走春",是春节期间的重要礼仪活动之一。一般是初一一早给长辈拜年,叩头或鞠躬,祝长辈身体安康,万事如意。长辈给孩子们以压岁钱。之后,晚辈在长辈带领下,前往亲朋家拜年,若拜之不及,也可遣家人或子弟代拜。现代社会常举行"团拜",也是很好的做法,大大节约了时间和资源,提高了效率。安徽省有些地方初二拜亲邻(拜邻居,有"初一不出门,初二拜亲邻"的谚语),或看望上一年有家人去世的亲朋好友。初三、初四继续拜年。农村有"初三拜母舅,初四拜丈人"之说。媳妇回娘家,女婿看丈人,外甥拜母舅,反映了中国传统社会对于姻亲关系的重视。有的地方初五叫"破五",要煮新米饭或吃"破五饺子"。"破五"之后,年节活动告一段落,人们可以将这几天积攒下来的垃圾倒掉,将祭祖供品撤掉。此外,初五还是五路财神的生日,这天商家祭财神,在幌子上挂红布,准备开张营业。另外,安徽省南方春节期间有"送春"的习俗。人们敲锣打鼓,挨门挨户唱春歌。春歌歌词为七字一句,句末押韵。演唱时多用当地方言行腔切韵。春歌内容多为祝福国泰民安、五谷丰登、四季平安之类的吉祥语。还要求送春者上门见啥唱啥,随机应变,唱得大家都快乐。这一民俗不仅具有较高的文学和审美价值,因其内容多为歌颂真善美、鞭挞假恶丑,也具有较好的教育和价值导向功能。

清明节、端午节:历史上,清明节(阳历四月五日前后,二十四节气之一)与寒食节(纪念春秋时的大臣介子推对晋国公子重耳的忠诚而禁火,节期并不确定)、上巳节(阴历三月初三,纪念春天的到来,有踏青郊游、会男女、祭祀高媒等活动)本是三个节日,但因时间上较为接近,所以到了唐代,三个节日合流,渐渐融入清明节。从现在来看,清明节的主要功能是扫墓祭祖,其真正动机是增强家族成员间的血亲意识和不忘先人的感恩意识。当然,在现代社会它还有一个重要功能就是纪念革命先烈和民族英雄。端午节是阴历五月初五。传说是为了纪念屈原,但实际上早在屈原之前,就已经有五月初五划龙舟的习俗了。端午节是在古老的宗教驱邪仪式基础上发展起来的。每年阴历四五月份,是南方疫情流行的高发期。人们除饮用雄黄酒,用艾叶煮水沐浴及插戴菖蒲、艾蒿、石梅花、山丹花以及蒜头等五种药用植物以防瘟疫外,最常用的方式便是用巫术的手段送瘟神。因江南水乡水道纵横,人们习惯用船载的方式将瘟神送走。主要方法是将瘟神放入小船,摆上粽子等供品,然后由人划船顺流而下将瘟神送走。因为许多人家都同时送瘟神,势必争先恐后,于是出现龙舟竞渡的场景。现在端午节送瘟神的本意渐失,而变成以纪念屈原(爱国主义教育)、享受美食和开展龙舟竞技活动为主。

中秋节、重阳节:中秋节是阴历八月十五,祭月是中秋节最重要的仪式。祭月的供品为月饼和各色水果,唯独不供梨。古代祭月仪式只有妇女参加,民间有"男不拜月,女不祭灶"之说。皓月当空之时,人们在院中摆上供桌、神像,向月出方向跪拜。月饼是中秋节特有的节日糕点。但中秋吃月饼的传说与安徽人有关。元朝末年,中原广大人民不堪忍受元朝统治者的残酷压迫,纷纷举起抗元旗帜。朱元璋联合各路反抗力量准备起义,但朝廷官兵搜查得十分严密,传递消息很是困难。军师刘伯温便想出一计,命令属下把写有"八月十五夜起义"的纸条藏入饼子中,再派人分头传送给各地起义军,通知他们在八月十五晚上起义。到了起义那天,各路义军一起响应,如星火燎原。很快,徐达攻下元大都,起义成功。消息传来,朱元璋高兴地传下口谕:以后中秋节,让全体将士与民同乐,并将当年起兵时用以秘密传递信息的"月饼"作为节令糕点赏赐群臣和百姓。此后,中秋节吃月饼的习俗便在民间流传开来。"月饼"制作也越来越精细,品种更加繁多,月饼成为馈赠的佳品。

重阳节是在阴历的九月初九,又称"重九",产生于汉代。九为阳数之极,双九便为老阳,阳极必变,因此,九九乃是由盈转亏、由盛转衰的不吉之数,与五月初五同属毒月毒日。茱萸味香浓郁,可驱虫去湿、治风寒,菊花可清火去毒、消积食。古代有插茱萸、饮菊花酒、登高可以消除灾祸的传说。古人认为九月初九佩茱萸、饮菊酒、登高山可以避灾免祸。而吃重阳糕则取"步步登高"之意,所以重阳节又称"登高节"。并逐渐成为人们邀亲朋好友身佩茱萸、携带佳酿、登高赏菊、饮酒赋诗的民俗活动。今天,重阳节又变成"老人节""敬老节",是开展敬老教育的好时机。

26 红色家风传初心

"家风",又称"门风",指的是家庭或家族世代相传的为人处世风格和生活作风等,即一个家庭的风气。也可以理解为:一个家族代代相传、沿袭下来的体现家族成员精神风貌、道德品质、审美格调和整体气质的家族文化风格。家风有一种强大的感染力,是家庭伦理和家庭美德的集中体现。中国传统文化十分重视家风建设和家风的传承,出了不少有名的家训、家规。如《颜氏家训》《朱子家训》《曾国藩家书》《傅雷家书》等。

红色家风，是指一代代共产党人在革命、建设、改革的岁月中所建立和倡导的家风，彰显的是爱党爱国、忠于人民、廉洁自律、艰苦朴素、甘于奉献的优良传统和作风。习近平总书记在第一届全国文明家庭表彰大会上就家庭、家教、家风问题作出精辟论述，强调各级领导干部要带头抓好家风，继承和弘扬革命前辈的红色家风，向焦裕禄、谷文昌、杨善洲等同志学习，做家风建设的表率。这对于当前加强领导干部的党性修养，推进廉政建设，正党风、促政风、带民风，都有很强的针对性和指导性。安徽省皖西是大别山革命老区，拥有优良的革命传统和丰富的红色家风传承基因，为后世留下了宝贵的精神财富。当地政府也非常重视红色家风的传承，常以"红色家风代代传——金寨籍老红军、老将军的家风故事"为题进行宣传，以老将军洪学智、詹大南、张贻祥、曾绍山、于侠、王远芬，以及老红军梅少卿、李开文、刘述刚等的家风故事为例，生动展示了他们坚贞忠诚、无私奉献、谨言慎行、严于律己、艰苦朴素、勤俭节约，心系群众、爱洒学子，言传身教、以身作则的赤诚"初心"，启迪人们注重家庭、家教和家风建设。如今，红色家风的基因也深深植根于现代干部家庭。如2015年牺牲在抗击"苏迪罗"台风第一线、时任霍山县佛子岭镇党委书记何必山的家风就是一例。何必山在儿子18岁成人之际，与爱人一起写了一封家书给儿子，重述了家训并对儿子提出殷切希望。家书中要求儿子牢记"厚德载物、忠孝友善"和"实实在在做人、认认真真做事、真真诚诚交友、干干净净干事"的家训，并嘱咐儿子要遵守幸福的五大原则——"心中无恨、脑中无忧、生活简单、多些付出、少些期待"和需具有的五心——"忠心报祖国、爱心献社会、孝心敬父母、关心给他人、信心留自己"。这就是现代社会需要积极推崇的"红色"家训。长江后浪推前浪，一代新人换旧人，但愿红色家风永存。

27 中山装与虎头鞋

服饰具有明显的民俗特征,不同民族、不同地区差异很大。如中国古代女子的旗袍、少数民族的服饰等。中国传统服饰还被严格区分为礼服与常服两种,表现了传统古国对礼的重视。服饰是一个人身份地位的象征,故世俗社会有"只认衣裳不认人"的说法。在等级森严的封建官僚体制下,服饰更是官位品级的标志。如明清官员皆穿补服,文官补鸟,取其文采;武官补兽,取其勇猛。现实生活中,服饰这种"别尊卑、明贵贱"的功能亦随处可见。此外,服饰还有别性别、别年龄、别职业、别民族等功能。在一些发达国家,服饰甚至成为不同阶层的代名词,如蓝领阶层、白领阶层等。服饰本身也蕴含着丰富的教育元素,有些服饰通过造型、图案或文字直接将教育的信息表达出来,如古代士兵服装上的"勇"字,现代年轻人文化衫上的"博爱"以及学位服、职业服装等都具有教化作用。

尽管今天的服装变化非常大,各种"奇装异服"屡见不鲜,但民国时期流传下来的中华民族特有的服装"中山装",以其稳重、周正、大方、内涵丰富而受到人们青睐。1912年民国政府通令将中山装定为礼服,修改中山装造型为:立翻领,对襟,前襟五粒扣,四个贴袋,袖口三粒扣,后片不破缝。中山装的这种形制有其思想内涵:前身四个口袋表示"国之四维"(礼、义、廉、耻);前襟五粒纽扣表示"五权"(行政、立法、司法、考试、监察)宪法思想;左右袖口的三粒纽扣分别表示"三民主义"(民族、民权、民生)和"共和理念"(平等、自由、博爱);后片不破缝,表示国家和平统一之大义;衣领定为翻领封闭式,体现"严谨治国"的理念。所以,我们认为中山装比西装更有文化内涵。

儿童穿的虎头鞋是人们再熟悉不过的了,它是个吉祥物,既有实用价值,又有观赏价值。关于虎头鞋也有一个美丽的传说:很久以前,有个船夫叫大羊,他慷慨大方、乐于助人,但一直没娶到老婆。一天村里来了位老者,她对大羊善良的品格极为赞赏。临走时她送大羊一幅画,画中是一个漂亮的姑娘正在缝一双虎头鞋。大羊非常喜欢这幅画,回到家立即将画挂在床头的墙上。晚上,姑娘突然从画中走了出来,陪大羊过起甜蜜的生活。他们每晚都见面,一年后他们有了自己的儿子。然而不幸的事发生了,村长知道大羊家的奇画故事后,蛮横地将画抢走。大羊对村长恨之入骨,却又无能为力。贪婪的村长也将画挂在自家床头的墙上,每天都期待着美丽的女子从画中下来,但其愿望一直未能实现。大羊的孩子一天天长大,对母亲的思念使他踏上了寻找母亲的旅程。最终他在一个大森林中找到了母亲,母子俩抱头痛哭。母亲告诉他:"孩子,只有你穿上我为你缝的虎头鞋走进村长的卧室,我们才能真正团聚。现在你闭上眼睛,我先把你送回家。"一阵旋风之后,大羊的儿子惊讶地发现自己已经到家了。于是,他穿上虎头鞋来到村长家,告诉村长:他可以将画中的女子召唤下来。贪婪的村长急不可待地将他带入卧室。孩子看到自己的母亲,就大声对着画呼唤:"妈妈,我们走!"话音刚落,画中女子应声下地,搂起孩子就往外走。然而村长挡住了去路。他蛮横地要女子做他的妻子。在遭到拒绝后,村长愤怒地扑向母子俩。这时,孩子穿的虎头鞋不小心从脚上掉了下来,立刻变成一只斑斓的猛虎,只见它迅速地扑向村长。村长的呼救声与猛虎的吼声响彻整个村庄……自那以后,人们开始为自己的孩子缝制虎头鞋,期盼它能够保佑孩子与家庭平安。

  羽扇折扇凉风来

扇子源于中国,至今已有数千年历史,扇文化是中华民族文化的一个重要组成部分。扇文化与竹文化有着密切联系,中国历来被誉为"制扇王国"。

肥西三河镇历史悠久,羽毛资源丰富,自春秋时期起就出现了制作羽扇的工艺。三河羽扇现已被列入安徽省非物质文化遗产名录。据《唐书》记载,"其扇风缓而凉",羽扇特别适合老年人、孕妇、婴儿及风湿病患者使用。三河羽扇是以禽鸟的羽毛作原材料,按照羽毛的自然花纹特征,精心整理分类,制作成品种繁多的羽扇制品。这种羽扇制品平薄、质软风柔、制工精致、式样美观,又被人们称为"清凉悠悠鸟毛扇",广受人们喜爱。三河羽扇的制作工艺非常讲究,需经过分拣、配料、清洗、染色、刷整、包角、绘画、装潢等十几道工序才能成扇。三河羽扇制作传承人丁政权,从事羽扇工艺制作研究近30年时间。他革新、改良羽扇的制作工艺,丰富羽扇的艺术价值,并自立"皖云青"注册商标,先后开发出孔雀开屏、佛手、礼品月、鹰毛扇、雕毛扇、天鹅扇等20多个羽扇品种。"皖云青"系列羽扇质量好、外观美,集观赏、实用价值于一体,已成为地方政府馈赠外宾的专用礼品,并多次在国内手工艺精品博览会上获奖。产品不仅畅销国内20多个省、市、自治区,还远销东南亚、欧美等10多个国家。2009年4月,应澳门特别行政区政府的邀请,在澳门进行展演,并向港澳民众传授技艺,其间受到美国前国务卿基辛格博士、我国前外交部长李肇星先生的高度赞赏,中央电视台、中国旅游与经济电视台、《澳门日报》、《香港日报》、安徽电视台等多家新闻媒体对此作了专题报道。2010年5月1日,三河镇作为安徽省当时唯一的历史文化古迹类小镇参加了2010年上海世博会中国馆小城镇展览,"皖云青"系列羽扇也同期展出。作为三河旅游的纪念品,来三河旅游观光的人,都喜欢购买品种多样、独具特色的三河羽扇。

在中国,羽毛扇还有其独特的文化内涵。安徽是三国文化的故地,在人们的印象中,诸葛亮手中的羽毛扇非同寻常,它已成为具有特定意义的道具,与诸葛亮的名字一样深入人心。民间关于诸葛亮羽毛扇来历的传说,尽管不可信,但诸葛亮的羽毛扇在民间已成为智慧和谋略的象征。不少旅游者购买羽毛扇,并不是为了扇风,而是想"沾沾"诸葛亮的智慧,让自己变得更聪明。

明德折扇产于安徽省广德县,是中国扇的一种,属安徽省非物质文化遗产。它由扇面、扇骨两部分组成。扇面多采用真丝、宣纸、棉布等面料,其设计的内容不但延承了传统的花鸟鱼虫、人物、山水、民间故事、诗词等,还有现代美学作品。扇骨主要选用优质的毛竹、木材及动物骨等。明德折扇可张可合,展可达尺余,合则呈条状,适于随身携带。明德折扇的扇面内容多数反映的是同期社会生活状况与社会环境,对研究当时的历史有着较高价值。其基本功用除引风外,还可以作为装饰欣赏之物。明德折扇还有文武、男女、雅俗等种类之分,清、民国时期的文人雅士、达官贵人常爱执一扇,这既可显示主人的身份与地位,也能体现其情趣和修养,因而,折扇为人们所追捧。许多文人也积极参与明德折扇扇面的创作,用一种特殊的艺术形式,在不足盈尺的扇面上巧运匠心,精心布局,或山水花鸟,或人物动态。这些作品无不能小中见大,表现出美的情致和神韵。明德折扇经过多年发展,已从单纯的生活用具发展成以审美为主要功用的民间工艺品。2008年被北京奥运会组委会选为礼品扇之一,折扇在深受中国文化影响的日本、韩国、东南亚均受到追捧,占据了很大市场。一把小折扇,或书或画,能启迪智慧,令人悦目赏心,身心受益。

祠堂牌坊马头墙

祠堂是中国传统(农村)社会最重要的建筑,是作为基层社会管理组织的宗族的议事之所。在古代安徽农村,祠堂也非常普遍地存在,是典型的传统民俗建筑。在徽州地区仍保留一些古代祠堂建筑,这些祠堂建筑也是徽派建筑的代表,属"徽州三绝"(民居、祠堂、牌坊)之一。因受到程朱理学思想的影响,"尊祖敬宗、崇尚孝道"便成为徽州人的重要理念。在徽州古建筑中,祠堂无论在建筑设计、工艺美术,还是雕刻装饰等方面,都是高档次的,它在徽州文化中占有重要地位,是中华传统文化的典型代表。祠堂建筑的规模可以反映一个姓氏宗族的历史背景、社会经济、家族繁衍及盛衰等情况。祠堂建筑源于徽州特殊的社会环境和经济基础。昔日的徽州农村,不是生产型的农村,而是消费型的农村。徽州人很讲究"学而优则仕""仕而优则商"或"学而困则商"。他们常年在外,经过艰苦努力,创造了充裕的精神与物质生活条件;成为富豪大贾之后,便投资故里,除建造住宅,购置山场、田地,造桥、筑路、投资办学等以外,就是建造祠堂、庙宇,以树碑立传,光宗耀祖,博取声名。明代时期,在徽州歙县,仅徽商投资建造的祠堂就有百余座。可以说当时徽商资本和官宦资本是祠堂和其他建筑的经济基础。祠堂作为宗族的公共建筑,是宗族成员活动的中心,也是村落社会基层组织的核心,是宗族处理要事、举行祭祀和庆典的地方,也是族权的象征。

古牌坊俗名"牌楼",也是"徽州三绝"之一。古代徽州一府六县(歙县、黟县、休宁、婺源、绩溪、祁门)有牌坊1000多个,现尚存100多个,歙县被誉为"中国牌坊之乡"。牌坊以石制为主,仿木结构。起初只有单排立柱,后来才逐步发展为四柱、六柱,甚至八柱,是一种门洞式的建筑。牌坊是封建社会最高荣誉的象征,是用来显示功德和功名、宣扬封建礼教的。从内容看,牌坊分为忠、孝、节、义坊。徽州牌坊有御赐敕建的,也有民间自建的。通过一座座牌坊,能够透视徽州人的内心世界。其中最有名的是许国石坊。它建于明朝万历十二年(1584年),坊主许国是歙县县城人,嘉靖乙丑年(1565年)进士,是嘉靖、隆庆、万历三朝重臣。万历十二年九月,因平定云南边境叛乱有功,又晋升为太保,封武英殿大学士。

坊上"少保兼太子太保礼部尚书武英殿大学士许国"是许国的全部头衔。许国石坊东南西北四个方向的内外侧都有精美的图饰。南面雕的是"巨龙腾飞",象征皇帝南面而王,表示许国对朝廷的忠诚;内侧雕"英(鹰)姿(雉)焕(獾)发",颂扬皇上年轻有为。东面雕"鱼跃龙门",表示许国是科班出身;内侧雕"三报(豹)喜(喜鹊)",喻许国在万历年间的三次升迁。西面雕"威凤祥麟","凤"和"麟"表示文风鼎盛,这种图景只在德政昌隆的太平盛世才会有,此图是对当时社会的颂扬;内侧雕"龙庭舞鹰","舞鹰"谐音"武英",暗示许国身居武英殿大学士之位。北面为"瑞鹤翔云",寓意天下太平,又象征许国的品格高尚脱俗;内侧为"鹿鸣图",借《诗经·鹿鸣》篇之意,表示许国身为礼部尚书,常会嘉宾学子,鼓瑟吹笙,生活儒雅。另外,值得一提的是棠樾村村头大道上井然矗立的明清时代牌坊群。原有牌坊10座,现存7座(分别为:鲍象贤尚书坊、鲍逢昌孝子坊、鲍文渊继妻节孝坊、乐善好施坊、鲍文龄妻节孝坊、慈孝里坊和鲍灿孝行坊),形成了一套完整的封建社会"忠、孝、节、义"等荣誉体系。

马头墙,又称"风火墙""防火墙""封火墙",特指高于两山墙屋面的墙垣,也就是山墙的墙顶部分。因形状酷似马头,故称"马头墙",是徽派建筑的重要特色。江南传统民居建筑的墙体之所以采取这种形式,主要是因为在聚族而居的村落,民居建筑密度较大,各家房屋相连,不利于防火。火灾发生时,火势容易顺房蔓延,危及邻居家。而在居宅的两山墙顶部砌筑高出屋面的马头墙,则可以与邻居家隔断、防风、防火。一旦相邻家发生火灾,能起到隔断火源的作用。久而久之,就形成一种特殊的建筑风格。封火墙为什么是马头形?马,在众多的动物中,可以称得上是吉祥物,中国古代"一马当先""马到成功""汗马功劳"等成语,显现出人们对马的崇拜与喜爱。在古代徽州,男子十二三岁便背井离乡,踏上商路,马头墙也许是家人期许其成功、望远盼归的物化象征。也有说马头墙是显示主人对"读书做官"这一理想的追求。看到这种错落有致、黑白辉映的马头墙,不禁让人想到家族中的青年"揭榜高中"、骑着高头大马"衣锦还乡"的喜人场景。

上梁乔迁福满堂

上梁,主要是指建新房时安装屋顶最高一根中梁的过程,如同奠基(根据风水学选好宅基地和定好大门朝向)一样,是建房过程中的大事。民间认为,上梁是否顺利,不仅关系到房屋的结构是否牢固,还关系到居住者今后是否兴旺发达。过去农村有句俗语:"房顶有梁,家中有粮;房顶无梁,六畜不旺。"可见顶梁在老百姓心目中的重要性,所以每逢上梁都要举行隆重的仪式。上梁如同人之加冠,上梁前必祭神、放鞭炮、挂彩。梁之两端挂红绸,红绸下垂清顺治铜钿一枚,取"平安和顺"之意。上梁时,有的地方要求将正梁平平稳稳往上抬,忌讳一前一后,高低倾斜;也有的地方要求梁的东端高于西端而上,因为东端代表"青龙",西端代表"白虎",按风水学的要求,"白虎"要低于"青龙"。正梁放平稳后,主人要将亲朋好友送来的"五谷彩袋"搬到屋顶,放在梁的正中,寓意五谷丰登。有的地方在正梁中间挂上装有红枣、花生、米、麦、万年青叶等的红布袋,寓意"福、禄、寿、喜,万古长青"。此后,匠人将果品、食品等用红布包好,边说好话边将布包抛入主人双手捧起的箩筐中,这个程序称为"接包",寓意接住财宝。上梁仪式最热闹的程序是"抛梁"。当主人接包后,匠人便将糖果、花生、馒头、铜钱、"金元宝"等从梁上抛向四周,让前来看热闹的男女老幼争抢,人越多东家就越高兴,此称"抛梁",意为"财源滚滚来"。在抛梁时,匠人也要说吉利话,如说:"抛梁抛到东,东方日出满堂红;抛梁抛到西,麒麟送子挂双喜;抛梁抛到南,子孙代代状元郎;抛梁抛到北,囤囤白米年年满。"抛梁结束后,众人退出新屋,让太阳晒一下屋梁,这叫作"晒梁"。最后,主人设宴款待匠人、帮工和亲朋好友,上梁仪式结束。

乔迁食礼,是指民间新屋落成或搬进新居时,摆酒款待前来祝贺的亲朋好友之礼。"乔迁"二字典出《诗经·小雅·伐木》:"伐木丁丁,鸟鸣嘤嘤,出自幽谷,迁于乔木。"这是用小鸟飞出深谷登上高大的乔木树,比喻人的居所的改善。新居落成,迁入新房,对主人来说是件大喜事。届时,亲朋好友要携带礼物登门祝贺,主人摆酒款待,表示感谢。此礼至今犹存。在汉族地区叫"暖房",又称"闹屋"。如安庆地区的乔迁习俗:先要请地理先生查找良辰吉日,根据主人的生辰属相,避开相冲相克。大多数人家都在丑时或卯时,即在天亮之前,大路上还没有行人出现的时候进入新屋。进新屋的日期定下来后,主人除自家要做各种准备之外,还要及时告知亲友邻居。乡下人是讲义气的,得知某人家要进新屋,左邻右舍都要燃放烟花爆竹,欢送主人,与主人共享乔迁之喜。与主人老屋相邻的人家,当天晚上是不睡觉的,陪着主人聊天,等进新居的时辰一到,就燃放烟花爆竹,说着吉利的话,跟在主人一家的后面送行。进新屋时,家中所有的人必须一起,即便孩子在外面打工或上学,都要请假回家,家中人不可缺一。进新屋时,家中的男主人扛着一把梯子在前面开路,寓意为"步步高升",女主人赶着一头猪(如没养猪就买一塑料猪捧在手里)紧跟其后,意为"穷莫丢书、富莫丢猪"。家里的其他人拎着糕点、发粑、挂面,一路说说笑笑,好不欢喜。与主人新屋相邻的人家在堂轩烧一大盆火,以示主人家兴旺发达,日子红红火火,并备好茶水,在门外等候新屋主人的到来。同时燃放迎接的鞭炮,异常热闹。男主人一边散着香烟,一边说着感谢的话;女主人笑盈盈地向大家发着糖果、糕点,然后到新厨房烧火蒸粑、蒸面,招待前来送迎的亲友邻居。第二天早上,同姓同宗的邻居敲锣打鼓,将事先准备好的香火抬送到新屋的堂轩。主人设宴款待大家。乔迁新居其实就是亲友邻居的一次友情大聚会,相互帮忙的一次大检阅。另外,乔迁新居的贺词也有着教育意义。如"莺迁仁里,燕贺德邻,恭贺迁居之喜,室染秋香之气!良辰安宅,吉日迁居,幸福的生活靠勤劳的双手创造!""迁入新宅吉祥如意,搬进高楼福寿安康""乔迁喜天地人共喜,新居荣福禄寿全荣""阳光明媚""东风送情""喜迁新居""德昭邻壑""才震四方"。

31 打棍求雨安苗节

打棍求雨习俗起源于旌德县隐龙村一带。相传明代后期在梅王尖(隐龙山)的东边,有两个牧童在山上放牛。因久旱不雨,到处草木枯萎,牛无草可吃。两人很是着急,于是就拿柴刀砍了两根柏树干当成棍子相互敲打,祈神降雨。因柏树坚硬,敲打声音响亮,直打得梅王尖山顶乌云翻滚。他俩一见高兴极了,说"老天不下雨,我俩就打棍求雨"。两人越打越起劲,乌云越来越多,不一会真的大雨倾盆,旱情得到缓解,秋后喜获丰收。后来,每逢旱情严重,隐龙百姓就敲锣打鼓击棍求雨,后逐渐演变成一种民间习俗。各地求雨方式各异,可分文求和武求两种。文求则求雨者彬彬有礼地三步一拜,五步一跪。武求则是大声呼唤,言辞粗犷,原始味很浓,夹杂武打动作。据当地老人回忆,20世纪三四十年代至新中国成立后的五六十年代都曾表演过"求雨"。近年来,随着人们生活水平的提高,人们越来越重视精神文化生活。隐龙村的民间习俗"打棍求雨"经过县、乡、村挖掘整理,重新恢复表演,获得生机。

安苗节流行于绩溪、歙县一带。一般在芒种节气之后,全村水稻栽插完毕,稻禾长势初定时,由村中长老、士绅择定一个"龙"(辰)日或"虎"(寅)日举行。是日晨,在村前广场或河滩设祭坛,从大庙请出黑(脸)太尉、红(脸)太尉(相传为唐代睢阳之战勇抗叛军、视死如归的忠烈将军雷万春和南霁云)登祭台,祭台周围插旗幡,除有常备的锦缎三角大旗外,还要有四面或八面节前用绵纸拼制成的方形大旗,上书"风调雨顺、国泰民安、五谷丰登"大字,每面旗上只书一字,并配有图案,如同是村人的书画展览。祭台前摆香案,置香炉、烛台,供村户敬贡祭拜。下午日头西斜,太尉老爷巡田。旌旗开道,黑、红太尉分别坐椅子上,由四人或八人抬行,后随旌旗、乐队,在锣鼓、鞭炮声中巡游村辖的四处田畈后回到庙前,活动结束。但县内汪村、余村等汪姓大村,在安苗节时则奉先祖越国公汪华公神像,抬着篾扎纸糊的汪公老爷到田间巡游,别称"汪公看稻"。其活动形式、规模与别村基本相似,不同之处是在巡游田野时,有年长者数人举红、黄色小纸旗,给稻禾长势好或差的田块分别插上红旗或黄旗,以示褒贬。次日,被插黄旗的田主应到祠堂向族长说明缘由及准备采取的补救措施,相当于当今的农业生产大检查。农村有谚语云:"种田种得哭,享个安苗福。"表明这天大家很是悠闲、快乐。手巧的农妇还蒸制五谷六禽、瓜果菜蔬等不同形状的面品作敬神供祖的贡品,祭祀结束后,邻里互相品尝,小孩特别喜食。附近山村邻居亲友也赶来过节,还会带些祭品回去给家人品尝。

32 牛歌傩舞祈丰年

"牛歌"是流行传唱于安徽沿江江南一带的民间牧歌。沿江江南地区是以农耕为主的,有耕就有牛,有牛就有牧童,有牧童就会有牧歌。古典诗词中,关于牧童、牧歌的记述很多。牛是我国农耕社会的重要"劳力",无论官府还是民间,对之都极为重视。这从一个侧面反映,"牛歌"不仅历史悠久,而且影响广泛。放牛娃每天早上起来到山野湖滩去放牛,用歌声邀约同伴,结队前往。到地方以后,只要注意不让牛走失就行。所以,此时他们多互相对歌嬉戏,至傍晚时又以歌相约,同道回家。"牛歌"既是生活的真实写照,也是情感的充分表达。

安徽铜陵有一个"顺安三月三古庙会",庙会上有一个牛市,这个牛市在沿江江南一带很有名气,每至阳春三月,牛市开市期间,远近农民,买牛卖牛的都前来赶会。夕阳西下,日市收市的时候,集镇不远的放牛滩上,就集中无数的牛和放牛娃。放牛娃对歌,此起彼伏,汇成"牛歌"的海洋。新中国成立初期,当地的基层文化站遵照政府关于挖掘民间文化遗产、保护民间文化艺术的指示,对"铜陵牛歌"进行了初步发掘(选词记谱)。1956年,又在"牛歌"流行的区域物色了两名少年(男的叫江世林,时年只有14岁;女的叫吴慕珍,时年17岁),在对二人加以排练后,让他们参加了安庆地区的民间文艺会演,这是"铜陵牛歌"第一次登上城市的舞台。未曾想,牛歌一经演出,便获得多种奖项,赢得一致好评。次年"铜陵牛歌"又被选送参加安徽省首届民间音乐舞蹈会演,更是一鸣惊人,取得成功。著名作曲家时乐蒙曾称之为"汉民族人民的天才创造"。大会评奖委员会评定,授予节目发掘奖、优秀节目奖、整理奖和演出奖。"铜陵牛歌"这颗民间艺术珍珠重放光彩。

"铜陵牛歌",特别是其中的对歌部分,多为不固定的即兴问答,俗称"见风挂牌"。这里所说"见风"的"风",就是指身边事、眼前景。既是一种歌唱活动,也是一种智力游戏,即问即答,循环往复。其创作要求实际上就是一条,"简洁精练,合辙上口"。内容多是反映农耕时代男耕女织的朴素生活和放牛娃们天真无邪、自得其乐的童趣。据不完全统计,仅铜陵地区就挖掘、搜集了200多首牛歌,经过整理鉴定,较为完整并具有地方风味的有50余首。主要是小调、山歌、号子等,内容包括生产劳动、祈求丰收、反对压迫、男女爱情等。如情歌《我俩有心怕什么》:"露洒辣椒亮晶晶,哥哥见妹不作声,想说话,慢吞吞,未开口,转过身,边走边望一样的心。"把一个初恋少年且顾且盼、欲说还休的神态表现得淋漓尽致。另外，还有大量的劳动号子，如"抗旱号子""打夯号子""舂米号子"等，这些号子在繁重的体力劳动中可起到协调动作、调剂精神、增强劳动乐趣的作用。

傩，古书解为驱鬼逐疫，傩祭源于原始社会的图腾崇拜。傩舞是古代祭祀仪式中的一种舞蹈，傩戏是在傩舞的基础之上发展形成的一种戏剧形式。在安徽，最有名的是池州傩戏。它主要流传于安徽沿江及江南一带，如池州、石台、青阳等县（市），尤其集中于池州市贵池区的刘街、梅街、茅坦等乡镇。池州傩以请神祭祖、驱邪纳福和庆祝丰收为目的，以戴木制彩绘面具为表演特征。每年"春祭"（农历正月初七至十五择日进行）和"秋祭"（农历八月十五进行）举行，平时不演出。其主要表现形式有傩仪、傩舞和傩戏。傩仪是表演前的祭祀活动，经过傩仪祭祀后，乡民们认为这些脸子（面具）已附着灵性、具有神格，已成为傩神。傩神为众人祈求在新的一年里国泰民安、风调雨顺。傩舞是正戏演出前后的舞蹈，一般情节简单，寓意深刻，内容多是驱灾逐疫、祈求丰收、平安吉祥的吉利语。舞时大多用锣鼓伴奏，配合身段，节奏明快，动作性强，粗犷有力，有一种东方古典雕塑艺术的自然美。傩戏有唱有白，有完整的故事情节，传统剧目有《刘文龙》《孟姜女》等。

池州傩戏沉淀了各个历史时期诸多的文化信息，隐藏着博大精深的文化内涵，是中国最古老、最重要的民俗仪式，被誉为"戏曲活化石"。2005年，池州傩戏被国务院列入首批国家级非物质文化遗产名录。2007年，中国民间文艺家协会命名池州市贵池区为"中国傩文化之乡"。于今，池州傩不仅重见天日，而且作为我国重要的民俗文化走出国门，一展它的魅力。尽管它涉及的内容广泛，但主要是在"春祭"日和"秋祭"日举行，说明还是与农业生产（春种秋收）有关，最核心的是祈求风调雨顺、预祝丰收。只有农业生产丰收了，才能填饱肚子，这是人的第一需要。

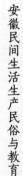

33 吴山贡鹅无为鸭

吴山贡鹅(又名"行密贡鹅")起源于合肥市长丰县吴山镇,是安徽合肥的传统名菜。此菜源于唐朝,卤制方法独特,其历史今已逾千年。吴山贡鹅是用当地丰富的天然青草散养的大白鹅通过卤制秘方制作而成,肉质细嫩、色泽清爽、香气浓郁、味美醇厚、回味无穷。历史上若以活鹅上贡朝廷,需随活鹅备足吴山当地的水和青草,方可保持吴山贡鹅的特有品质。关于"贡鹅"的来历,还有一段传说。相传,唐末五代十国时期,吴国的创立者杨行密(852－905年)攻庐州(今合肥)、战广陵、克淮南、伐江夏,后占有淮河以南、长江以北的30余州地盘,天复二年(902年),被唐昭宗封为吴王。他为官清廉,使百姓安居乐业,并以身作则,其属下均能如此,实属难得,因而,深受群众爱戴。吴王治地(合肥吴山一带)的百姓以当地特产的大白鹅配以美味佐料制成卤鹅进贡,吴王食之大悦,对身边的将军说:"行密自幼贫寒,不敢忘本,以此卤鹅进餐,堪称'贡品'。""吴山贡鹅"之名由此而来。吴王特别喜欢吃吴山贡鹅,于是就要求王府御厨史氏学习吴山贡鹅的卤制方法,以便能天天吃。后来,王府御厨史氏的后代不断改良贡鹅的卤制秘方,使贡鹅的味道更加鲜美。从此"吴山贡鹅"逐渐扬名天下。用历史的眼光看,"吴山贡鹅"的诞生与一段"清官爱民、民爱清官"的传说有关。用科学的眼光看,"吴山贡鹅"堪称"绿色食品"。因鹅喜食青草,无污染,鹅不患禽流感,科学制作的"吴山贡鹅"具有健脾养胃、益气补虚、清热解毒之功效。

无为鸭分盐水鸭和板鸭。不过,板鸭是无为的名片,早在清代道光年间就闻名于世。无为板鸭在徽菜谱上也叫"无为熏鸭",因为板鸭的做法确实与熏有关。一只板鸭,从宰杀到熏烤,再到卤制,环环相扣,工序繁杂。在无为,做板鸭的店不计其数,出名的大多在城里,城南马家、城东燕家,可谓是妇孺皆知的老字号。其卤水配料和熏烤火候,都是祖上秘传,从不示人。无为人不必用口尝,看色泽闻香味,就能断定其品质好坏。所以无为人给外地人送板鸭,常常要交代是"马家"的还是"燕家"的,以示正宗。至于无为人外出做板鸭生意,即便不正宗,只要挂"无为板鸭"的招牌,一定会名声响亮。板鸭吃法也考究,宜冷不宜热,否则味道就差了九成。卤水有时可缺,但醋、麻油、蒜瓣断不可缺。无为人吃板鸭甚至有专门名词,叫"斩板鸭",要将鸭肉与头、颈、爪、翅、内脏分开吃,鸭肉以外都叫"肫爪",懂美食的更青睐"肫爪",三两客人上门,寻一处酒楼,斩一副肫爪,一瓶老酒,细嚼小酌,那感觉不亚于神仙。这就是饮食文化。至于无为板鸭的发明过程,也有一段传说:很久以前,有个养鸭青年,外出卖鸭,在回程路上,遇上几个放牛的孩子在野外用柴草烧烤鸭子。青年便好奇地站在一旁观看,等鸭子烤到外皮金黄时,孩子们将鸭子撕开分食,一股特有的香味扑鼻而来。青年受到启发,回家后便试着在盐水鸭的基础上,加了一道熏制工艺,鸭子的色香味果然胜于盐水鸭,于是他一边养鸭,一边做无为板鸭。真是处处留心皆学问,创造来于无意间。

34 符离烧鸡老乡鸡

符离集烧鸡是安徽省宿州市埇桥区的特色传统名菜,因原产于符离镇而得名。符离集烧鸡是中国地理标志产品,也是中华历史名肴,和山东的德州扒鸡、河南的道口烧鸡、辽宁的沟帮子熏鸡并称为中国传统"四大名鸡"。符离集烧鸡用优质的鸡种、科学的配料、精细的制作技术进行生产。一般要经过宰、烫、搓、洗、扒、磕、漂、别、晾、炸、卤等10多道工序,每道工序都严格按操作规程进行。配料有八角、小茴香、砂仁、白芷、橘皮、辛夷、草果、良姜、肉桂、花川、丁香等十几种香料。富含蛋白质、脂肪、磷、钙、铁、维生素和尼克酸等营养素。正宗的符离集烧鸡色佳味美,香气扑鼻,肉白嫩,肥而不腻,肉烂脱骨,嚼骨而有余香。且具有温中益气、补精添髓之功效。

符离镇一带烹鸡、吃鸡历史悠久,源远流长。传说,五帝之一的颛顼之玄孙篯铿发明烹鸡术,并因向尧献野鸡汤而受到赏识,被封于大彭(今徐州)为君,称为"彭祖"。彭祖不但是传说中的八百岁老寿星,还被尊为中国烹饪术的创始人,更是烹鸡术的始祖。符离集靠近徐州,是古徐州的属地。符离集烧鸡形成于20世纪初,创始人被认为是韩景玉。原名韩家扒鸡,1951年政府正式命名为"符离集烧鸡",并逐步形成了当地最大的产业。1956年,在全国食品工业会议上被评为中国名菜,列入中国财政经济出版社出版的《中国名菜谱》。20世纪八九十年代,往返于合肥至北京的绿皮车途经符离集地段,吃符离集烧鸡、喝啤酒成了一道亮丽的"风景"。2008年,符离集烧鸡被列入安徽省非物质文化遗产名录。

老乡鸡,原名"肥西老母鸡",2012年改名为"老乡鸡",是安徽最大的连锁快餐。清光绪二十年(1894年),合肥西乡束氏高祖元胜在合肥至六安古驿道旁杨大墩开办"束大鲜鸡汤店",专营肥西老母鸡汤。由于选优良鸡,用古井水,自配秘方,精火熬炖的老母鸡汤溢鲜飘香,路人闻香下马,食客击案称鲜,是安徽地方的传统美食,被称为"华夏一绝"。当然,现代社会必须要有现代社会的经营理念和方式。2003年,束大鲜第四代传人束从轩开办了"合肥肥西老母鸡餐饮有限责任公司"。承祖传之秘方,立后生之大志,创中式之快餐,传美食之新篇,其志其情,可嘉可颂!"老乡鸡"更名是发展战略的需要,改名不改味,坚持用土鸡制作,走中餐路线。升级后的"老乡鸡",所有店堂装饰一新,店内桌、椅、沙发、餐具也全部更换。以白色和绿色为主基调,时尚、清新、优雅,一店一品。服务员热情的问候及细致的微笑服务,给人以宾至如归之感。前来就餐的人们,有序地排队点餐,人多却不拥挤、嘈杂。店堂内的贴画,天真可爱;轻柔舒缓的背景音乐,使得就餐氛围更加温馨。或三两朋友,或情侣,或几口之家,选择好各自喜欢的菜肴,享受着"老乡鸡"的美味,轻松愉悦,其乐融融。目前,"老乡鸡"已经拥有500多家店。公司已经获得"中国驰名商标""中华餐饮名店""中华名吃""绿色产品""中国优秀快餐品牌"等荣誉称号。它也是安徽地方传统饮食文化的重要组成部分。

在生活节奏越来越快的今天,快餐已成为人们饮食生活的一部分。但快餐在给人们带来便利的同时,所缺乏的就是文化营养。选择"老乡鸡",不仅可以享受美食,还可以重温深藏于味蕾中难以挥去的浓浓乡情。朝气、慈祥、绿色、乡情是"老乡鸡"的文化内涵,食之,它们会慢慢沁入食者的心脾。

35 大杂烩与一品锅

大杂烩是合肥的一道名菜,也叫"李鸿章杂烩"或"李鸿章大杂烩"。清光绪二十二年(1896年),李鸿章奉旨到俄国参加尼古拉二世的加冕典礼,顺道访问欧美。一路上吃了两个多月西餐的李鸿章,一点胃口都没有,所以一到美国就叫使馆的厨师用中国徽菜宴请美国宾客。中国菜深受欢迎,连吃几个小时美国宾客还不肯离席。此时总管向他禀告:"中堂大人,菜已吃完,怎么办?"李鸿章略加思索后说:"把撤下去的残菜混在一起加热,用大盆端上来。"不一会儿,热气腾腾的菜端上桌,宾客尝后连声叫好,便问菜名,李鸿章一时答不上来,只得说:"好吃多吃!"岂料歪打正着,"好吃多吃"与英语杂烩(Hotchpotch)发音相近,后来此菜便被命名为"李鸿章杂烩"。

当然,后来此菜正式的做法不是剩菜大杂烩,而是很有讲究,需提前准备。即以鸡杂、肚片、火腿、面筋、香菇、山笋、海参等垫底,用麻油酥烧,然后装入陶盆,点以白酒、酱油等佐料,放在炭上用文火慢烧,直至油清菜熟方原盆上桌。经过一百多年的改良,今天的大杂烩做法比原来复杂,食材更加丰富。厨师们对传统制作工艺加以改进,以水发鱼翅、水发海参、水发鱿鱼、油发鱼肚和干贝、熟白鸡肉、熟猪肉、熟猪肚、熟火腿、净鱼肉、鲜香菇、嫩笋、水腐竹、鸽蛋,加葱段、姜片、绍酒、精盐、味精、白胡椒粉、白糖、蛋清、湿生粉、鸡汤等为原料,所做的新式"大杂烩"食材多样,咸鲜可口,醇香不腻,营养丰富。

一品锅,即徽州一品锅或绩溪胡氏一品锅。一品锅是徽州山区冬季常吃的汉族传统美食,属于火锅类。传说"一品锅"来源于乾隆皇帝的命名。一次乾隆皇帝出巡江南,他便衣简从,微服私访,自九华山东往绩溪上川(今上庄)寻找曾祖墓(相传乾隆是汉人后裔),然后去徽州。行至一山坞,天色渐暗,经过一天奔波,他们已是饥肠辘辘,于是想找个地方用餐歇脚,走着走着,忽见前面有一农舍,便前去叩门。一农妇开门后,见他们摸黑登门,不由得一惊。问明缘由后即好生款待他们。幸好当时家中还有些剩菜,为尽快做好饭菜招待客人,农妇将萝卜、干豆角、红烧肉、油豆腐泡等依先素后荤次序一层层铺于两耳锅里,烧热后端上桌来。乾隆津津有味地吃着这些热乎乎的民间菜肴,赞不绝口,不一会,他们就将锅内的菜肴吃了个底朝天。食毕,乾隆问道:"这锅菜叫什么?"民妇答道:"这大锅菜还有什么名称,不就一锅熟么。"乾隆听了说:"这一锅熟名称不雅,此乃徽州名肴一品锅也。"农妇听了不好意思地说:"民妇怕几位官人饿着,只不过匆匆热了些冷菜罢了,却蒙此厚誉,真是民妇的造化。"事后,农妇才知道这几位不速之客竟是当朝大员。一时间,农妇成了村里的名人,村民争相效仿她烹制一品锅。一品锅也就成了绩溪民间款待宾朋的佳肴了。

徽州一品锅的垫锅素菜随季节变化可选用不同的原料,一般一品锅分四个层次,档次高的一品锅则加鸡块、鱼块增至六七层。其特色是用料朴素,制作讲究,由于荤素搭配,各种菜肴的本味互相渗透,其味更佳。由于一品锅以锅代盘,不仅卫生,且冬季上桌,菜肴也不易冷却。用行家的话来说,由于一品锅的烹饪集中体现了传统徽菜"重油重色重火功,保持原汁原味"的特点,致使该菜的流传与经营久盛不衰。一代名人胡适是安徽绩溪上庄人,他任北大校长时,曾用一品锅招待绩溪的女婿梁实秋先生,并得到"一品锅,三五七层花色多,品其味,离桌不离锅"的赞许。胡适在任驻美大使时也经常以家乡的一品锅招待外国友人,并曾以一品锅宴请美国恩师杜威先生,成为美谈。

不管是大杂烩还是一品锅,其最大特点就是多种食材混合、荤素搭配、多味杂陈、兼收并蓄、营养丰富。尽管它们品位甚高,其名为皇帝、宰相所赐,但它们不是宫廷菜,而是百姓菜。不仅做起来方便,还给人以不浪费之感,以及整合、节约资源的智慧启迪。如不少家庭的晚餐经常是由中餐的剩菜烩制而成的"大杂烩""一品锅"。

36 臭鳜鱼与枕头馍

臭鳜鱼是徽州水产类传统名菜,徽菜的招牌菜。相传在200多年前,某徽商坐船回家探亲,因为路远天热,携带的鳜鱼未保存好发臭了,妻子贤惠舍不得丢弃,就用浓油赤酱处理一下,没想到歪打正着,发臭的鳜鱼经过处理,味道竟然好极了。徽商借此推广,村里乡亲纷纷效仿,不经意间,臭鳜鱼成了徽州地区的一道名菜,并有"鱼不臭不吃"的风俗。当然还有另一种传说:徽州属山区,鱼少,沿江一带的贵池、铜陵、大通等地鱼贩子每年都将长江名贵水产——鳜鱼用木桶装运至徽州山区出售(当时有

"桶鱼"之称)。途中,为防止鲜鱼变质,采用一层鱼洒一层淡盐水的办法,并且经常上下翻动。如此七八天抵达屯溪等地时,鱼鳃仍是红色,鳞不脱,质未变,只是表皮散发出一种似臭非臭的特殊气味,但是洗净后经热油稍煎,细火烹调后,非但无臭味,反而鲜香无比,成为脍炙人口的佳肴延续下来,至今盛誉不衰。如今烹制此菜不再使用桶鱼,而是用新鲜的徽州自产桃花鳜(每年桃花盛开、春汛发水之时,此鱼最为肥嫩,故名),用盐或浓鲜的肉卤腌制,再用传统的烹调方法烧制,故称"腌鲜鳜"。臭鳜鱼制法独特,闻起来臭,吃起来香,既保持了鳜鱼的原汁原味,又使其肉质醇厚入味,同时骨刺与鱼肉分离,肉呈块状。余味悠长,口感筋道,不是一般的鲜鱼所能比拟的。

从臭鳜鱼的来历看,前一种说法更有文化内涵。反映徽商顾家、爱家,到外地做生意赚点钱还不忘买条鱼带回来让家人分享(因家乡多山少鱼)。由于路途遥远,带回来的鱼变质,但家庭主妇勤俭持家,舍不得丢弃,就用重盐、重油以掩其臭,不仅节约了资源,还品尝到不一样的美味。"严(盐)重好色,轻度腐败"已成为今天徽菜的一大特色。但重盐重油、吃腐败食物都是与健康的饮食习惯背道而驰的,所以有人说"地道的徽菜可以吃一顿,不可以吃一生",是有一定道理的。徽菜作为中国八大菜系之一,要想发扬光大,必须不断创新。

枕头馍历史悠久,为安徽省非物质文化遗产。主要以阜阳为中心,周边辐射到亳州、六安、太和、界首、利辛、蒙城,以及河南周口、淮滨一带,受到人们的喜爱,人们不仅自己食用,还将其当作走亲访友最纯朴、最简约的馈赠礼品。阜阳枕头馍系选用精细面粉,精工蒸制而成。馍焦呈金黄色,似油炸一般,厚约半寸,香酥爽口,用刀切上一片,馍瓣洁白,层层相包,湿润柔筋,干而不燥,松软而又耐嚼。由于蒸制前没有放碱、发酵粉等,存放数日仍不霉不硬,味道依旧,从而形成枕头馍的独有特色。

枕头馍与古代"顺昌之战"有关。顺昌（今阜阳）之战是南宋初年抗金的重要战役之一,由著名抗金将领刘锜指挥的这一战斗是历史上一次著名的以少胜多的城邑防御战争。整个战争分为两个阶段,第一阶段从绍兴十年(1140年)5月25日至6月1日,历时6天,经过三次战斗,击溃金军的前锋部队；第二阶段从6月7日至6月12日,历时6天,刘锜率全城军民与金兀术率领的金军主力决战,取得顺昌保卫战的最后胜利。今天,在阜阳市的北城墙边仍然能见到纪念顺昌之战的刘锜祠和刘锜公园。相传宋金"顺昌之战"期间,为支持宋军抗金,顺昌府百姓蒸制出如枕头形状的大馍送至军营,宋军每人发一个,饿时削一片充饥,困时枕馍而卧,"枕头馍"由此得名。品味枕头馍,常让人们想起金戈铁马的时代,阜阳人民支持宋军御敌的感人场面以及他们的家国情怀。

37 八公豆腐身自白

八公山位于安徽省中部,淮河中游南岸,寿县城北。西汉时为淮南国,山下泉水流光溢彩,清冽甘甜。该地区盛产大豆,山民自古就有用山中泉水磨豆、喝豆浆的习惯。淮南王刘安入乡随俗,并在长期实践黄白方术中,发明了豆腐。明朝李时珍《本草纲目》记载:"豆腐之法,始于汉淮南王刘安。"豆腐先是道者的长寿膏丹,后来传入民间。寿县八公山豆腐的制作工序是:选料、浸泡、磨浆、挤浆、煮浆、杀浆、点卤、压单、制成。制作中,要特别注意煮浆、杀浆和点卤,煮浆、杀浆应把握好火候和时间点,点卤须准确把握石膏与豆浆的比例。八公山豆腐水晶晶、亮晃晃、颤巍巍,棱角分明,不散不碎,含有多种人体所需要的矿物质和微量元素,是健康食品中的佼佼者。八公山豆腐的制作技术在唐朝时就随着鉴真东渡传到日本,成为中日文化交流的见证。时至今日,豆腐已成为世界人民的美味佳肴,不仅东南亚各国,欧美国家也都在使用同样的技术生产豆腐。自20世纪80年代始,寿县(时属六安)与山水相依的淮南市共同主办多届"中国豆腐文化节",加强了与国际友人间的文化和经济交流。豆腐是中国人发明的,它已深深植根于中国人的饮食和文化之中,也是中华文明发展的见证。

古往今来的名硕鸿儒,留下了无数赞美豆腐的佳作。唐代就有"旋乾磨上流琼液,煮月铛中滚雪花"的赞美诗句。朱元璋也留下了"珍珠翡翠白玉汤"的褒奖之词。唐宋八大家之一的苏东坡,一生讲究饮食,推崇素食养生。他在黄州任上时,还亲自研制出一道豆腐菜"东坡豆腐",被传为佳话。大才子袁枚《随园食单》一书,记录最多的是豆腐,还说:"豆腐得味,远胜燕窝。"再看几首豆腐诗。元朝谢应芳《咏豆腐》:"谁授淮南玉食方,南山种玉选青黄。工夫磨转天机熟,粗滓囊倾雪汁香。软比牛酥便老齿,甜于蜂蜜润枯肠。当年柱史如知味,饮乳何须窃窕娘。"明朝苏平《咏豆腐》:"传得淮南术最佳,皮肤褪尽见精华。一轮磨上流琼液,百沸汤中滚雪花。瓦缶浸来蟾有影,金刀剖破玉无瑕。个中滋味谁知得,多在僧家与道家。"朱熹也写过一首豆腐诗:"种豆豆苗稀,力竭心已腐。早知淮王术,安坐获泉布。"诗中的"泉布"即指豆腐。诗的前两句形容农家种豆的辛苦,后两句反衬豆腐的经济和社会价值。诗人胡济苍《豆腐》诗则另见精神:"信知磨砺出精神,宵旰勤劳泄我真。最是清廉方正客,一生知己属贫人。"不仅赞美了豆腐的品格,而且说明豆腐是穷人的食品。孙中山先生更是对豆腐情有独钟,他把豆腐写进了《治国方略》,说豆腐是穷人的肉食,人人都爱吃豆腐,吃豆腐健身体,长精神。更为有趣的是,周恩来和邓小平年轻时在法国勤工俭学期间,曾在巴黎开了一间"中华豆腐店",人们后来回忆,生意相当火爆。与豆腐有关的诗情佳话不胜枚举。

百姓都知道一句俗话"青菜豆腐保平安",这既是先人对过日子的解读,也是对豆腐营养价值的赞颂。豆腐白白嫩嫩,夏日里汗多热积,胃火浓郁,吃豆腐柔滑肠胃、清凉解暑,令人惬意;豆腐色白清爽柔和,令人心清气正,容易让人联想到"清清白白做人"。

九华佛斋心自清

安徽九华山是全国四大佛教名山之一,地藏菩萨的道场,历史上不仅僧尼要严格戒律,禁荤吃斋,而且严禁山民和游客食荤,千百年来,相沿成习,由此形成了独具特色、久负盛名的九华山"素食"。素食的主体是素菜。素菜原料取材于本山出产的竹笋、百合、黄精、石耳、木耳、黄花菜、地心菜、马兰头、豆苗、椿苗、蕨菜等山珍野味,配以豆腐、冻粉、面筋、素油、新鲜蔬菜等,或清炒、或火煨、或清炖、或烘烤,可制作100多个品种,一般不加佐料调色调味,以清淡为本色,青丝绿叶,间色分明,天然野味,香、脆、鲜、嫩并重,营养丰富,久食不腻。凡荤菜名目,素菜都可取其形、制成食,如素鸡、素鸭、素鱼、素香肠、素海参、素火腿等。九华山风味素斋属于寺院素斋,但它同时吸纳了宫廷素斋的精华,运用现代烹饪技艺,融南北风味为一体,结合九华山地方特色,将当地野菜、山珍、土菜等引入素斋。九华素斋除具有味美、清淡、养生保健的特点外,还富含蛋白质、多种维生素和人体所需的多种氨基酸,长期食用能养颜美容、延缓衰老、益于健康。九华素斋在造型艺术上属"以荤托素"类,既达到形似,也追求神似,在原料上采用传统的寺院素斋,不纳荤腥,全部素食,而且是无污染绿色原料,体现了重返自然、返璞归真的神韵。"素食"已成为中华饮食文化的重要特色之一,也是一种健康的饮食模式。不仅游客到九华山必须品尝佛斋素食,一般百姓也越来越钟情于佛斋。

佛斋禁荤禁酒,但提倡饮茶。九华佛茶乃九华山名优特产之一,并拥有国家地理标志证明商标。这里的茶场海拔高近千米,群峰相拥,松竹成林,飞泉润谷,芳草吐香。传说,九华佛茶来之不易。地藏菩萨本是新罗国王子金乔觉转生,金乔觉来中国求佛的前一天深夜,遭父王废弃的母后,含泪将她亲手采来的王家香茶籽,缝在他的衣襟里,让他带到中国种植,也当作母子的牵挂。那年春天,春雨连绵,一连半个多月,九华山沉浸在浓雾细雨之中。金乔觉坐在岩洞中,诵经不歇。忽然,耳边隐隐约约响起"噼啪、噼啪"的声音,原来是茶籽发芽爆裂了。于是,他将发了芽的茶籽取出,种在他禅修的南台(神光岭)向阳山坡上。茶籽入土,日日见长。不出三月,竟长成一片郁郁葱葱的茶园,满山飘香。后来茶园不断扩大,饮茶就成为九华山僧人和当地百姓生活中不可或缺的部分。用佛语说,九华佛茶朝夕吸纳高山雾露之滋润,独吮奇花异草之灵气,汤色碧绿,回味甘爽。用俗语说,由于高山气候之缘故,昼夜温差大,而方圆百里人烟稀少,茶园无病虫害,无污染,九华佛茶是天然有机生态茶。吃佛斋饮佛茶,让人领略山的清朗、佛的清静。

39 古井口子醉三秋

安徽也是酒文化的"故乡",名气较大的有古井贡(亳州市)、口子窖(淮北市)、醉三秋(阜阳市)、皖酒(蚌埠市)、老明光(滁州市)、宣酒(宣城市)、杏花村(池州市,其商标被山西省注册,现改名"牧童"酒)、文王贡(临泉县)、沙河王(界首市)、太和殿(太和县)、高炉家(涡阳县)、迎驾贡(霍山县)、临水老窖(霍邱县)、管子酒(颍上县)等。下面就以古井贡、口子窖和醉三秋为代表叙叙安徽的酒文化。

亳州"古井贡酒"是中国八大名酒之一,有"酒中牡丹"之称。东汉末年,亳州出了位杰出人物曹操,他凭借文韬武略统一了中国北方,使汉魏时期呈现经济繁荣、文学昌盛的局面。相传,喜爱"对酒当歌"的曹操,曾于建安元年(196年)将"九酝春酒法"敬献汉献帝,从而使这一宝贵的酿酒之法得以留存。南北朝时,在亳州的减店集,人们发现一口古井,井水清洌甜美,用此井水酿酒、泡茶,令人回味无穷。相传,有一名将军因作战失利,临死前将所用兵器投入井里。谁知此后井水比先前更加清醇透明,爽口润喉。用其酿酒,酒香四溢,古井名声大噪,"古井酒"从而得名。因此,减店一带酿制的减酒最为上乘。五代时,隐士陈抟(别号"希夷先生")在亳州故里用涣河水加黏谷酿制的涣流酒,又称"希夷熬酒",口感温和,具有活血舒络之奇效,为亳州著名特产。宋朝,糟坊酒肆遍及亳州城乡,仅酒课一项,每年10余万贯,位列全国第四。时任亳州太守、自称"醉翁"的一代文豪欧阳修,饮了亳州佳酿,感慨万千,写下了"白醪酒嫩迎秋熟,红枣林繁喜岁丰。寄语瀛洲未归客,醉翁今已作仙翁"的千古佳句。至明代,亳州减店已成为酿酒中心,多产烈性酒,酒质醇美可口,畅销中原大地。万历元年(1573年)归德府(今商丘)的宁家仁阁老在宁神宗的庆典上,特向神宗皇帝进贡了"古井酒",一时间"古井贡酒"名震京师。明朝亳州诗人李先芳曾盛赞亳酒之美:"争看玉女散天花,醉倒山翁白鼻騧。"到清朝,亳州酿酒业更为繁盛,全城酿酒作坊达上百家。乾隆时,亳州酒类繁多,主要品种有状元红、琥珀光、流酒、烧酒、双投酒、竹叶青、豆酒、白酒、老酒等,光绪年间还有福珍酒、竹叶表、佛手露等染色酒。可见,亳州是中国酿酒文化的重要发祥地。"古井贡酒"不仅是亳州及我国中原地区酿酒业的杰出代表,还是中国传统酿酒业的活文物。

"口子酒"产于淮北市濉溪县,历史悠久。据传,战国时期,宋国迁都相山,就大量酿酒。2008年,在口子镇还发现了有600年历史的老窖池。明朝时就采用老城花土造发酵池了,用那些老窖池发酵四个月,酿出来的口子酒奇香无比。这些老窖泥如今是口子人的宝贝。这一发现被评为

2008年国家十大考古发现之一。"口子"得名源于地理。两条河流交汇的地方叫作"口子",口子镇就是濉水、溪河交汇冲击形成的一个千年古镇。由于是冲积平原,土壤肥沃,不仅盛产各类酿酒所需的粮食作物,还为制曲、发酵、酿酒用到的各种微生物菌群的生长和繁殖创造了良好条件。很久以前口子人世代就在这里以优质高粱、小麦、大麦、豌豆等为原料,酿酒为生,酿出的酒随地名叫"口子酒",离开口子镇也就酿不出口子酒。

口子酒历时2000余年,口味甘美,素有"隔壁千家醉,开坛十里香"的美誉。历代文人墨客留下了不少赞誉口子酒的诗作和故事。人称"斗酒学士"的王绩(约589－644年),辞官隐居武里山东麓(今濉溪蔡里)以酒诗自娱,好种黍、酿酒以及采草药配酒。在《采药》诗中留有"家封松叶酒,器贮参花蜜"的诗句。唐朝诗人白居易也与濉溪山水结下不解之缘,曾把此地喻为他的第二故乡,留下"濉水清怜红鲤肥""相扶醉踏落花归"的佳句。相传诗人携友第一次乘坐马车前来濉溪,刚至濉河东便闻到扑鼻酒香,随即吟道:"初入酒城车即住,香满长街马不前",随后下马畅饮并挥豪留下"闻香下马,知味停车"的条幅。到了清朝顺治年间,濉溪于每年正月十五和十月初一举行"乡饮酒礼",赴会的多为地方官员、乡里缙绅和各酒作坊主。他们先到各作坊道贺,然后分别品尝作坊主们带来的美酒,直率评议,鉴别优劣。"乡饮酒礼"一年两度,形成乡规,这可能是最早的评酒会了。1959年,口子人用最好的口子酒向新中国10周年国庆献礼。这批口子酒在国宴上被用来招待外宾,外宾们对之赞不绝口。国宴结束后,周恩来总理还将口子酒作为礼品赠送给也门国王鲁巴伊。如今,口子人将传统的酿酒技艺与现代的酿酒技术相结合,进行创新和发展,最终形成了以"大蒸大回工艺""高温润料堆积法""三部循环储酒法"制曲工艺为核心的"真藏实窖"工艺体系。正是在适应现代人科学饮食需要,满足广大消费者全方位饮酒舒适度需要的基础上，推出"浓香则折其锋锐，酱香则发其蕴藉，清香则取其从容"的兼三香、具五味的兼香型白酒"口子窖"，令古老的口子美酒再次绽放出耀眼的光芒。这说明传统的酿酒业只有与时俱进，才能立于不败之地。

"醉三秋"是安徽阜阳特产，其酿造技艺发端于魏晋之时，至宋元时代，其发酵制曲工艺开始与蒸馏技术相结合，自明清至民国时期日臻完善，并成熟定型，新中国成立后得到保护和发扬，形成了"一控三清一配"（控浆减水、辅料清蒸、原料清蒸、酒醅清蒸、配糟发酵）的独特工艺，具有"四高一中"（润料水温高、堆积淀粉高、堆积温度高、入池水分高、中温入池）的鲜明特点。"醉三秋"酒的品名源于刘伶"一醉三秋"的典故。相传魏晋时期，酿酒大师杜康在颍水岸边开设酿酒作坊，名曰"杜康酒林"。一日，"竹林七贤"之一的"酒圣"刘伶到此店，因逞能喝了三大碗酒，"一醉三年"后方从坟墓中醒来，大喊："好酒，好酒。"刘伶还写有《酒德颂》："捧罂承槽，衔杯漱醪，奋髯踑踞，枕麴籍糟，无思无虑，其乐陶陶。"可见此酒的魅力。现在的酿酒公司安徽金种子集团，其前身是1949年成立的阜阳县酒厂，是一家传承明代晋商"大升酒坊"、民国时期晋商"蕴泰酒坊"的老字号企业。这里地处淮河支流——颍河之滨，水文和地质条件独特，是中原地区徽酒、豫酒的发祥地，自古就是名酒之乡。如今，金种子集团出品的"醉三秋""金种子""种子""颍州佳酿""和泰"等五大品牌白酒，均采用醉三秋传统工艺酿造而成，是国家地理标志保护产品。"醉三秋"酒于1987年荣获国家轻工部部优产品，"醉三秋"商标被国家工商总局商标局认定为"中国驰名商标"。其传统酿造技艺是我国酿酒技术和酒文化的一个典型实例，是中国酒业珍贵的非物质文化遗产，金种子集团酿酒分公司厂区内至今还保存着明清时代的酿酒古窖池群，已被安徽省人民政府确定为"省级文物保护单位"，在"醉三秋"传统酿造技艺的保护和传承方面具有极高的科研价值、经济开发价值和历史文化价值。

"酒"是一把"双刃剑",适量饮用能活血化瘀、调节精神,有益身心健康,但如饮用过量则有害身心健康、失去理性,甚至诱发犯罪。所以喝酒之人要讲"酒德":敬让、交友、逸乐、文雅、节制,从酒文化中汲取正能量。

毛峰瓜片祁门红

安徽茶多,且名茶多。如黄山毛峰、六安瓜片、太平猴魁、祁门红茶、屯溪绿茶、霍山黄芽、岳西翠兰、泾县特尖、桐城小花、舒城小兰花、石台雾里青等,都是茶桌上的佳品。安徽茶文化底蕴丰厚,下面仅举三例。

黄山毛峰,中国十大名茶之一,历史悠久。据《徽州府志》载:"黄山产茶始于宋之嘉祐,兴于明之隆庆。"该志又载:明朝名茶"黄山云雾:产于徽州黄山"。说明黄山茶在明代就很有名。明代的黄山茶不仅在制作工艺上有很大提高,而且品种日益增多,黄山毛峰茶的雏形已基本形成。《黄山志》称:"莲花庵旁就石隙养茶,多清香冷韵,袭人断腭,谓之黄山云雾茶。"传说这就是黄山毛峰的前身。据《徽州商会资料》记载,黄山毛峰起源于清光绪年间(1875年前后)。当时歙县茶商谢正安(字静和)开办了"谢裕泰"茶行。为了适应市场需求,清明前后,谢正安亲自率人到黄山充川、汤口等高山名园选采肥嫩的芽叶,经过精细炒焙,创制出风味俱佳的优质茶,由于该茶白毫披身,芽尖似峰,故取名"毛峰",后冠以地名,称"黄山毛峰"。黄山毛峰的制作分采摘、杀青、揉捻、烘焙、拣剔(除去劣茶杂质)等多道工序。入杯冲泡,雾气结顶,汤色清碧微黄,叶底黄绿有活力,滋味甘醇,香气如兰,韵味悠长。其实,黄山毛峰能带给人的不仅是色香味,更重要的是精气神,正如苏襄(yì)《鹧鸪天·黄山毛峰》所描绘的那样:"云雾黄山云雾中,清明谷雨出毛峰。白毫雀舌象牙色,长饮能成百岁翁。听雨夜,白瓷盏,闲心自可证玲珑。沏盏与客挑灯坐,便是无樽也醉风。"

六安瓜片,简称"瓜片""片茶",中国十大名茶之一。产自安徽省六安市大别山一带,唐朝时称"庐州六安茶",明朝始称"六安瓜片"(因茶叶形似瓜子片,遂称"瓜片"),清朝为朝廷贡茶。六安瓜片属绿茶,为上品、极品茶,具有悠久的历史底蕴和丰厚的文化内涵。茶一般产在沿江江南一带,而六安地处靠近淮河的大别山地区。明朝茶学家许次纾《茶疏》开卷第一段话就是"天下名山,必产灵草。江南地暖,故独宜茶。大江以北,则称六安"。在世界茶叶中,六安瓜片是唯一无芽无梗的茶叶,由单片生叶制成。去芽不仅保持单片形体,而且无青草味;梗在制作过程中已木质化,剔除后,可确保茶味浓而不苦,香而不涩。六安瓜片每逢谷雨前后十天之内采摘,采摘时取二、三叶,求"壮"不求"嫩"。除采摘外,制作过程还有扳片、炒生锅、炒熟锅、拉毛火、拉小火、拉老火等多道工艺。"拉老火"是最后一次烘,对形成六安瓜片特殊的色、香、味、形影响最大。六安瓜片享誉海内外。如明朝三位名人李东阳、萧显、李士实曾联手写下七律赞美六安瓜片:"七碗清风自六安,每随佳兴入诗坛。纤芽出土春雷动,活火当炉夜雪残。陆羽旧经遗上品,高阳醉客避清欢。何日一酌中霖水?重试君谟小凤团。"1971年7月,时任美国国务卿的基辛格博士首次访华,六安瓜片被作为国品礼茶馈赠。

祁门红茶简称"祁红",中国十大名茶之一,红茶精品。产于安徽省祁门、东至、贵池(今池州市)、石台、黟县,以及江西的浮梁一带。祁红采制工艺精细,采摘一芽二、三叶的芽叶作原料,经过萎凋、揉捻、发酵,使芽叶由绿色变成紫铜红色,香气透发,然后用文火烘焙至干,制成红毛茶。红毛茶制成后,还须进行精制,精制工序复杂。即经毛筛、抖筛、分筛、紧门、撩筛、切断、风选、拣剔、补火、清风、拼和等工序才能制成。红茶可以提供丰富的核黄素、叶酸、胡萝卜素、生育酚及叶绿醌,并含有丰富的钙、铜、钠、磷、锌等矿物质和微量元素,也是食品中氟化物的重要源泉。不仅能提神消疲、生津清热、解毒利尿、养胃、消炎杀菌,还具有防龋、延缓老化、降血糖、降血压、降血脂、抗癌、抗辐射、减肥等功效。祁门红茶在国际红茶市场上享有盛誉,日本人称其为"玫瑰",也是英国女王和王室的至爱饮品,被誉为"群芳最""红茶皇后"。祁红制作工艺复杂,但饮用更为讲究。在正式场合,品赏祁红至少有如下10道程序:(1)宝光。请来宾欣赏祁红色彩。祁门红茶干茶的色泽并非红色,而是乌黑润泽,国际通用红茶的名称为"Black tea",所以称之为"宝光"。(2)温壶。将初沸之水,注入瓷壶及杯中,为壶、杯升温。(3)王子。祁红也被誉为"王子茶","王子"就是"放茶",即用茶匙将茶荷或赏茶盘中的红茶轻轻拨入壶、杯中。(4)高冲。用100℃的水高高地冲入已放好祁红的壶或杯中,让茶叶在水的激荡下,充分浸润,以利于色、香、味的充分发挥,这是冲泡祁红的关键。(5)敬客。用循环斟茶法,将壶中之茶均匀地分入每一杯中,然后分杯敬给每位客人。(6)闻香。祁红是世界公认的三大高香茶之一,其香浓郁高长,有"群芳最"之誉。一杯茶到手,先要闻香。(7)观汤。红茶的红色,表现在冲泡好的茶汤中。茶汤的明亮度和颜色,表明红茶的发酵程度和茶汤的鲜爽度。祁红的汤色红艳,茶汤的表面在杯壁上留有一道"金圈",再观叶底,嫩软红亮。(8)品味。闻香观色后即可缓啜品饮。祁红以鲜爽、浓醇为主,滋味醇厚,回味绵长。(9)再赏。一泡之后,可再冲泡、品赏。至少冲泡三次,三次的口感各不相同,细饮慢品,方得茶之真趣。(10)收杯。这就是红茶茶艺,茶文化。

绿茶、红茶制作方法不同,其饮用功效也不一样。绿茶是未经发酵,经杀青、整形、烘干等工艺而制作的饮品;红茶是经过发酵,再进行分筛、紧门、补火、烘干等工艺制作而成。红茶性暖,适合冬天饮用;绿茶性凉,适合夏天喝。不管是红茶还是绿茶,科学饮用都有益于身心健康,正如唐人刘贞亮在《饮茶十德》中所说的:以茶散郁气;以茶驱睡气;以茶养生气;以茶驱病气;以茶树礼仁;以茶表敬意;以茶尝滋味;以茶养身体;以茶可行道;以茶可雅志。

第三章
安徽民间戏曲歌舞民俗与教育

中国戏曲历史悠久,剧种种类繁多,据不完全统计,我国各民族地区的戏曲剧种有360多种,传统剧目数以万计。中国戏曲是在民间艺术的土壤里生根发芽的,又是伴随民间风俗的发展而发展起来的。民间风俗为戏曲艺术的孕育和发展提供了肥沃的土壤,同时戏曲艺术又为民间风俗增添了绚丽的色彩。民俗文化对戏曲艺术特点和观众审美产生了深远影响。戏曲的教化作用和渲染节日气氛的作用是与生俱来的。歌舞是综合音乐、舞蹈、诗歌等艺术手段,或歌、或舞、或边歌边舞的艺术形式,它也是民俗的重要组成部分。歌舞既能抒情又能叙事,声情并茂,通俗易懂,能表达比较细致复杂的思想、情感和广泛的生活内容,具有较强的艺术表现力。而且戏曲与歌舞有着密切的内在交融性,戏曲里有歌有舞,歌舞里有戏有曲,它们都是社会教育、学校教育乃至家庭教育的重要元素。

安徽拥有丰富的地方传统戏曲和民间歌舞资源。不仅被称为"国剧"的京剧源于安徽的青阳腔,安徽的黄梅戏也是中国现代最有影响的五大剧种之一,更有源远流长的庐剧、泗州戏、梆子戏、坠子戏、花鼓戏、嗨子戏、四平调以及渔鼓道情等。如,至今保存完好的亳州花戏楼已有约360年历史,1988年被国务院批准为全国重点文物保护单位。戏楼正中悬挂上书"清歌妙舞"四个字的匾额,台前两边悬挂的对联是"一曲阳春唤醒今古梦,两般面貌做尽忠奸情",其社会教育意义可见一斑。在歌舞方面,更是丰富多彩。如跳旱船、踩高跷、舞狮子、玩龙灯、玩蛇灯、玩鱼灯、敲锣鼓、吹唢呐,还有秧歌、山歌、儿歌、抬歌、肘歌、劳动号子等。可以想见安徽老百姓在劳动之余和劳动过程中自娱自乐,以陶冶身心的欢快场面。

庐剧黄梅安徽粹

庐剧,旧称"倒七戏",俗称"小倒戏""祷祭戏""庐江戏"。因其盛行于安徽省的皖中地区,古属庐州(今合肥市),故1957年经中共安徽省委批准,正式改称"庐剧"。2006年,庐剧经国务院批准列入第一批国家级非物质文化遗产名录。庐剧语言生动、诙谐、幽默,艺术风格鲜明,给人以美的享受;故事情节真实,引人入胜,给人以启迪。

庐剧是安徽省传统地方戏主要剧种之一,流行于安徽境内皖中庐江县、皖西、沿江的大片地区和江南的部分地区。庐剧是在大别山一带的山歌、淮河一带的花灯歌舞基础上吸收锣鼓书(门歌)、端公戏、嗨子戏的唱腔发展而成的。后来,不少剧目中还融进了佛教、道教等宗教文化的观念和内容。庐剧是一门综合的舞台艺术,演员通过唱、念、做、打的生动演绎,把艺术的内容和形式完美结合起来,然后作用于欣赏者,使之受到强烈的感染和熏陶,让台下的观众和台上的演员产生情感共鸣,达到一种让演员和观众都暂时忘却眼下"真实的我"的境界,从而一起感受人生的喜怒哀乐和悲欢离合。以庐剧《李清照》《讨学钱》为例。《李清照》讲述的是:李清照先为给亡夫洗清罪名四处奔波而卧病在床,后为"正世风"告发继夫"妄增举数入官"而获牢狱。《讨学钱》又名《张先生讨学钱》,说的是:清末民初,张先生年少时读过几年书,肚中墨水不多,却死要面子,喜欢夸耀。平时以收徒讲学为生,由于水平不高,学生甚少。年关将至,学钱尚未收到,迫于无奈来到陈大嫂家收讨学钱。谁知反被陈大嫂教训,斥责他误人子弟,张先生落荒而逃。再如《雪梅教子》《劝赌》等。这些庐剧的故事情节加上艺术渲染,让观众产生对社会、人生际遇以及身边事物人物的感念。而这些感念正是通过以情感人的艺术手段来达到的,从而使人们的情感和道德受到洗礼。

黄梅戏是安徽的一张亮丽名片。它起源于与安徽省安庆市毗邻的湖北黄梅县,原名"黄梅调""采茶戏"等,明代传入安庆宿松、怀宁一带,与当地民间艺术相结合,并用安庆方言歌唱和念白,逐渐发展为一个新的戏曲剧种,当时称为"怀腔"或"怀调"。后来又借鉴、吸收了青阳腔和徽调的音乐、表演和剧目,开始演出"本戏"。1853年,黄梅戏第一次被请进县城进行公演。现有资料表明,1921年版的《宿松县志》第一次正式记载了"黄梅戏"这个名称。后经过政府和民间艺人的传承与发展,黄梅戏成为安徽主要的地方戏曲剧种和全国知名的五大戏曲剧种之一,影响十分深远。

黄梅戏曲调健康朴实,优美欢快,具有浓厚的生活气息和民歌小调色彩。黄梅戏以抒情见长,韵味丰厚,唱腔纯朴清新,细腻动人,具有丰富的表现力,且通俗易懂,易于普及,深受各地群众的喜爱。在音乐伴奏上,早期黄梅戏由三人演奏堂鼓、钹、小锣、大锣等打击乐器,同时加入帮腔,号称"三打七唱"。新中国成立以后,黄梅戏正式确立了以高胡为主奏乐器的伴奏体系。黄梅戏的角色行当体制是在"二小戏""三小戏"的基础上发展起来的,包括正旦、正生、小旦、小生、花旦、小丑、老旦、老生、花脸、刀马旦、武二花等。虽有分工,但并无严格的限制,演员常可兼扮他行。黄梅戏的表演载歌载舞,质朴细致,真实活泼,富于生活气息。大家熟知的如

《天仙配》《女驸马》《牛郎织女》《夫妻观灯》《打猪草》《纺棉纱》等剧目最具代表性。黄梅戏在安徽，尤其在南方，妇孺皆知，老少皆会。田间地头，街坊里弄，常闻黄梅之声。戏中的唱词和故事情节总能给人传递正能量，让人受到教育。

凤阳花鼓天下名

　　凤阳花鼓又叫"双条鼓""打花鼓"，是一种集曲艺和歌舞为一体的传统民间表演艺术。凤阳花鼓一般认为形成于明代。每逢节日、农闲或田间小憩，随时随地敲打说唱，凤阳花鼓在全国很有影响，有着"东方芭蕾"之美称。凤阳也被称为"花鼓之乡"。2006年凤阳花鼓入选首批国家级非物质文化遗产名录。凤阳花鼓最初的表现形式为：姑嫂二人，一人击鼓，一人击锣，口唱小调，鼓锣间敲。说起凤阳花鼓，凤阳人还有一段难忘的记忆。凤阳在安徽省东北部、淮河南岸，历史上长期受到淮河水灾和蝗灾的侵害，民不聊生。就像歌词唱的那样："说凤阳，道凤阳，凤阳本是个好地方，自从出了个朱皇帝，十年倒有九年荒。大户人家卖牛马，小户人家卖儿郎，奴家没有儿郎卖，身背花鼓走四方……"所以，过去凤阳有许多人家会唱花鼓戏，凤阳花鼓甚至成了贫穷讨饭的象征。凤阳花鼓也因此传遍大江南北。凤阳花鼓演唱的曲目多为"时调"，反映当时社会的民情民意。当然，那时也有正面宣传凤阳的曲目，如有名的《凤阳歌》唱道："说凤阳，道凤阳，手打花鼓咚咚响，凤阳真是好地方，赤龙升天金凤翔，数数天上多少星，点点凤阳多少将。说凤阳，道凤阳，手打花鼓咚咚响，凤阳真是好地方，皇恩四季都浩荡，不服徭役不纳粮，淮河两岸喜洋洋。"

　　改革开放以后，凤阳花鼓的形式和内容也有了很大变化。凤阳花鼓成了凤阳人自娱自乐的艺术活动。花鼓演唱在城乡更加普及，遇到家里

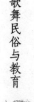

有喜事，或接待宾客，凤阳人总要热情表演一番，以表达欢乐的心情。花鼓的打法、舞步、花势、演唱等被糅进了现代歌舞的技巧，使其在保持浓郁地方特色的同时，形式更加活泼多样，气氛更加热烈欢快，凤阳花鼓的名声因之也越来越大。作为中国农村改革的发源地，凤阳小岗村迎来了无数的国内外朋友。人们用凤阳花鼓向宾客展示改革开放前后中国农村的真实变化，也唱出了花鼓人由痛苦到幸福的心路历程。近年来，凤阳民间花鼓艺术团体也多次参加全国和省市民间艺术表演与比赛活动，参加多部影视片的拍摄，并在全国获奖。同时还走出国门，获得国际赞誉。

实际上，花鼓戏在安徽很多地方都有，如流行于宣州、郎溪、广德、宁国一带的皖南花鼓戏。19世纪中叶到20世纪初，花鼓调随移民传入皖南，与当地民间歌舞合流，形成"皖南花鼓戏"。皖南花鼓戏吸收了高腔、徽剧、京剧艺术的有益成分，经过百年的演化发展，形成一个具有粗犷、质朴、明快的艺术风格和鲜明乡土色彩的民间剧种。该剧种实行师徒制传艺授业，艺人师徒谱系有"七大门"，传统剧目有《扫花堂》《打瓜园》《假报喜》《当茶园》等，现代优秀剧目有《春嫂》《老板娘》《水妹子》《王婆卖瓜》《送瓜苗》等，这些作品都真实地反映了农村人的生活和精神追求。

43 国剧源于青阳腔

青阳腔，又名"池州调"。明代中叶，南戏在池州府属青阳县一带融佛俗说唱、俚歌俗曲等多种民间艺术形式，经过不断发展而形成青阳腔。青阳腔一经形成，就以其极大的包容性和强劲的生命力而成为明代中后期最有影响力的声腔剧种之一。汤显祖的《宜黄县戏神清源师庙记》记载："江以西《弋阳》，其节以鼓，其调喧。至嘉靖而弋阳之调绝，变为《乐平》，为徽《青阳》。"青阳腔剧目内容丰富，一般由南戏、明传奇和弋阳腔连台大戏所构成。可分为三大部分：(1)整本戏部分：包括"三国戏""岳飞戏""水浒戏""封神戏""征东戏""征西戏""目连戏"等连台本戏。(2)传奇戏部分：包括南戏五大传奇中的《荆钗记》《白兔记》《拜月亭》《琵琶记》和明传奇戏《瓦盆记》《仙姬记》《台卿集》《十义记》《黄金印》《红梅阁》《龙凤剑》《香球记》《蝴蝶梦》《双杯记》《三跳涧》等。(3)杂出小戏部分：主要有《张三借靴》《十八扯》《贵妃醉酒》《三怕老婆》《漆匠嫁女》《观音送子》《鲁班贺屋》《大赐福》等。青阳腔演员行当为十角制，即一末（老生）、二净（大花脸）、三生（须生）、四旦（青衣）、五丑（小花脸）、六外（副末）、七小（小生）、八贴（花旦）、九老（老旦）、十杂（二花脸）。青阳腔的伴奏、伴唱及闹台使用的打击乐器主要有大锣、小锣、大钹、小钹、小镲、马锣、云锣、报鼓、堂鼓、大鼓等。

　　明末清初，青阳腔随徽剧涌入安徽省城安庆，以及潜山、怀宁、枞阳、桐城等地。其后，徽剧逐步传播到省内外各地。乾隆年间，安庆四大徽班进京献艺，享誉京师半个多世纪，在京城吸收了秦、晋、梆等北方剧种的精华，于是孕育产生了国剧"京剧"。因此，青阳腔是徽剧的前身，徽剧又是京剧的前身，并滋养了第三代地方大戏黄梅戏。另外，京剧、赣剧、湘剧、川剧等戏曲剧种，实际上都直接或间接地吸收了该唱腔，通过借鉴其唱法使自己得到丰富和发展。故青阳腔被称为京剧"始祖"，并被誉为"中国戏曲的活化石"，它对我国戏剧的发展作出了重要贡献。生于安徽潜山县王河镇程家井村的程长庚被誉为"徽班领袖""京剧鼻祖"。他自幼坐科徽班学艺，出科后随父进京加入以安徽籍人员为主的"三庆徽班"，并逐步成为主演、掌班及京师徽班总管，最终成为京剧表演艺术家、戏剧活动家、京剧创始人。1790年徽班进京之日现被当作京剧诞生之时，1990年还隆重举行了徽班进京和京剧诞生200周年庆祝活动。这是安徽人的骄傲。2006年，青阳腔被列入首批国家级非物质文化遗产名录。

44 砀山四平学众长

砀山四平调,起源于安徽省砀山县周寨镇,是一种稀有的地方剧种。四平调饱含了民间艺人的心血与智慧,100多年来,它是古黄河两岸方圆数百公里深受群众喜爱的优秀地方戏曲。目前,四平调仅流行于河南、安徽、山东、江苏四省接壤地区。因它以花鼓为主,并吸收了评剧、京剧、梆子等剧种的曲调而形成,因此有人称它为"四拼调",后改称"四平调"。也有人认为,它是根据其曲调四平八稳、四句一平而得名。早在明清时期,砀山境内黄河经常泛滥成灾,百姓生活十分清苦。砀山花鼓艺人迫于生计,以红布包头,身着彩衣,腰间挂一小鼓,用鼓条击打出轻重缓急的鼓点,载歌载舞,唱出婉转动听的地方小调,前往各地卖艺。至清末民初,砀山周寨镇邹家班领班邹玉振,和砀山境内的燕家班燕玉成、庞士英,王家班王世君、许若海等联合,组成规模较大的花鼓剧团,到山东菏泽、河南商丘、安徽亳州等地巡回演出。此间,他们受京剧、豫剧、评剧、二夹弦等地方剧种启发,丢弃了花鼓,穿上戏剧服装,又聘请河南夏邑县"老三班"豫剧琴师杨学智为花鼓曲调配乐,以六棱高胡作为领弦乐器,以梆子戏的打击乐器烘托气氛,取花鼓戏"四平八稳"之唱腔,形成了独具地方特色、贴近百姓生活的地方剧种——四平调。花鼓演变成"四平调",不但改变了剧种名称,而且连演出剧目、表演艺术、舞台设备也都有所改进,服装、道具和其他剧种一样,应有尽有。唱、念、做、打的表演艺术有了新突破。起初,四平调多演些"三小戏"(即小生、小旦、小丑)。新中国成立后,逐步形成了生、旦、净、末、丑等行当,既能演小戏,也能演连台本大戏,以及文戏、武戏,各种类型的优秀传统剧目和大、中、小现代剧目都能演。在表演艺术上,四平调保留了花鼓载歌载舞、说唱结合的艺术特点,在演出优秀传统剧时,多采用京剧的化妆方法和脸谱。四平调由于其演变发展脉络清晰,有证有据,被业内专家称为"中国戏曲发展的缩影",在中国戏曲艺术的发展演变过程中有着特殊地位,是中国地方戏曲剧种中的一朵奇葩。

四平调是有着深厚群众基础的地方戏曲剧种,表现的也是群众喜闻乐见的戏曲内容和形式。传统剧目有《梅香》《三告李彦明》《回龙传》《蓝桥会》《珍珠衫》《小包公》等,现代题材剧目有《扒瓜园》《体己钱》《送货路上》《谢媒人》《生日泪》《母亲》《家庭风波》《焦裕禄》《白毛女》《丰收之后》等。四平调一般都在农闲或节假日时进行戏曲演出,同一戏曲往往能引得人们多次观看,因而,它又是陶冶人们情操、对人们进行社会教育的好方式。

 肘歌抬歌儿童戏

肘歌、抬歌(也称肘阁、抬阁)是清道光年间在淮河流域逐渐发展起来的,清末、民国时期最为鼎盛,属民间舞蹈谱系,是集舞蹈、音乐、戏剧、绘画、杂技等于一体的综合艺术形式。2008年被列入国家级非物质文化遗产名录。抬歌、肘歌的共同点是芯子均采用不同数量的小演员在道具上表演,制作巧妙、隐蔽,演员的化妆和服装体现了很强的故事性,并配以锣鼓和笙、箫、笛、管伴奏,具有高、难、险、美的特点。不同点是支撑小演员的底座不同,肘歌是一人顶,抬歌则是多人抬。表演由两部分组成。执撑者多为青壮年,将一个制好的铁支架在身上绑牢。执撑者身穿道袍遮掩,铁支架从一袖筒中露出,根据节目内容,选择以鲜花、瓜果、禽鱼、器皿、兵器等装饰铁架,以假乱真,给人以错觉。架上表演者均选4~6岁少年儿童,公母榫眼与执撑架相扣,将小孩固定在铁支架上,扮作戏剧、传说、故事中的人物。此种舞蹈形式,上下配合、灵活方便、边走边舞、可行可停。

有的节目设计暗藏机关,可做惊险的动作。如《孙悟空盗桃》等节目,表演者可在架上翻跟头。演出时还有民族器乐八音班伴奏(包括锣、镲、大鼓、小鼓、笛等),主要演奏民间小调、地方戏曲音乐,喜庆、欢乐、奔放,有着浓郁的乡土气息和地方特色。

肘歌、抬歌反映了沿淮流域(尤其是淮南、阜阳一带)人们的生活风俗、情趣和审美观,表现了沿淮流域劳动人民的聪明才智。不少传统节目都具有道德教育意义,如"卧冰求鲤""弃官寻母""扼虎救父"等,就是对"孝"文化的宣传。

46 梆子坠子泗州戏

梆子戏又称"淮北梆子",是流行于安徽省淮北地区的个性化比较强的地方戏曲剧种,至今已有一百多年的历史,具有很强的地域特征。关于它的起源,大致有两种说法。一种说法是山西、陕西梆子流传到淮北地区后,唱腔受安徽语音的影响而形成的剧种。另一种说法是河南梆子的一支"沙河调"传入安徽后,结合皖北土语及民间曲调发展而成。淮北地区位于南北水陆通衢,各地戏曲因通商贸易而在此流传生根,并形成本地的声腔特色。在安徽省宿州、阜阳、亳州、淮北、蚌埠和淮南6市20多县市都曾有专业剧团,影响较大。淮北梆子演唱时用枣木梆子击节,唱词多带衬字,曲调中吸收了淮北的灶王戏、坠子翁、鼓书说唱、叫卖声,以及劳动号子、船工号子等音调。特点为唱腔高亢激越、朴实大方,人们习惯称之为"高梆"。其不同于其他兄弟梆子剧种的突出特点是花腔多、甩腔多,淮北梆子板式结构与河南豫剧相近,但细细品味又有明显的区别,特别是黑、红脸唱腔,韵味独特,变化多端。淮北梆子的剧目,大多由历史题材改编或移植而成。大戏情节扣人心弦,小戏生活气息浓郁,深受黄淮一带观众的青睐。曾先后涌现出一批著名的表演艺术家，并诞生了皖北地区第一个全国梅花奖演员张晓东。近年来，淮北梆子创作的新剧目及其演员还多次在国家和省部级的重大艺术活动中获奖。梆子戏在安徽戏曲史上占有很重要的位置。

坠子戏亦称"曲艺剧"，是安徽的稀有剧种。20世纪40年代初起源于宿州萧县，流行于皖、豫、苏、鲁的接壤地区。它是以民间说唱的单口坠子为基础，经过"大扬琴""道情班"和"曲艺剧"发展而成。坠子戏以其主奏乐器为"坠子"而得名。坠子戏的表演偏写实，许多表演程式是从当地农民的日常生活中提炼而成的，具有较强的乡土化色彩。坠子戏唱腔丰富多彩：男腔"大口"铿锵有力；女腔"小口"婀娜多姿；花腔小调幽默诙谐；衬词衬腔优美华丽；悲苦的"大寒韵"则催人泪下。坠子戏的剧目大多由单口坠子中的"段子话"（说唱小段）与"蔓子话"（大部书）改编而成。其中传统大戏百余出，小戏、折子戏40余出，大、小现代戏50多出。

泗州戏原名"拉魂腔"，流行于安徽淮河两岸，距今已有200多年的历史。它与山东的柳琴戏、江苏的淮海戏都是由"拉魂腔"发展而来，相互之间有着一定的关系。泗州戏有传统大戏80多出，小戏和折戏60多出，代表剧目有《三蜷寒桥》《杨八姐救兄》《樊梨花点兵》《皮秀英四告》《大花园》《罗鞋记》《绒花记》《拾棉花》等。泗州戏的唱腔自由多变，演员可以根据自身嗓音条件随意发挥，故名"怡心调"。男腔粗犷豪放，高亢嘹亮；女腔婉转悠扬，结尾处多翻高八度拉腔，明丽泼辣，动人魂魄。其伴奏乐器以土琵琶为主，辅以三弦、笙、二胡、高胡、笛子等，另有板鼓、大锣、铙钹、小锣四大件打击乐器。泗州戏的行当主要分大生、老生、二头、小头、丑角等几类，其表演是在说唱基础上吸收了民间的"小车舞""旱船舞""花灯舞""跑驴"等舞蹈表演形式，受戏曲程式规范的影响不大，具有明快活泼、质朴爽朗、刚劲泼辣的特点，充满浓郁的皖北乡土气息和地域文化特征。

47 目连救母倡善行

目连戏也叫"平安戏""还愿戏",俗称"打目连"。目连戏是以"目连救母"故事为题材,保存于民俗活动中最古老的剧种,被誉为中国戏曲的"戏祖"。目连戏集戏曲、舞蹈、杂技、武术于一身,有锯解、磨研、吞火、喷烟、开膛、破肚带彩等特技和盘叉、滚叉、金钩挂玉瓶、玩水蛇、挖四门等舞蹈动作以及金刚拳、武松采花拳、五龙出动拳诸多拳路,服装、道具、化装、表演均有独特之处。其唱腔大多为高腔,以鼓击节,锣钹伴奏。基本唱腔是徽州腔、青阳腔,还有很大一部分唱腔来自当地或外地流传的民间小调,有的唱腔与齐云山的"道士腔"非常相似。2006年目连戏被列入第一批国家级非物质文化遗产名录。

全剧叙述了傅相笃信佛教,救孤济贫,死后升天;其妻刘氏开荤毁佛,打僧骂道,死后被罚至地狱受苦;其子傅罗卜拒婚出家,法号目连,为救母入十八层地狱。到地狱见到受尽酷刑的母亲后,十分痛苦。但因母亲生前的罪孽,终不能走出饿鬼道,给她吃的东西没到嘴边便化成火炭。目连无计可施,只好祈求于佛。佛陀教目连于七月十五日建盂兰盆会,借十方僧众之力让母亲吃饱。目连依佛嘱于七月十五日设盂兰供养十方僧众,以超度亡人。于是,目连母亲吃饱转世变为狗。目连又诵了七天七夜的经,使母亲脱离狗身,进入天堂。这样一个佛教故事之所以流传甚广,关键在于劝人向善、劝子行孝,更有"天下无不是之父母"的隐喻。目连戏将佛教与儒家所主张的孝道结合起来,成为中国古代戏曲中以佛经典故为题材、影响广泛的一出戏,也是佛教与中国戏曲结合的代表作之一。其最早的文字记录见于南宋孟元老撰的《东京梦华录》。明万历年间,安徽祁门清溪人郑之珍在以往杂剧、变文及传说等的基础上撰写出《新编目连救母劝善戏文》,目连戏的声腔剧种多以之为演出蓝本,目连戏就这样流传开来。清代,目连戏的演出遍及全国,并进入宫廷。目连戏一度广泛流传于安徽、江苏、浙江、江西、湖北、湖南、四川、山西、福建、河南等地,随着佛教的传播,目连戏甚至远传到东南沿海及川滇等地。其中以安徽的徽州目连戏、湖南的辰河目连戏和河南的南乐目连戏为代表。

徽州目连戏以祁门目连戏为代表。历史上祁门乡村戏班较多,分为武戏和文戏。按照传统,随着打目连时间的临近,全村都要沐浴斋戒,斋戒开始时间不同,有的村子提前1个月,有的村子提前10天,常常要到《刘氏开荤》那一出,才开荤。随着全村斋戒而来的,是家家户户大扫除,禁渔猎,禁杀生,严禁赌博偷盗、强买强卖、打架斗殴等。演出前,村里还要张贴"本村聚演,请诸神回避"的告示,以免犯冲,整个村子笼罩在隆重而肃穆的宗教氛围中。另外,南陵目连戏也是学术界公认的海内外目连戏主要流派之一。由于该剧宣扬礼义仁孝,因果报应,崇佛尊道敬儒,故南陵民间举行祭祀还愿盛典,必演目连戏。佛家经典故事《目连救母》传入我国后形成戏剧并流传日本、东南亚诸国,影响波及欧美。欧、美、日本等地和国家都设有专门的研究机构,学术活动频繁。

渔鼓道情唱道情

渔鼓道情又称"梆梆筒子",是安徽北方的戏曲剧种。敲打渔鼓配上说唱,就成了渔鼓道情这种演艺形式。该剧种始于明末清初,盛行于清末,它源于道教歌"道情词"。因道士唱乐歌时配以渔鼓伴奏,因此古称"渔鼓道情"。它传到皖北地区后,和阜阳一带的民间小调"莺歌柳"相融合,形成了具有地方特色的说唱艺术。其形式是用三尺三寸长的竹筒,蒙上猪护心皮,配上木筒板拍打发出响声。渔鼓本是渔民自娱自乐的一种艺术形式。说唱形式是以群体坐唱为主,有单人唱,也有双人唱。音乐节奏变化十分灵活,4/4、3/4节拍交替出现,音乐极富特色。演唱人一般右手拍击渔鼓,左手敲击竹板作为伴奏,边演唱边伴奏。渔鼓道情流行于民间,它是一种宣扬道教济世度人的教化方式和传播道教思想的通俗说唱艺术。渔鼓道情也是国家级非物质文化遗产。

在安徽最具代表性的是萧县的花腔渔鼓。萧县花腔渔鼓是萧县艺人薛本信在寒腔渔鼓基础上,吸收当地民歌号子和徐州梆子戏的营养而创造的渔鼓新腔,自1920年以后,主要流行于徐州、阜阳、商丘三角地带。薛本信新创的曲调有花腔、尾音花腔、衬字花腔等。他还打破简板平直击派的手法,交相运用连扳、捋板、花板,又在一板三眼中加进了多种装饰花板;击鼓时,融抹、挑、弹于一体,使鼓声清脆跳荡,余音袅袅,愈发生色;发声时,气吞丹田,有时也有舌齿音,表白时的方言又带有几分徐州梆子声韵,且吐字清晰。因此,他的演唱俏丽多彩,变化多姿,或激情澎湃,一唱三叹,或低回婉转,幽咽流泉;表演时还善于模拟各种人物的动作姿势与腔调,形象逼真,声情并茂。20世纪40年代前后,薛本信流动演出期间,江苏的铜山,河南的夏邑、永城,安徽的界首、亳州等地的青年,纷纷向他学习自创新腔。他的代表作主要有《翻车段》《黑驴段》和《王刚画庙》等,其中《黑驴段》被省、市确定为晋京参加全国曲艺会演的曲目。萧县花腔曲折复杂,全靠口传。新中国成立后的主要传承人是刘召堂。他自幼聪慧过人、勤学善思,尤其痴迷民间传唱的"渔鼓道情"。16岁时,他经萧县文化馆原馆长王承陶介绍,结识了"薛派花腔渔鼓"创始人薛本信,经他口传身教,刘召堂从打简板、击渔鼓开始学起,边演边学,逐步掌握了"渔鼓道情"演出的要领,技艺日渐增长,成为萧县"渔鼓道情"省级非遗传承人。他创作的《萧县山河格外美》是现代"渔鼓道情"的代表剧目:"干群齐心来奋战,丰硕成果放光辉;凤山巍巍育青松,沙河潺潺长流水;龙山虎山齐改造,公路环绕汽车飞……"

49 酉华唱经伴锣鼓

唱经锣鼓也叫"喊牌子""打牌子",最初是池州市青阳县酉华乡乐元、田屋、二酉一带老百姓自娱自乐、集体传承、集体发展的民间音乐形式。它具有广泛的群众基础和深厚的历史底蕴,在当地的民俗活动中发挥着重要作用。当地有关唱经锣鼓的产生有个美丽的传说。相传明朝开国初期,大将军常遇春追击陈友谅的军队来到九华山区,恰逢天大旱,士兵们口渴难忍,常遇春派人四处寻找水源,几天后在当地一个名叫清初的姑娘的带领下,在九华山东南面找到了一处名叫百丈潭的地方,那里水源充足,解决了军队的燃眉之急。后来清初成了将军的爱人,当将军重新踏上征途时,清初留在了家乡。为了排解爱人的寂寞,将军留下军队里最出色的锣鼓手为她表演。几百年过去了,这个传说虽已不可考,但当地真有一眼百丈潭,位于三元村境内,潭边终年水汽环绕,树木葱郁。受佛教文化的影响,不少唱经锣鼓的曲子与佛教音乐比较接近,听起来宛如僧侣在传功诵经一般,故有唱经一说。因此,后来"打牌子"改名为"唱经锣鼓"。又因农历除夕要演唱新锣鼓,所以当地也称唱经锣鼓为"迎年锣鼓"。新中国成立后,唱经锣鼓在青阳县酉华、南陵、泾县等地极为盛行。

唱经锣鼓有两种表演形式,既可边打边唱,也可间打间唱。唱经锣鼓的音乐主要由两部分组成,即"鼓点"和"唱曲"。"鼓点"既是套路名称,又是音乐曲牌,以2/4拍为多。鼓点节奏以四分音符为主的,艺人们称为"单鼓点";以八分音符和十六分音符为主的,被称为"双鼓点"。打鼓者是表演时的核心人物。"唱曲"涉及唱词和曲调。唱词一般以人物、典故为主,还有一些反映现实生活的,曲子是当地流行的民间小调。演唱时,先唱序,后唱主段,是把多个角色糅在一起的一种表演形式,具有极强的艺术表现力。由于深受百姓们喜爱,唱经锣鼓至今仍保留了多种套路、打法

和风格各异的流派。目前,流传下来的动作套路有12套之多,如《双芙蓉》《甘州歌》《采叶子》《石榴花》等。据乐元村的唱经锣鼓非遗传承人吴华瑞介绍,乐元村这支锣鼓队,包括自己在内一共有7人,除自己打鼓外,还有一个打大钹的、一个打小钹的、一个打大锣的、一个打小锣的和两个吹喇叭(即唢呐)的。除吹喇叭的外,其余5个人都边打边唱,或间打间唱。唱经锣鼓在当地的岁时节日民俗活动中很吸引人,每年的腊月和正月最为活跃。如乐元村,每年从正月初一开始,就会在村里的"公堂屋"(类似于村中的祠堂)中进行祭祖并将龙头请出,开始起灯,接着,为期半个月的龙灯表演会在四乡八里进行。这时,唱经锣鼓队会随着龙灯队一路打一路唱,热闹无比。有时附近九华山佛庙有法事活动,也会请唱经锣鼓队上山表演。

古碑丝弦锣鼓声

金寨县位于安徽省西部,大别山北面,为安徽省通豫、鄂的门户。金寨古碑的丝弦锣鼓至今已有400多年的历史。丝弦锣鼓风格敦厚古朴,具有浓郁的大别山乡土气息,许多基本鼓点后来都转变成不同类型的锣鼓演奏方式,极具历史价值。特别是对湖北、河南两省周边县的锣鼓演奏影响很大,十番锣鼓即从丝弦锣鼓发展而来。丝弦锣鼓的音乐、锣鼓谱在流传中得到较为完整的保存,它由25个乐段组成,规模较大,节奏可快可慢,变化多端,演奏较为复杂。乐曲系联排体,每排中"唢呐"和"号"互相呼应,两者在旋律、旋法、音色、音区等方面的差异,与不同打击乐器、不同演奏方法的配合,既有对比,又有联系,形成自己独特的情趣,适用于民间各种庆典仪式。

金寨古碑的丝弦锣鼓非常注重传承创新,下面就简单介绍"李家班"的传承与创新之路。李善宗,安徽金寨人,1946年出生,省级非物质文化遗产的代表性传承人。丝弦锣鼓打击乐器中演奏难度较大的是麻锣,它要求演奏者在每个乐句的最后一拍,将手中的麻锣高高抛向空中,延长麻锣的尾音,使之充当整个乐队的和弦。丝弦锣鼓多在行进中演奏,演奏者在接回麻锣时不能向上看,只能凭感觉接回麻锣。李善宗为了练习麻锣的演奏,千百遍地抛接瓦块,胳膊都练肿了,还多次被从空中落下的瓦块砸得头破血流。但他没有气馁,以惊人的毅力掌握了麻锣的抛接技巧。他演奏的麻锣抛得最高,尾音最亮最长。丝弦锣鼓吹管乐器中有一种特殊乐器叫作"号"(也叫"金寨号"),它没有音孔,故音调全靠演奏者运用气息控制奏出。其声音由气息振动紫铜簧片,再通过号身(共鸣管)传出。"金寨号"的哨片不同于河北之口笛,虽也系铜质,亦含在口内吹奏,但"金寨号"的哨片之间无布条,在全国独树一帜。李善宗在丝弦锣鼓的诸多吹管乐器中,最醉心于"金寨号"的吹奏。在三年自然灾害的日子里,李善宗都没有停止过"金寨号"的吹奏,由于饥饿,常常吹得头昏眼花,他仍然勤练不辍,嘹亮的号声伴着他度过了三年的饥荒年代。为了全面掌握丝弦锣鼓的演奏技巧,李善宗学会了所有打击乐器和箫、笛、唢呐等吹管乐器的演奏。与此同时,李善宗完整地保留和整理了丝弦锣鼓的锣鼓谱与吹管乐谱。1962年,李善宗组建了丝弦锣鼓李家班,他用了三年时间,手把手地将丝弦锣鼓的演奏技巧教给李氏家族的老少爷们。现在其传承人是李齐国,1957年生于安徽金寨,初中毕业后便随父亲在家务农,每逢阴雨天不做活或是节假日,便与叔侄兄弟们一起学习演练他们家族传统的丝弦锣鼓,经过不断练习,李齐国系统掌握了丝弦锣鼓各种乐器的演奏技巧。李善宗组建李家班后,李齐国是重要成员之一。李齐国认真履行丝弦锣鼓传承人的职责,多次参加市、县级大型文艺活动,如参与立夏节起义胜利60周年和六安市撤区设市庆典活动等演出。每逢节假日,李家班也积极演奏丝弦锣鼓,为当地文化娱乐活动营造喜庆气氛。

51 跳旱船与踩高跷

跳旱船又叫"跑旱船""闹花船",是我国民间庆祝传统节日时常开展的一种艺术形式,特别是在正月十五闹元宵的时候,跑旱船与扭秧歌、闹花灯都是必不可少的节目。表演时,一戏装女子置身于用纸糊制的彩色龙船内,手中舞扇;另一花脸艄公,执篙撑船。跑旱船妙在一个"跑"字,各表演队都有自己的跑法。一般演绎的故事是:一阵紧锣密鼓之后,老艄公匆匆上场解缆撑船起航。在锣鼓乐的伴奏下,船在场内做"8"字运动,随着音乐节奏的不断加快,船行也不断提速,继而绕场一周后搁浅。艄公下船,挽裤捋袖,跳入水中,撬抬扛推,使尽浑身解数,终于将船撑入深水。又是一阵快行船。接着船入旋涡,连连打转,老艄公手忙脚乱,力排险情。这时,船身起伏跌宕,频频倾侧,船上女子惊慌失态,场上锣鼓点愈发紧迫,观众的心也提到嗓子眼。险情排除后,船身出现漏洞,水流涌入船舱,老艄公脱衣堵漏,向外泼水,化险为夷,船绕场一周,表演结束。整个表演,从解缆开始,历经几次险情,表演动作丰富多变,起承转合,紧凑自然,滑稽幽默,妙趣横生。

在安徽,很多地方都有跳旱船的传统,尤其在巢湖流域一带。如肥西三河的"闹花船"习俗,据说已经流传了 2000 多年,而且与吴楚之争的"鹊岸之战"有关。2500 多年前的三河原是巢湖中一块浮出水面的高地,古称"鹊渚"(是鸟雀栖息之地)。随着时间的推移,渚上泥沙逐渐淤积,湖水下落,古鹊渚与湖岸相连成陆地,后改称"鹊岸"。鹊岸地处吴头楚尾,具有重要的战略地位。公元前 537 年,楚灵王伐吴,当时,两国水兵激战于三河丰乐河和杭埠河交叉口的大河心,不知什么原因,巢湖水位突然下落,三河的河水猛然涌进巢湖,致使激战于此的两国所有战船都停在河心的沙滩上,两军由水战转为陆战。两军交战的沙滩就是今天三河古镇的

"架桨滩"。战后,架桨滩上留下很多搁浅的战船,当时周边的年轻人都喜欢到这些战船上玩耍,他们根据当时的民间习俗自编了"姑娘出嫁""宫女戏船"等节目,后来涨水了,战船被吴军拖到巢湖里。可三河的人们仍怀念战船上的游戏,于是,每逢节日,他们就用竹、木、芦柴扎制成各种战船,在河岸上玩划船的游戏,便形成了流传至今的"闹花船"。故有"闹花船起源于三河"之说。

踩高跷,也是中国传统的民俗活动之一。踩高跷俗称"缚柴脚",亦称"踏高跷""走高腿"等,是民间盛行的一种群众性技艺表演,多在一些民间节日里由舞蹈者脚上绑着长木跷进行表演。踩高跷技艺性强,形式活泼多样,深受群众喜爱。民间有一种传说,春秋战国时期的晏婴,一次出使邻国,邻国人笑他身材矮小,于是他就在双腿上绑了两根木棍,使得他顿时"高大"起来,弄得邻国君臣啼笑皆非。接着,他又借题发挥,把邻国君臣挖苦一顿。踩高跷活动由此流传民间。另有一种传说,把踩高跷与同贪官污吏作斗争联系在一起。从前,有座县城叫"两金城",城里和城外的人民非常友好,每年春节都联合办社火,互祝生意兴隆,五谷丰登。不料来了个贪官,把这看作一个发财的机会,就下令,人们进出城办社火,每人都要交三钱银子。人们不交,他就关起城门,挂起吊桥。但这难不住聪明的百姓,百姓们就踩着高跷,翻越城墙、蹚过护城河,继续联欢,乐在其中。

安徽多地流传踩高跷,"喇叭一响,浑身发痒,锣鼓一敲,乐得蹦高"。如亳州市,"踩高跷"是民间节庆、庙会必不可少的一个节目。据传十八里镇有位施先生,踩高跷站在八张方桌叠起的高台上,双手捧一簸箕米,倒折而米不撒出,人送绰号"倒拐"。刘楼高跷的武跷演员能表演许多特技,如"仙人过门""二龙戏珠""单兵救主"等。高跷行进和表演时由锣鼓班子伴奏,高跷表演间歇时,由旦角演唱民间小调《打牙牌》《绣花灯》《调情》

等。高跷表演题材源于生活,多为群众喜爱的戏曲和神话故事;表演装束多以大红大绿为主调,脸谱化装夸张;音乐则以唢呐和锣鼓乐为主,具有浓郁的乡土气息。亳州高跷技艺精湛、引人入胜、滑稽幽默、富有情趣,体现了以情带舞、以险激情、回味悠长的审美特征。

52 手龙舞与火老虎

　　手龙舞是流传于皖南绩溪民间的传统儿童舞蹈,起源于南宋初期。民国时期在县内岭北地区盛行,新中国成立后传至岭南地区。手龙舞是十一二岁男女孩童表演的儿童群舞。道具为篾制作的小龙灯。手龙舞表演时,演员撑一条身长约1.5米的小龙,在鼓乐声中群舞。一般为20条小龙,10个小龙珠。表演时,孩童穿短袄、裤,戴肚兜、银箍,在鼓乐声中表演。"龙聚""龙吟""翻龙""腾龙""盘龙""飞龙""戏珠""争珠"等一整套舞蹈动作连串表演,其形式活泼、生动,场面大,充满生机,其所蕴含的徽文化韵味极浓,寄托着徽州人望子成龙的美好愿望。手龙舞是民间儿童舞蹈中的一朵艳丽花朵,其艺术形式新颖别致,表演空间大,广场与舞台皆可演出,深受百姓喜爱。演出既能丰富群众的文化生活,又能表达儿童的快乐与情趣,有利于儿童素质的培养。但这种难得的民间儿童舞蹈节目也曾一度衰落,甚至濒临消失。改革开放后,尤其是1984年经绩溪县文化馆挖掘整理并结集出版后,手龙舞才重新为人们所重视。1989年,手龙舞参加宣城市第四届"宣州之声"文艺汇演,获一等奖,并由安徽省电视台播放;2012年,参加安徽省第九届花鼓灯艺术节暨民间舞蹈大赛,荣获二等奖;2014年,经国务院批准,列入第四批国家级非物质文化遗产名录。手龙舞来自民间,其独特的儿童舞蹈形式,极具地方特点的舞蹈语汇和传统的服装、道具,配以戏曲音乐,形成了特有的舞蹈风格,具有很好的娱乐、审美和教育价值。

火老虎是流传于淮南市凤台县境内的一种民间舞蹈形式,主要流行于该县刘集镇山口村和大山镇淮丰村。火老虎源于五代十国时期的一个传说。后周与南唐争夺淮南,激战于寿春(今寿县),这次战争在凤台民众中留下了许多传说,其中就有后周将领赵匡胤率领数万精兵攻打寿春,南唐将领余洪战败,逃到八公山筢笼冲,后周名将刘金定率兵追赶,并放火烧山,林子被烧起火,林中老虎急跑下山。火老虎舞就是由这个历史传说衍生而来。火老虎的表演角色有老虎、狮子、土地神、领狮者,通过老虎的扑、剪、扫等动作与狮子打斗,加上音乐烘托,场面激烈,惊心动魄,扣人心弦。火老虎最大的特点就是表现一个"火"字,一般是在春节期间晚上演出。火老虎的道具需用一种自种的火麻制作,工艺复杂,既要能燃烧,又要考虑不烫着表演者。表演者穿上打湿的厚紧身衣,再系上扎制的虎皮,然后将身上600多段特制的麻绳点着,开始表演。此时,火老虎全身火花四溅,每次演出30分钟左右时间。特别是结束时表演者要跳入水塘,一是表示老虎被狮子打败,二是为了扑灭身上的火,所以表演者既要能忍耐烟熏火烤,又要能抵御寒冬腊月刺骨的冰水。所以,火老虎舞反映了淮河人民吃苦耐劳、敢于拼搏的品质。

53 舞狮子与玩龙灯

舞狮子是我国优秀的民间艺术,有着悠久的历史,它是我国与西域之间文化交流的产品。早在1900多年前,古波斯国就通过丝绸之路与我国进行商业和文化交流。波斯使者把狮子等动物运到我国,其时我国不产狮子。相传,汉章帝时,西域大月氏(zhī)国向汉朝进贡了一头金毛雄狮子,使者扬言,若朝野有人能驯服此狮,便持续向汉朝进贡,不然断绝邦交。大月氏使者走后,汉章帝先后选了三人驯狮,均未成功。后来金毛雄狮狂性发作,被宫人乱棒打死,宫人怕章帝降罪于他们,遂将狮皮剥下,由其中的兄弟俩装扮成金毛狮子,一人逗弄起舞,此举不但骗过了大月氏使臣,连章帝也信以为真。此事后来传出汉宫,老百姓认为舞狮子能为国争光,有吉祥、消灾之寓意。从此舞狮在民间流传开来。到了唐朝,舞狮子已发展为由上百人表演的大型舞蹈,还作为燕乐舞蹈在宫殿表演,被称为"太平乐",又叫"五方舞狮子"。正如唐代诗人白居易《西凉伎》所描述的:"假面胡人假师子,刻木为头丝作尾。金镀眼睛银帖齿,奋迅毛衣摆双耳……"唐代以后,舞狮在民间广为传播,主要在节日或庆典活动时表演。

舞狮一般是一对狮子对演,每头狮子有两个人合作表演,一人舞头,一人舞尾。舞狮也有南北之分。南狮又称"醒狮",造型较为威猛。狮头以戏曲面谱为借鉴,色彩艳丽,眼帘、嘴都可动。传统上,南狮狮头有"刘备""关羽""张飞"之分。红色为关公狮,代表忠义、胜利,因关羽在人们心目中又为武财神,故关公狮又代表财富;黄色为刘备狮,代表泽被苍生、仁义及皇家贵气;黑色为张飞狮,代表霸气、勇猛,故一般张飞狮只有在比赛或者踢馆挑战时才用,喜庆之事还是红、黄狮为常见。南狮的舞动造型很多,有起势、奋起、疑进、抓痒、迎宝、施礼、惊跃、审视、酣睡、出洞、发威、过山、上楼台等。北狮的造型酷似真狮,狮头较为简单,全身披金黄色毛。舞狮者的裤子、鞋都会披上毛,看起来惟妙惟肖。狮头有红结者为雄狮,有绿结者为雌狮。北狮表现灵活的动作,与南狮重威猛不同。动作以扑、跌、翻、滚、跳跃、擦痒等为主。北狮一般由装扮成武士的主人前领,有时一对北狮会配一对小北狮,小狮戏弄大狮,大狮弄儿为乐,尽显天伦。总之,狮子体型威武,被誉为百兽之王,而我国通常不受狮患所害,因而民间对狮子有种亲切感,把它当成威勇与吉利的象征,并期望用狮子威猛的形象驱魔赶邪。安徽各地都有舞狮团队和表演。现在的一些文化公司有专门的舞狮队提供有偿演出,不少学校也将舞狮作为传统文化项目引入学校。舞狮已成为节日欢庆、典礼祝贺、海外交流等最常见的传统文化节目。

中华民族是一个富有创造力的民族。"龙"是中华民族的图腾,它是人们想象出来的集各种动物之"精华"的民族崇拜之"神"。汉代思想家王充曾指出,龙的角像鹿,头如驼,眼睛如兔,颈如蛇,腹似蜃,鳞如鲤,爪似鹰,掌如虎,耳朵像牛。因此,它神通广大,无所不能。人们之所以崇拜龙是因为它与古代劳动人民对自然现象缺乏科学知识有关,他们梦想龙是管雨的。所以,舞龙就是请求神龙保风调雨顺、五谷丰登。今天,在中国这个多民族的大家庭里,"龙"已成为中华民族的象征。舞龙的创造和传播是中华民族光辉历史的一部分。

龙的节数一般是单数,9、11、13节或更长。龙身用竹扎成圆龙状,节节相连,外面覆罩画有龙鳞的巨幅黄布或红布,每隔五六尺有一人掌竿。龙前由一人持竿,竿顶竖一圆灯(龙灯),作为引导。舞时,龙灯前后左右上下舞动,龙首作抢灯状,引得龙身游走飞动。古代舞龙,一般先将"龙"安顿在本地的龙王庙中,舞龙之日,以旗帜、锣鼓、号角为前导,将龙身从庙中请出,接上龙头龙尾,举办点睛典礼。舞龙是一个大型节庆活动,舞到任何一处都会受到款待,这叫"龙换酒"。舞龙完毕,就将首尾烧掉,龙身送回庙内,下一年再用。这也体现了一种节约精神。

"舞龙"也是安徽各地较为普遍的民俗。如枞阳县陆家湾老龙灯会已有1000余年的历史。陆家湾老龙灯会代代相传,虽经历战乱和动荡,但龙灯会活动一直流传下来。"文革"期间一度停滞,改革开放后,农村逐渐富庶,人们的精神生活需求不断提高,陆家湾人重新组织了龙灯队。陆家湾老龙灯会参与的人数日渐增加,由当初的20多人,很快发展到5个自然村、近千人,并重新建造了龙屋,平时老龙就供奉在那里。陆家湾龙灯属板龙,共 12 节,由 13 根顶棍串联而成。龙灯每节须点上香烛。自请龙之日起,烛火不能熄灭,由专人看护替换。陆家湾龙灯有诸多的表演套路,如倒板、螺丝旋顶、金龙抱柱、龙舞四门、顺进反出、头招尾招和黄龙出洞等。陆家湾龙灯主要在春节时表演,正月初七、十四不出灯,正月十八上灯复。上灯复是在长江边的矶头处,火化龙皮送龙上天。龙架依旧供奉于龙屋,每月初一、十五均有香客慕名前来进香拜谒。陆家湾老龙灯会具有浓郁的民俗性和广泛的群众性,不仅有娱乐、健身之功用,还寄托了广大民众祈求风调雨顺、社会和谐、家庭幸福的美好愿望和追求。

54 鱼灯蛇灯十兽灯

舞"鱼灯"是渔民或水乡人民的传统。安徽省无为县的鱼灯具有代表性,是国家级非物质文化遗产。无为县位于皖中,南濒长江、北依巢湖,山环西北,水聚东南。素有"鱼米之乡"之称。无为人依靠得天独厚的自然条件,既种田又捕鱼。为庆贺渔业丰收,祈求平安,无为人每年正月十五元宵节到正月三十都要舞"鱼灯"祈福。无为民间舞蹈"鱼灯"历史悠久,源远流长。北宋仁宗在位时,包公到陈州放粮回朝后,大放花灯,并普召全国各地向朝廷进贡花灯。当时无为人敬献了八条鱼("鱼灯"),得到朝廷赞赏。新中国成立后,无为"鱼灯"制作技术和表演艺术有了长足的发展。1956 年,无为"鱼灯"到北京怀仁堂参加全国民间音乐舞蹈会演,获得好评。许多舞蹈家和学者都给予无为"鱼灯"以高度评价。传统的玩"鱼灯"也有一些讲究:第一天叫"开灯",最后一天叫"收灯"。从"开灯"那日起要摆"供桌",由全村人负责祭礼,请道士做道场,一直到舞灯结束。如村里有传染病,或者有农作物虫害等,一律按"许愿还愿"的形式来玩"鱼灯"。当地百姓把"鱼灯"当作"神灵",用以驱恶、赶魔、求平安。他们称"鱼灯"是"吉祥灯""太平灯""幸福灯"。

洋蛇灯所在区域为肥东县解集乡大邵村。大邵村位于东山山沿,村风淳厚,民风纯朴。相传元末明初,邵姓婆媳为躲避元兵侵害,在一山洞歇息。正好遇到明兵追赶元兵,元兵也到山洞藏身,见婆媳二人,欲图不轨。这时,山风大作,雷电交加,暴雨倾盆,一条数丈长的白蟒飞下山崖,直扑山洞,口吐蛇珠,直逼元兵,元兵惊散逃遁,婆媳得救。三月后媳妇生下一子,取名"思明"。当邵思明18岁时,母亲告知其事。邵思明遂发动全村扎洋蛇灯玩耍,纪念这一逢凶化吉的日子。蛇身一般用竹篾扎成蛇状,外蒙白布,绘蛇头和鳞片;并将一支蜡烛插在一个圆形的上下垂直能转的底座上,不论侧旋,还是翻滚,烛心始终朝上。出灯时,前面四对牌灯,一对写"风调雨顺",一对写"国泰民安",一对写洋蛇灯的来历,一对写灯艺简介。紧随牌灯后的为两个"三眼铳",装置火药,以铳助威。三眼铳后紧跟20管笛子,2个大抬鼓。头出,音乐鼓点平缓。尾出,音乐鼓点轻快、流畅。头尾双出,音乐节奏急促铿锵亢奋,给人以超乎寻常、振奋人心之感。舞蛇时队员们齐心协力,上下翻腾,大有金蛇狂舞之势,盘起的蛇塔有6米高,洋蛇腹内烛光闪烁。仪式结束洋蛇回村,在离村约一里处,用三眼铳鸣炮迎接。邵姓人家,张灯结彩,给蛇神洗尘。洋蛇灯由肥东邵姓代代相传,每18年玩一次,每一次增加一节,现已有100多米长。大邵村人在元宵节这天舞洋蛇灯,彰显出集体的力量和感恩的情怀。在我国众多舞灯中,洋蛇灯是一种十分稀有的民俗形式,值得研究和继承。

十兽灯始创于清朝道光年间,流传于南陵西乡一带,距今已有180余年。十兽灯用竹篾扎成,糊裱宣纸、彩色纸,再描绘各种兽形和纹饰,兽形为麒麟、青狮、黑虎、白象、龙、犰、狪、旱獭、独角兽、四不像等共10种,另配有彩云8对。玩灯的主要演员20人,其他配角50余人。演员扮《三国》或《封神榜》中的人物,演"三结义""过五关"或"文王访贤"等。舞灯时,先由彩云开场,"十兽"鱼贯而入,走"长水浪""满堂红""满天星"等阵势,杂以"渔夫捕蚌""三丑会"等舞蹈及伴唱,伴唱词方言浓厚,别具一格,由锣、鼓、唢呐等伴奏。十兽灯以古朴雄浑、怪异清新、意境深远、栩栩如生、雅俗共赏的艺术魅力为当地群众所喜爱,被誉为原始舞蹈的活化石。它集脸谱艺术、戏剧艺术、民间剪纸艺术、绘画艺术和神话传说于一体,玩的是灯,演的是舞,妆的是戏,讲的是礼,唱的是歌,具有很高的工艺价值和文化价值。

55 皖东民歌唱人生

安徽民歌历史悠久,以凤阳民歌和五河民歌为代表的皖东民歌也是国家级非物质文化遗产,体现了皖东和淮河文化的特色,是皖东劳动人民集体智慧的结晶。

凤阳民歌和中国其他地方的民歌一样,在发展中受到本地历史文化的影响,它以凤阳花鼓、钱杆子舞等为载体,发源于安徽凤阳境内,流传于我国大部分地区及东南亚一带,具有重要的社会价值和艺术价值,对我国许多曲种的音乐唱腔都有影响。最早以文字形式记载凤阳民歌的是明朝嘉靖、万历年间周朝俊的《红梅记》传奇。凤阳民歌的流传与明朝开国皇帝有着密切关系。受明初移民政策的影响,凤阳民歌得以历史性的更新和发展,移民们流落他乡,他们走到哪儿就把那儿最流行的小调学会,经过加工变为自己的歌调,于是凤阳民歌在移民们乞讨卖艺的过程中逐渐成熟,成为一种融合南北文化的地方民歌,受到我国各族人民的喜爱。凤阳民歌唱腔独特、音域宽广、音韵淳朴、浑厚高亢、抑扬跌宕、婉转动听,其基调韵味和凤阳花鼓是一个母体。歌词内容比较丰富,以反映青年男女爱情和反封建的题材较多。歌词在创作手法上,比较浪漫,不拘一格,粗犷诙谐,带着浓郁的乡土风味;歌词节奏严紧,读之铿锵入口,唱之韵律感很强。凤阳民歌具有明显的平民性,它所表达的是劳动人民的喜怒哀乐,它是中国不同历史时期社会生活的真实写照。清末以后,流传的凤阳民歌有300多首。20世纪初,凤阳民歌是当时被录制成唱片的汉族民间艺术之一。据不完全统计,当时有10多首曲目被录制成唱片,风靡一时。凤阳民歌除娱民的功能外,还反映不同历史时期的社会现状。如抗日战争时期,由安娥作词、任光编曲、黎莉莉演唱的《新凤阳歌》传唱一时。1949年前后,为配合当地的中心工作,凤阳人民创作了大量的为时政服务的新民歌,如《五骂蒋介石》《土改号子》《送郎参军》《五更治淮》等曲目,起到很好的宣传鼓动作用。

五河民歌是流传于安徽省五河县及周边地区的一种传统民歌形式。五河民歌以演唱和白口为主,兼有独唱、对唱、说唱、小演唱等表演方式,形式多样,内容丰富,是淮河流域传统民间音乐文化的典型代表之一。有关五河民歌的记载最早见于明天顺二年(1458年)所修县志。《五河县志·风俗》记载:"除夕前二三日,小儿打腰鼓唱山歌来往各村,谓之迎年……"因此,在明代,五河民歌从体裁、内容和形式上都具有丰富的内涵,专门的祭祀歌已经存在,民间的儿歌、山歌遍及村镇。五河民歌的演唱原以清唱为主,后逐渐发展成有伴奏的演唱,其相关乐器分为拉弹、吹奏、打击三类。五河民歌源于传统民间生活,在日常劳动和生活中拉着胡琴、手敲瓷碟,抒发丰收的喜悦和人生的喜怒哀乐,并逐步发展成为节日、春会、红白喜事和其他礼俗活动不可缺少的活动方式。它是民众的生活寄托和精神支柱,是群众的自娱自乐形式和群众性的歌唱活动,不仅富有思想,而且风趣幽默。如广为流传的《拉大锯,扯大锯》:"拉大锯,扯大锯,姥姥门口唱大戏。接闺女,唤女婿,就是不让外孙去。不让去,也得去,骑着小车赶上去!"五河民歌的代表作品有《摘石榴》《打菜薹》《四季颂淮北》

《五河五条河》《姐在塘崖洗白衣》《花赞》《虞美人》《探妹妹》《淮河大堤长又长》《大米好吃要把秧栽》《金山银山收到家》《丰收年唱丰收歌》《如今农村新事多》等,都是百姓生活的真实写照以及对劳动、丰收和爱情的赞美。

皖西民歌献新人

大别山民歌是安徽皖西地区广为流传的传统民歌,体现山水相依的地域特点,既有山的沉稳、豪迈、厚实之特点,又有水的流畅、悠扬、灵动之风格,是国家级非物质文化遗产。皖西大别山民歌以山而生、以水而传,多以山歌、茶歌、秧歌、排歌、小调、劳动号子为主。在音乐上,传承了上古时期部落的民谣;在内容上,反映了古代社会演化的过程,描绘了近现代社会的革命、劳动和生活等面貌。既有反映皋陶治狱、大禹治水、楚汉之争、辛亥革命、红军起义,以及各个历史时期的社会风土、人情、民俗等民歌,又有反映社会主义建设时期生活、生产的民歌。如最有影响的《八月桂花遍地开》《送郎当红军》等革命民歌唱遍全国。大别山民歌大多保持了原始音调,其曲调分为两类:"挣颈红"(也叫"蜜蜂钻天")和"慢赶牛",前者曲调较为高亢,后者较为婉转。人们即情即景,出口成歌,随编随唱,对答如流。在修辞上,大别山民歌"赋比兴"皆用。以赋抒情的,如:"俺跟二哥隔个墙,顿顿吃饭他来望。吃个蚂虾留个腿,吃个鸡蛋留个黄。人家疼姐俺疼郎。"内容自然朴实,以内在感情作底,以直陈其事作面,没有丝毫的做作,韵味很浓。以比喻抒情的,如:"小妹生得乖又乖,远远见她飘过来。走路好比蝴蝶舞,打伞好似牡丹开。爱坏多少好人才!"将走路比喻为蝴蝶舞,打伞比喻为牡丹开,更突出了姑娘的美丽多姿。"兴"的修辞手法在大别山民歌中用得最多,比如以实物起兴的民歌《草鞋扒子五个桩》:"打双草鞋送情郎,礼物虽贱情意重。愿郎把妹记心上,切莫穿双丢一双。"大别山民歌经常在句子的中间或尾端使用一些衬字,以增强歌唱的表现力和感染力。如"呀、啊、啦、哪、哎、哇、哈、嗷、哎咳嗬是嗬、一子呀儿哟"等等。凡当地习惯用的语虚衬词,都在民歌中出现过。如著名的《采茶歌》:"春季里来采茶忙(哎),哥妹双双上山冈(哟),哥在前面昂头唱(哎),妹在后面爱俏郎(啊依子哟)。"表现了青年男女的欢快之情。

情歌永远是民歌的滥觞,大别山民歌也不例外,其内容丰富多彩,涉及爱情的各个方面,包括赞慕、初识、试探、初恋、相思、热恋、起誓、离别、送郎、苦情、抗争、失恋、逃婚等。下面列举几首献给"新人"的大别山民歌,供欣赏。

《情妹花香》:"月亮无油它也亮,井水无风它也凉,情妹生得实在好,身上无花自然香,就想香到我身上。"这首歌是写情郎以月亮和井水作比喻夸情妹天生丽质,以及对情妹的暗恋。

《娇妹多情》:"情哥不高又不矮,腰宽膀壮好人才。双脚能踏东海浪,两肩敢把泰山抬,真想把哥抱在怀。"这首歌是用夸张的手法写情妹心中的情哥形象,以及对情哥的暗恋。

《板栗树靠墙栽》:"板栗树靠墙栽,青枝绿叶长上来。五月端午结栗子,八月十五口张开。干姐姐哎,你不张口我不来。"这首歌以板栗树为象征,生动形象地勾画出墙里墙外一对恋人私下约会的场景。

《大白褂子四拐齐》:"大白褂子四拐齐,姐叫情哥不要弄上泥。弄上泥来姐难洗,干哥哥哎,一双小手都搓脱了皮。"这首歌语言简洁明了,不仅反映了人民的勤劳、爱干净,还巧妙细腻地捕捉到女主人公撒娇的姿态。

《傍晚歇活下山歌》:"太阳下山黄又黄,画眉观山姐观郎。郎来家里吃晚饭,搞到这晌才进房。"这首歌唱于傍晚干完活回家的路上,借眼前画眉鸟于枝头看山景喻家中的女主人翘首等待男主人归来。

大别山民歌内容极其丰富,它取材于自然和生活,咏唱真情实感,语句简单,韵律优美,反映大别山人民对爱情和美好生活的向往与追求,它为大别山红色文化的形成与发展提供了本土基因。创作于20世纪80年代初的《大别山抒怀》组歌(由王和泉作词、雷远生作曲、吴雁泽首唱的大别山组歌,共有6首:《同志哥,请抽一袋烟》《五月红杜鹃》《大别山夜话》《我爱山村红玫瑰》《大别山的清泉哟》《再见了,大别山》),通过歌声把人们带到红军故里、将军故乡,让人们沉醉于那回荡在大别山的美妙歌声中。

秧歌号子唱劳动

秧歌、号子是民歌的重要组成部分。秧歌是载歌载舞的综合艺术,是一种用锣鼓等伴奏,将舞蹈、歌唱等融为一体的汉族民间艺术,也可以是无伴奏的清唱。载歌载舞的秧歌一般是在农闲和节庆时表演,而清唱则是在劳动过程中,劳动者用以调节精神、提高劳动效率的自娱自乐活动。号子又称"劳动号子""哨子",是一种伴随着劳动而歌唱的民歌。由劳动人民在生产劳动过程中创作、并直接与生产劳动相结合而成。传统的劳动号子按不同工种可分为搬运、工程、农事、船渔和作坊五类。搬运号子是指通过人力直接搬运重物时所唱用的号子,包括挑抬、装卸、推拉等劳动号子;工程号子是指在建筑(造房、修路、开河、修田等)、开采(采石、伐木等)等协作性强的劳动(如打夯、打硪、打桩、撬石等)中所唱用的号子;农事号子专指在农业劳动中音乐节奏与劳动节奏紧密结合的有较强实用性的民歌,如车水号子、打粮号子等;船渔号子指用于水运、捕鱼、船务等水上劳动过程中的号子;作坊号子有盐工、木工、榨油、榨菜、打蓝(染料制作)等号子。劳动号子曲调高亢激奋,节奏沉稳有力,调式变化频繁。

一领众和(hè)或众人齐唱,变化多端。在节奏较缓的劳动中,"领"句较长,"合"句稍短。而在较为紧张的劳动中,领句、合句都十分短促。民歌产生于劳动中,也伴随着劳动而发展,民歌与劳动不可分割。在冬修水利的工地上,"打夯号子""打硪号子"铿锵有力;抗旱排涝的季节里,"车水号子"浑厚深沉;水田里,《插秧歌》《薅草歌》清新悠扬,稻(麦)场上,《打麦歌》《丰收歌》欢腾喜悦。下面列举几首当涂的秧歌和劳动号子,供大家欣赏。

《插秧歌》:"三月十五把秧下,四月十五把秧插,冻得浑身起疙瘩,腰酸背痛脚发麻;插了一下又一下,浑身溅的臭泥巴,面朝黄土背朝天,只为过年吃糍粑。"

《车水歌》:"太阳出来爬山坡,边车河水边唱歌。妹妹陪我身边坐,车起河水润秧棵。太阳出来红似火,黏谷糯谷一般多,满头汗水往下落,换来粮食幸福多。"

《薅草歌》:"郎在上风薅稻棵,妹在下风唱山歌;唱得禾苗点头笑,唱的哥哥笑呵呵;力争上游鼓干劲,除去杂草长稻棵;歌声越唱越响亮,唱的绿海泛金波。"

《打麦歌》:"五月的乡村菜花黄,打麦栽秧两头忙,海棠花儿开,呦嚯嗨;过去打麦用连枷,如今打麦机器响,呦嚯嗨;丰收的喜悦在心头,轰隆隆隆,哗啦啦,呦嚯嗨;汗水随着歌声淌,呦嚯嗨。五月的乡村菜花黄,打麦栽秧两头忙,海棠花儿开,呦嚯嗨;秧田一片绿油油,打场脱粒堆成山,呦嚯嗨;党的政策暖心头,隆隆隆轰,哗啦啦,呦嚯嗨;春雨催花花更香,呦嚯嗨。"

《小妹子送饭下田冲》:"太阳当中不当中,小妹子送饭下田冲;问声送的什么菜,一碟子韭菜二碟子葱;三碟子鸡蛋颤融融,四碟子莴笋脆崩崩;吃得我小郎身体壮,身强体壮力无穷。"

《妹挑土来哥挖塘》:"妹挑土来哥挖塘,汗珠跟着泥水淌。妹挑千担不知累,哥站泥水不觉凉。人多不好把话讲,纸糊灯笼心里亮。妹是英雄哥好汉,挖得星落出太阳。"

《打硪歌》:"来来来,站拢来,齐把硪儿抬,拦河筑坝除水害,冲天的干劲使出来。同志们,干劲大,三九寒天都不怕,修好水利干四化,多产粮棉献国家。"

58 民谣儿歌伴童真

民谣就是民间流传的歌谣,也就是民歌。古文中,没有音乐只是唱歌的叫作"谣",有音乐的称为"歌"。民谣的历史悠远,内容丰富,有宗教的、爱情的、战争的、工作的、生活的、庆典的等。民谣直接表现一个民族的感情、习俗和风尚,反映一定时期民众的心态和社会舆论,是社会民情最直接的反映。童谣,是为儿童创作的歌谣,也叫"儿歌"。它是民谣的重要组成部分,承载着社会教育的功能。童谣的内容取材于生活和自然,内容浅显、思想单纯、语言活泼、朗朗上口、富有情趣。绝大多数童谣描述的是一般的生活情景、民俗节庆的祝贺,或者是日月星辰、风雨雷电、天文气象等自然景观,甚至是关于鱼虫鸟兽、花草树木等的想象,不但生动有趣,合乎儿童"胃口",而且题材包罗万象,能满足儿童的好奇心理。因此,儿童可以从童谣中获取经验和新的知识。有些儿歌还蕴含着伦理道德或劝勉讽戒的教育性内容,能陶铸儿童的品行、美化他们的心灵。儿童在游艺中,通过对朗朗上口的诗化语言的传唱,必能深入领悟童谣里的情感,从而受到深刻而具体的情感、思想熏陶。安徽的童谣极其丰富,哪里有儿童哪里就有童谣,它们就像散落在江淮大地上的彩色珍珠,伴随着千千万万安徽儿女成长。下面列举几首安徽各地常见的传统儿歌,供大家品赏。

《三岁孩儿会唱歌》:"大红公鸡尾巴拖,三岁孩儿会唱歌。若问歌儿有多少,芝麻三斗并三箩。"

《小白兔》:"小白兔,白又白,两只耳朵竖起来。爱吃萝卜和青菜,蹦蹦跳跳真可爱。"

《小松鼠》:"一二三四五,上山打老虎。老虎找不着,找到小松鼠。松鼠有几个,让我数一数。数来又数去,一二三四五。"

《小老鼠》:"小老鼠,上灯台。偷油吃,下不来。喵喵喵,猫来啦。叽里咕噜,滚下来。"

《小青蛙》:"小青蛙,呱呱呱,水里游,岸上爬,吃害虫,保庄稼,人人都要保护它。"

《进学堂》:"摘茶姐,卖茶郎,一斤糕,两斤糖,打发哥哥进学堂。读得三年书,中个状元郎。金童来报喜,玉女来送房。阿姐做新人,阿哥做新郎。"

《小白菜》:"小白菜,地里黄,三岁两岁没了娘!好好跟着爹爹过,就怕爹爹续晚娘。续了个晚娘三年整,生个弟弟比我强。弟弟吃肉我喝汤,拿起碗来泪汪汪!亲娘想我一阵风,我想亲娘在梦中!河里开花河里落,我想亲娘谁知道?"

《饭前要洗手》:"小脸盆,水清清,小朋友们笑盈盈。小手儿,伸出来,洗一洗,白又净。吃饭前,先洗手,讲卫生,不得病。"

近年来,安徽省有关部门还非常重视现代童谣的创作和评选,积极发挥童谣的社会教育作用,新的优秀童谣作品不断涌现。如六安市史红雨、张冰创作的《养成习惯》,被评为第三届安徽省优秀童谣作品,很有教育意义,内容如下:

"一双小手养成习惯,叠被抹桌洗手绢,少给大人添麻烦;一双小脚养成习惯,公园花草不去踩,过街走在斑马线;一张小嘴养成习惯,不说粗话讲礼貌，不吃脏食乱吐痰；一颗红心养成习惯，爱党爱国爱人民，尊师敬老亲伙伴。"

坟台菠林吹喇叭

唢呐，俗称"喇叭"，全国有20多个民族有吹奏唢呐的传统。早在金、元时代，唢呐就由波斯传入中国中原地区。唢呐发音开朗豪放，高亢嘹亮，刚中有柔，柔中有刚，善于表现热烈奔放的场面和大喜大悲的情绪。

根据中国音乐文史调查记载，安徽唢呐有南派与北派之分，其中北派唢呐又有两个代表性流派，一支流传于安徽东北部的砀山、宿县（今宿州市）一带，一支流传于安徽西北部的阜阳、太和、亳州一带。太和的坟台唢呐迄今已有600余年的历史，为省级非物质文化遗产。太和县坟台镇地处皖西北，坟台唢呐在流传的过程中，吸收了该地区流行的梆子戏、坠子、清音、曲剧、泗州戏等戏曲曲艺以及民歌小调，逐步形成自己的艺术特色。坟台唢呐作为领奏乐器常与锣鼓结合演奏，演奏场面热烈欢腾，气势雄伟、壮阔，尤其适合于演奏豪放、泼辣的曲调，能够深刻而细腻地抒发内在的思想感情。一方面，坟台唢呐在演奏曲目时，保留了传统的单吐、双吐、滑音等演奏技巧，另一方面，根据演奏戏曲（吹戏）的需要，坟台唢呐民间艺人创造了许多高难度、复杂的演奏技巧，如超高吐音、借音、气拱音、气顶音、三弦音、箫音、双簧管音等，还有模仿鸡啼鸟鸣、人声歌唱（俗称"咔子戏"）等特殊技巧，从而大大提高了唢呐的艺术表现力。

菠林喇叭是以安徽北部的宿州市灵璧县尹集菠林村已故中国管乐大师周正玉等周氏族人为代表的唢呐演奏艺术。周家班自清末创始发展到现在，已传承七代，历经100多年沧桑。目前，周姓直系有男女老幼乐手共计100余人,外姓徒众上千人,形成庞大的民间音乐族群,横跨苏、鲁、豫、皖四省,享誉海内外。菠林喇叭自清末形成以来,一直以曲牌丰富、音乐独特、彰显礼仪、盛传不衰而著名。目前以"周家八虎"和"鼓乐四花"为代表人物。其主要价值有三方面:一是以丰富的曲牌和多元文化为特征的活态传承,是一个容纳皖北地区音乐作品和音乐信息的宝库;二是在音乐上有许多独创,其中铜唢呐的演奏,音高而不躁,柔而不腻,韵味质朴,在咔戏的"把攥及咔碗"吹奏中融合了当地的戏曲、曲艺等,表演中保留了大量的民间戏法绝活,具有较高的艺术欣赏价值;三是秉承传统文化,与民俗息息相关,起到烘托气氛、彰显礼仪的作用。作为区域文化的一部分,它全面、真实、生动地展现了这一地区的民风民俗面貌,具有很高的民俗学研究价值。菠林喇叭始终扎根民间土壤,吸取养分,与时代脉搏一起跳动,是民间音乐的一泓清泉。近年来,"菠林喇叭"作为国家级非物质文化遗产,一直活跃在全国各地,技艺传承更加丰富,出版了部分音乐专辑,受邀参加"欢闹省城""京城献艺""迎奥运""出省挑战打对棚"(打擂台)等一系列大型活动。2006年,还曾随中央电视台赴奥地利维也纳参加"华人新春聚会"演出。2012年,参加北京"毛泽东主席诞辰119周年"纪念演出活动。"周家八虎"中的周本鸣、周中华还随政府代表团出访过韩国、日本、中国港澳台等地。2017年6月,在中国艺术研究院,成功举办了"元气"周家班——"菠林喇叭"音乐会。接着还赴欧洲巡演,足迹遍及瑞典马尔默市夏日舞台、第44届国际传统音乐学会世界大会(爱尔兰)、德国莱比锡民族志博物馆、英国WOMAD音乐节、比利时SFINKS音乐节等。同时,大英图书馆对周家班专场音乐会进行全程录制,将其收入世界传统音乐名录馆藏。"菠林喇叭"名扬海内外。

60 佛歌道曲唱三生

佛教音乐是佛教徒在举行宗教仪式时所歌咏的曲调。中国汉地佛教音乐的发展是由梵呗开始的,梵呗是传自印度的一种带有吟诵性质的佛教音乐,它包括咏经、歌赞两个方面。魏陈思王曹植在东阿县(今山东)的鱼山删治《瑞应本起经》,制成鱼山呗,是为东土梵呗之始。自元代南北曲盛行后,佛教的歌赞全采用南北曲的曲调,现在佛教音乐中所用的南北曲调近200首。从内容、唱颂对象和场合(范围)看,佛教音乐大致可分为仪规音乐和道场音乐两类。仪规音乐,属于殿堂里在佛前唱颂的词曲,主要有赞、偈、真言、咒子、拜愿、三称菩萨等形式,其中赞、偈音乐性较强,其他多为吟诵性。赞有六句头和八句头两种,通常用的是六句赞。偈,唱词一般为四句合成。道场音乐属于道场上唱颂的用于弘扬佛法、超度亡灵的佛乐。所唱佛曲的音乐色彩、风格、情趣以及唱颂形式,虽与世俗词曲相比均有不同,但曲调较为明朗,民间色彩较为浓郁,带有一定的民俗性。安徽九华山是中国四大佛教圣地之一,其佛教音乐调式较为丰富,宫、商、角、徵、羽调式全有,其中以徵、商为最多,宫、角次之,羽更次之。旋律以级进为主,无多大起伏,多为4/4拍子,音乐表述特征繁多,内容各异,演唱时大多为一人举腔,众人齐唱,以及唱念相间,演唱时用法器(打击乐器)点板伴之。九华山佛教音乐内容丰富,历史久远,包含博大精深的文化内涵,在我国音乐、文化、民情、民俗、民风,以及宗教流传衍变等研究方面,具有较高的学术价值。

道教音乐是道教宗教仪式中不可缺少的内容,它具有烘托、渲染宗教气氛,以及增强信仰者对神仙世界的向往、对神仙的崇敬之作用。道教音乐吸取了中国古代宫廷音乐和传统民间音乐的精华,渗入道教信仰的特色,形成道教音乐独特的艺术风格,它也是中国传统音乐的重要组成部分。道乐演奏为道场中的"文场",由器乐、声乐两部分组成,道场上道士们有说有唱,有音乐也有舞蹈,登场者少则七八人、多则十四五人。锣鼓笙箫奏起,经声悠扬,既喧闹悦耳,又庄严肃穆。由于道教音乐的诵唱和乐器演奏均由道士担任,因此要求道士不但熟悉道教经卷,精通斋醮仪式,而且有演唱道曲、演奏乐曲等艺术本领。安徽休宁县齐云山道教文化源远流长,历史悠久,齐云山道场音乐是一种流传于安徽省的传统宗教音乐。齐云山道场音乐名目繁多,主要有《绪天科》《小火连度》等25种。演奏道乐的民族乐器有鼓、大锣、磬、木鱼、二胡、琵琶、箫、笛、唢呐等。道乐的主要曲牌名有《步虚韵》《主云飞》《真香初炷》《大开门》等。齐云山道场音乐以原始老谱"工尺"谱音符进行演奏,韵律优美,缥缈飞翔,不仅给人以美的享受,而且给人以精神与心灵上的慰藉。道教音乐作为中国传统文化,也是徽文化的组成部分,是一种极富生命力的民间传统音乐。它以其强烈而又独特的宗教色彩,彰显出我国正一道与地域文化紧密结合的魅力。

　　佛教和道教都相信来世,都建立了各自的"前世、今生和来世""三生"相关联的思想体系,引导人们通过向往"缥缈"的未来世界来摆脱现实的困境和苦难。佛教追求"超脱尘世"和倡导遵守"五戒"(不杀生、不偷盗、不邪淫、不妄语、不饮酒);道教追求"长生久视"和倡导清静无为,既出世又入世。尤其是佛教和道教的重要圣地——九华山和齐云山均坐落于安徽,对安徽百姓的影响毋庸多言。广大的信教百姓在拜佛、问道的同时自然会受到宗教音乐的影响,而且有越来越多的非信教百姓购买佛教和道教音乐磁带或从网上下载相关曲目聆听、欣赏,感受玄妙、神秘的宗教乐曲。

第四章
安徽民间语言书画民俗与教育

语言民俗又称"民间语言""民俗语言"。语言是民俗的载体,民间语言是民间习俗、民间文化的重要组成部分。广义的民间语言包括民间传说、神话、俗语、谚语、谜语、歇后语、街头流行语、黑话、酒令以及方言和说唱艺术等。我国是一个拥有56个民族的多民族国家,幅员辽阔,自然环境多样,存在许多不同的民族语言和方言。这些民族语言和地方语言是我国乃至世界传统文化的重要组成部分,但因受到现代文明发展的冲击,许多民族语言和地方语言都面临生存环境改变、使用范围变小甚至消亡等情况。我们既要尊重民间语言的存在,充分挖掘其历史价值与现代文化价值,又要克服其消极影响。如方言会阻碍普通话的推广,方言中可能存在一些落后的思想和观念等。书画民俗属艺术民俗,包括书法、绘画、雕刻、雕塑以及与书画有关的一些特殊的民间艺术,如剪纸、刺绣等,内容也很丰富。它们不仅能带给人知识、智慧,也能给人以美的享受和思想启迪。

安徽省地跨淮河、长江,沿淮、淮北多平原,皖南、皖西多山区,江淮之间多丘陵,多样的自然环境孕育了丰富的民间语言,如淮北方言、皖南方言,以及各地的民间谚语和说唱艺术等。安徽的书画民俗尤其多姿多彩,如芜湖铁画、凤阳凤画、宿州年画、庐州蛋画、旌德漆画以及葫芦烙画和火笔画等,还有吴山铁字、阜阳剪纸、太和刺绣、界首彩陶、灵璧石刻、"徽州三雕"、皖北面塑、临淮泥塑以及竹雕、根雕和玉雕等。尤其值得骄傲的是,安徽被称为"文房四宝(笔、墨、纸、砚)之乡",因而,与教育更是有着不解之缘。

安徽大鼓百姓爱

大鼓,也称"打鼓书""打鼓说书""说书""说古书"等,是一门传统的说唱艺术。表演者一手敲鼓、一手夹板,配合唱腔、道白,说一段唱一段,并伴有动作表情,节奏和谐。以声情并茂的说唱为主,以演为辅,以演助说,重在表达思想内容。其内容多取材于当地民间喜闻乐见的历史演义、武侠、公案之类小说。新中国成立后,旧内容逐渐减少,新增抗日战争、解放战争和英雄人物等题材的故事、小说等。安徽大鼓,起源于皖北泗县一带,后逐渐流行于安徽省的淮北、江淮之间和江南地区,以及山东、河南、江苏等省的相邻地区。所以,安徽大鼓原名"泗州大鼓",也称"淮北大鼓"。淮北大鼓源于元末。传说一秀才考场得中,但因当时官场腐败,元朝已失半壁河山,于是秀才弃官不做,步入江湖行艺,编写诗、词、赞、赋和历史书目,以氾河两岸、淮北地区的民间小调和戏曲演唱的曲调为蓝本,形成独具特色的唱腔:"立嗓"说唱法和"卧嗓"说唱法。随着社会发展,师教徒传,一代代承袭技艺,一手击鼓,一手打板,边说边唱。主要是一人一台戏,流动行走方便;其演唱形式为说、唱、学、逗、打,十分逼真,百姓爱听,大鼓戏成了老百姓农闲时的重要娱乐内容。

安徽大鼓遍及安徽各地，但不同地方又有不同的特色，如"淮河大鼓""庐州大鼓"等。下面谈谈属"淮河大鼓"的"颍上大鼓书"。颍上大鼓书流行于颍河、淮河两岸的颍上、阜阳、阜南、霍邱等地。《安徽大鼓的历史发展研究》一文中这样描述颍上大鼓书的诞生和传承：据《中国曲艺志·安徽卷》记录："李家生，颍上县人……十八岁时投师艺人朱华庭，专心学艺，二十岁即出师说书。经常流动于阜阳、霍邱、颍上、阜南县城演出……后久居在颍上。"李家生以颍上为中心，在附近区域流动说书，带动了附近地区大鼓的发展。颍上大鼓的器具主要有大鼓、鼓架和响板，即"一张嘴，两片板，三杈竹架支上鼓"，便是颍上大鼓的全部家当。颍上大鼓书唱腔粗犷，唱词严谨，结构规范，讲究平仄相对，尤其讲究"扣子"（悬念），情节扣人心弦，雅俗共赏。一场书大扣套小扣，小扣连大扣，一个扣子还未解开，另一个扣子又套上，使听众始终扣在"书"的情节之中。这种简单易行的艺术形式，因其高亢婉转的唱腔、诙谐幽默的语言、扣人心弦的"悬念"以及浓郁的地方特色，使得大鼓书成为地方百姓的精神食粮。颍上大鼓书起初多是说唱艺人"见风采柳"、触景生情，将所见所闻编成故事，后来为了迎合听众，遂说唱历史故事，其内容具有珍贵的民间文学价值，而且颍上大鼓书的传统曲目都富有地方特色和民族特色。无论是取材于民间喜闻乐见的历史演义、武侠、公案类小说，还是新中国成立后创作的抗日战争、解放战争和英雄人物等题材的故事、小说，都是弘扬正气、集聚正能量的。20世纪八九十年代，颍上集镇逢集时几乎都有大鼓艺人设场表演。对于交通闭塞、信息封闭的颍上农村，颍上大鼓书无疑成为农民的精神大餐。通过鼓书艺人那"添油加醋"的叙述、表演，乡村农民逐步确立了自己的历史观；鼓书艺人对"忠孝节义"的渲染，使得乡村农民建立了自己的道德观。颍上乡村农民都尊称鼓书艺人为"先生"，充分说明颍上大鼓书艺人在乡村农民心目中的地位。

由上可见，安徽大鼓的社会作用和现代价值。它在占领农村文化阵地，活跃农村基层文化生活，发挥社会教育的作用，促进社会和谐等方面，具有其他艺术形式无法替代的独特作用。

苗湖书会听众多

界首市苗湖书会是界首文化艺术方面一项独特的"盆景工程"。苗湖书会的举办地在界首市任寨乡苗湖村。清嘉庆年间，唱坠子翁的艺人苗本林，发起了苗湖说唱会，当时参加演唱的艺人有苗湖村3人，邻村5人。1939年，第六代传人苗元普为纪念第一代发起人苗本林165周年诞辰，把闰年的农历六月六定作苗湖书会，一唱就是5天，吸引了四邻八乡的群众，相当热闹。此后，苗湖书会经过不断传承，得到一定发展。1985年，著名艺人苗清臣联络周边市县的一些民间说唱艺人，在界首市委、市政府、市委宣传部、市文联、任寨乡政府、界首市曲协等单位的扶持和帮助下，重新举办苗湖书会。苗湖书会每届5天，方圆几十里的群众都前来观看演出。并且吸引了周边几百里地的曲艺演员前来参加演出。山东曹县、江苏坯县、湖北大悟县、河南周口地区、安徽阜阳地区各县市、宿州地区的曲艺人相继赴会演出。书会演唱的曲目多是反映改革开放以来农村涌现的新人新事，如宣传邻里和睦、计划生育、遵纪守法、破除迷信等内容的节目。近年来，书会已创作和演出的新曲目有100多个。这些新曲目在历届书会上，均获得好评。苗湖书会演唱的曲目，特别是鼓书、评词等演唱方便，可就地取材，不受场地和时间限制，特别适合农民口味，易于传承，曾有取瓢、盆当鼓之举。"无时不说，无处不唱，无人不乐"是界首苗湖书会自娱性的重要体现，是原始趣味性的真实写照。农闲时节，茶余饭后，一曲鼓书说唱，宣泄着内心的情感，或高亢明快，或凄婉悠扬。性情炽烈,愉悦心胸,寓教于乐,陶冶情操,特别是一些精悍的鼓书小段新作,教育人们惩恶扬善、尊老爱幼等。对当地来说,界首市苗湖书会承载着地方曲艺、稀有曲种的交流与发展重任,是树立区域品牌、推动当地经济发展和促进地方新农村建设的精品文化资源。在快速发展的当今社会,尤其是农村,这种书会形式具有特别重要的现实意义。

民间谚语多智慧

  谚语是广泛流传于民间的言简意赅的短语,多数反映劳动人民的生产、生活实践经验,一般都是口头传下来的。中国民间谚语是我国人民集体智慧的结晶,是民间语言和科学文化宝贵遗产的一部分。谚语类似成语,但口语性强,通俗易懂,而且一般都表达一个完整的意思。其内容极其广泛,是记载民俗文化的百科全书。有的是生产劳动的知识,如"清明前后,栽瓜种豆";有的是事理性的谚语,如"种瓜得瓜,种豆得豆";有的属于生活常识,如"饭后百步走,活到九十九"。安徽民间谚语是安徽人民在长期的生产、生活实践中创造的精神财富,内容丰富多彩,并具有地方特色,是中华民族民间谚语的重要组成部分。

  安徽地跨淮河与长江,中间还有全国第五大淡水湖之一的巢湖,不同的地理和人文环境使得各地流传的谚语各具特色。例如讲"秋种":淮河流域讲"秋分早,霜降迟,寒露种麦正当时";长江流域讲"寒露油菜霜降麦";再往皖南一带则是"霜降油菜立冬麦"。同样是讲一个人"贪得无厌":淮北人说"癞蛤蟆想吃天鹅肉";淮南人说"人心不足蛇吞象";江南人则说"做梦娶媳妇,尽想好事"。安徽民间谚语有很多是反映生产和生活经验、体现科技含量的:"白露早,寒露迟,早春种麦正适时";"枣芽发,种棉花";"稻秀暖、麦秀寒";"夏天不热,五谷不结";"早起浮云走,中午晒死狗";"云从东南涨,有雨不过晌";"日出红云升,劝君莫远行";"乌云接日高,有雨在明朝";"豌豆开花,最怕风刮";"不怕种子旱,就怕秋苗干";"麦怕清明霜,稻怕北风寒";"夏吃大蒜冬吃姜,不用医生开药方"等。也有很多是反映人生哲理、体现立德树人的:"有嘴讲别人,无嘴说自身";"看人挑担不吃力,自上肩头嘴要歪";"不听老人言,吃亏在眼前";"满口饭吃得,满口话说不得";"一天不练手脚慢,两天不练丢一半,三天不练门外汉";"好记性不如烂笔头";"人在世上练,刀在石上磨";"不经冬寒,不知春暖";"宁可做过,不可错过";"当家方知柴米贵,出门才晓行路难";"学好三年,学坏三天";"学问勤中得,富裕俭中来"等。我们的先辈在生产、生活实践中,总结出一条条至理名言,这些至理名言闪耀着人生哲理的光辉,至今仍影响着现代人的言行及思想。

 诗意对联育民魂

对联(楹联)是中华民族文化中普及面最广且是世界上独一无二的传统艺术奇葩,它集诗歌艺术、书法艺术和思想、教育、节庆等于一体。一副好的对联,就是一首动人的诗篇、一幅美妙的书法作品。因为它有情感、有寄托、有思想、有情趣,虽然只有短短两句,却要求精练、对仗,富于思想和艺术感染力。追本溯源,楹联大约和古代插桃枝于户以驱鬼避邪的风俗有关。后来人们将桃枝换成桃板,在桃板上画着唐代大将秦琼、尉迟恭的像。再后来,画像渐渐演变成驱鬼降魔的画符,这就是"桃符"。"桃符"可以说是楹联的前身。我国第一副对联相传为五代蜀主孟昶所作,即"新年纳余庆,嘉节号长春"。北宋王安石曾作《元日》诗:"爆竹声中一岁除,春风送暖入屠苏。千门万户曈曈日,总把新桃换旧符。"在安徽,随着地域文化的发展以及受清代桐城派的影响,楹联日益兴盛,民间佳联妙句绵延不绝,韵味隽永家传户诵,令人赏心悦目,使人深受教育。下面就来说说有代表性的安庆桐城楹联故事"对对子"和徽州西递村的古楹联。

桐城楹联故事"对对子"。(1)老宰相试子出妙对。被称为"父子双学士、老小二宰相"的清代桐城人张英、张廷玉父子,皆能诗善对。一年元宵佳节,张府照例张灯结彩、燃放鞭炮。老宰相出上联试子:"高烧红烛映长天,亮,光铺满地。"小廷玉思索时正好听到门外一声花炮脆响,顿时灵感涌现,对曰:"低点花炮震大地,响,气吐冲天。"此联对仗工整,朗朗上口,极具口语色彩,堪称妙对。(2)农夫对对子。有一客至桐城,听闻桐城人善属对,便向一农夫嘱对:"宝塔森森,四面八方。"农夫举一手摇摆几下以示不能对,后客问其桐城文友,文友答曰,摆手的动作已对了下联:"手掌摇摇,三长两短。"(3)何女嫁孔家。一何姓女子临嫁时,为试其孔姓夫婿的文采,出上联派人快马送到夫家,能对出才可发轿。上联曰:"天上仙女本姓何。"男子接上联后,很快对出下联曰:"人间凡男皆尊孔。"工整贴切,且把男女二姓巧妙地嵌入联中,可谓妙哉!(4)吴汝纶为桐城学堂撰联。1902年,吴汝纶从日本考察归来,创办桐城学堂(今天的桐城中学),并为学堂题写楹联:"后十百年人才奋兴,胚胎于此;合东西国学问精粹,陶冶而成。"横额为"勉成国器"。上联和横额指明为天下谋人才、为国家育栋梁的办学目的;下联提倡中西合璧、陶冶锤炼的教学方法和内容。

徽州西递村的古楹联。徽州黟县西递村的古楹联很多,说的是如何做人做事等,具有深刻的教育意义。列举几对西递村古楹联以飨读者:"淡泊明志,清白传家";"友天下士,读古人书";"德从宽处积,福向俭中来";"修身如执玉,积德胜遗金";"事业从五伦做起,文章本六经得来";"快乐每从辛苦得,便宜多自吃亏来";"欲高门第须为善,要好儿孙必读书";"事能知足心常惬,人到无求品自高";"清以自修诚以自勉,敬而不怠满而不盈";"寿本乎仁乐生于智,勤能补拙俭可养廉"。西递村被列入世界文化遗产名录,楹联乃是其中很重要的一部分。许多楹联,实际上都是老百姓对于人生、世界的一种理解和感悟,以及感悟后所得出的人生信条。西递楹联是徽州楹联的典型代表,一代一代西递人、徽州人读着、看着这些楹联,耳濡目染,潜移默化,在不知不觉中受到楹联"精神"(所承载的文化信息)的影响。

"文房四宝"国之宝

"文房四宝"是指我国古代传统文化中的文书工具,即笔、墨、纸、砚。"文房四宝"之名,起源于南北朝时期。安徽宣城是我国"文房四宝"最正宗的原产地,是饮誉世界的"中国'文房四宝'之乡",所产的宣纸(泾县)、宣笔(泾县、旌德)、徽墨(绩溪、旌德)、宣砚(旌德)举世闻名,为历代文人墨客所追捧,是国家级非物质文化遗产。

造纸术为中国古代四大发明之一,宣纸是传统手工纸品最杰出的代表,居"文房四宝"之首,迄今已有1500多年的历史。宣纸产地在安徽泾县西南方的小岭一带,这里气候温和,雨量充沛,特殊的喀斯特山地适合青檀树的生长,冲积平原则适宜生产长秆水稻,青檀树和水稻秆均为宣纸制造提供了优质的原料。泾县境内有多条河流,尤其是乌溪上游的两条支流,一条属淡碱性,适合原料加工;一条属淡酸性,适合成纸用水。宣纸以青檀皮为主料,按比例配入沙田稻草浆,整个生产过程由100多道工序组成。宣纸质地纯白细密,纹理清晰,绵软坚韧,百折不损,光而不滑,吸水润墨,宜书宜画,防腐防蛀,故有"纸寿千年""纸中之王"的美称。郭沫若参观泾县宣纸厂时题词说:"宣纸是中国劳动人民所发明的艺术创造,中国的书法和绘画离了它便无从表达艺术的妙味。"

宣砚产于宣城市旌德县白地镇,其硬度介于端砚(广东肇庆所产)与歙砚(徽州歙县所产)之间,易雕、乌黑、纯净、细腻。宣砚制作技艺主要有挑石选料、构思设计、造坯成型、细化设计、精雕细刻、打磨美化、刻铭落款、护砚保养等10道工序。宣砚造型分仿古类、随形类、套砚类、砚板类等。石品有金星、金晕、眉纹、鱼子、玄砂、绿漪等。雕刻以"薄意雕"为主,浮雕浅刻,手法细腻,纹饰分明。

墨的发明是我国先民对中国文化乃至世界文明的一项重大贡献。徽墨是我国制墨技艺中的一朵奇葩,在中国制墨史上占有重要地位。用传统技艺制作的徽墨精品具有多方面优点,有的"其坚如玉,其纹如犀,写数十幅不耗一二分也";有的"香彻肌骨,磨研至尽而香不衰";有的"取松烟,择良胶,对以杵力……滓不留砚";有的"光可以鉴,锋可以截,比德于玉,缜密而栗。其雕镂之工,装饰之巧,无不备美"。从现有史料来看,徽墨的生产可追溯到唐代末期,历宋、元、明、清而臻于鼎盛。在清代四大制墨名家中,绩溪县就有汪近圣和胡开文两位,清末民初著名的墨模木雕艺人胡国宾也是绩溪县上庄人。他们是清代与民国时期徽墨制作技艺传人的代表,其后代至今仍在当地传承徽墨制作技艺。徽墨制作技艺复杂,不同流派有自己特有的绝技且秘不外传,一派中针对不同的制墨原料,也会采用不同的生产工艺。如桐油、胡麻油、生漆均有独特的炼制、点烟、冷却、收集、贮藏方法,松烟窑的建造模式、烧火及松枝添加时间与数量、收烟及选胶、熬胶、配料和剂等也各有秘诀。如此制出的徽墨具有拈来轻、磨来清、嗅来馨、坚如玉、研无声、一点如漆、万载存真的特点。

宣笔产于宣城市泾县,是中国四大名笔之一。据韩愈《毛颖传》记载,秦将军蒙恬南下时途经中山(安徽省泾县一带山区)发现这里兔肥毫长,便以竹为管,在原始的竹笔基础上制成改良的毛笔。宣笔制作盛行于唐、宋。元代以后湖笔(浙江湖州)渐兴,宣笔渐衰。改革开放以后,宣笔渐渐恢复生机。2008年,宣笔制作技艺被列入国家级非物质文化遗产名录。

自秦到唐宋,制笔主要集中在宣城,并且宣笔与宣纸一起被列为"贡品"。宣笔的制作一向以选料严格、精工细作著称。据考证,制作上乘的宣笔所用之兔毛应为秋天所捕获的长年在山间野外专吃野竹之叶、专饮山泉之水的成年雄性毛兔之毛,而且只能选其脊背上一小撮黑色弹性极强的双箭毛。这样的兔毛可以说是少之又少,取之不易。工艺上可分为水盆、装套、修笔、检验、装球五个部分,更可细分为浸皮、发酵、柔笔、选毫、分毫、熟毫、扎头、笔套、易毫、刻字等十几个流程,70多道操作工序。只有这样制成的毛笔才能达到尖、齐、圆、健的要求,也才能被书画大家视为"掌上明珠"。所谓"尖",是指笔锋要尖如锥状,功用为有利于书写钩、捺等笔画;"齐"是指笔毛铺开后,锋毛平齐,功用为有利于吐墨均匀;"圆"是指笔根为圆柱体,圆润饱满,覆盖之毛均匀,功用为书写时流利而不开叉;"健"是指毛笔有弹性,功用为在书写中毛笔变形后能迅速回复原样,以便进行下一个书写动作,显现笔力。这也是宣笔或徽笔的"四德"。

　　安徽人以"'文房四宝'之乡"而自豪,因"文房四宝"与文化、教育息息相关,它对安徽地域文化和教育发展的影响是显而易见的。以毛笔为例,不仅宣城、黄山地区生产"名笔",而且阜阳、宿州等地生产的毛笔也都成为省级非物质文化遗产。位于阜阳市临泉县谭棚镇的文德堂笔庄就是其中的一朵奇葩,它继承传统的制笔工艺,不断发展创新,生产出羊毫、兼毫、狼毫等100余种佳品毛笔。中国书协主席沈鹏先生试其笔,顿感如"龙去凤虎、凛冽天都"。赵朴初、吴作人、韩美林、范曾、启功、刘子善、穆孝天、顾美琴、吴天月等当代书画家对临泉毛笔均给予高度评价。宿州市砀山县官庄坝镇邵家的祖传精制毛笔已有第六代传人。第六代传人邵家干制作的毛笔在砀山县及周边地区因做工精良而供不应求。他还于1980年创办了国内独一无二的高档羊毫"碧云轩"制笔作坊。他把自己研制的极品"碧云轩"毛笔,送给国内著名的书画大师沈鹏、启功、范增、王学仲、刘海粟、李可染等名家试笔,并向他们反复求教,对惯用毛笔写字作画的大家们的心意深入揣摩,不断改良、创新。沈鹏大师把他的毛笔视为极品:"尖圆齐健论古今,千载谁为笔圣人?当今若还羲之在,抛弃鼠须换碧云!"

年画年画年年画

年画是我国古老的民间艺术,始于古代的"门神画",它反映民间百姓的风俗和信仰,寄托人们对未来的希望,是中华民族祈福迎新的艺术品。年画起源于汉代,发展于唐宋,盛行于明清。年画内容非常广泛,各类武将、门神、灶爷、财神、观音、八仙、寿星、戏曲人物、耕织农作、民间传说、历史故事、花卉动物、童男仕女、风光景色等应有尽有。每逢过农历新年时,差不多每家都要买年画张贴。那些象征吉祥富贵的年画不仅增添了新春节日的欢乐气氛,而且是文化流通、道德教育、审美传播、信仰传承的载体与工具。安徽省民间年画可以砀山木版雕刻年画为代表,2010年砀山年画被列入安徽省非物质文化遗产名录。

砀山年画创始于清代,其创始人是赵玉林。由于地缘关系,砀山年画的风格深受山东潍坊和河南朱仙镇年画的影响,但又不同于两地的年画。其木版年画以砀山梨木为母版,梨木木质细腻,宜于雕刻,线条雕刻有阴有阳、粗实淳厚,色彩艳丽庄重,乡土气息浓郁。砀山年画用水彩纸和水彩、水粉颜料,并辅以炭精粉擦拭面部和手的阴影部分,有别于其他年画的画法。画出的年画色彩鲜艳,色调浑厚明快、对比强烈、富丽堂皇,画面饱满紧凑、虚实相兼、铁线勾勒、线条流畅、刚柔并济,表现形式讲究对称,手法夸张,富有气势,别具民间情趣。砀山年画独具地方特色,在全国年画领域独树一帜。据有关资料介绍,清朝年间砀山年画有《门神》《灶王》

《判官》《关公》《五子登科》《二十四孝图》等,皆有镇宅、忠孝节义、望子成龙之意,至民国时期,年画内容基本未变。新中国成立后,尤其是改革开放以来,砀山年画获得新的生机,创作出不少新的作品。如《一团和气》代表儒、释、道三家信仰共存;《梅兰竹菊》代指君子;《五谷丰登》预示来年丰产丰收;《莲花和鲤鱼》表示"多子"与"平安"之意。20世纪70—90年代,砀山年画发展至巅峰时期,全县画年画的有60多人。70年代以后,砀山县文化馆每年都举办美术展览和年画培训班,重点抓年画创作,不少作品获省优秀年画创作奖。1984年,安徽省文化厅举办建国35周年画展,范凤岭创作的年画《中华武术》获得三等奖。1985年,孙宗禧、范凤岭成为安徽省年画研究会会员,孙宗禧当选为年画研究会理事。第四代传承人黄兴桥坚持年画创作30余年,发表年画作品200余幅。以及在合肥工作的砀山籍女画家朱秀颖和安徽师范大学美术学院教授、书画家崔基旭等积极从事砀山年画的创作,此外,一批热爱年画的青年人参与其中,砀山年画呈现出一派欣欣向荣的喜人景象。近几十年来,砀山年画已进入全国年画市场,在全国年画界占有一席之地,有100余幅年画作品在安徽、河南、河北、山东、江苏等9省市自治区的美术出版社出版,发行到全国各地,深受广大城乡人民喜爱。

67 凤画源于朱元璋

凤阳凤画又称"龙凤画"。是流传于凤阳一带、以龙凤为题材的民间工笔画,相传诞生于明朝年间,至今已有600多年历史。2006年被列为安徽省非物质文化遗产。"蛇头、龟背、九尾十八翅、鹰嘴、鹤腿、鸡爪、如意冠"是凤画造型的艺术之美。即取百禽之长,寓大好美意。蛇头:小龙的象征;如意冠:有吉祥如意之意;龟背:有负重之责;鹤腿:长寿的象征;

九尾十八翅:"九"在数字中为极数,表示最多、最高、最吉祥的意思。所以,凤画寄寓了中华民族的全部理想和人们对幸福生活的追求。传说凤画的产生与明朝皇帝朱元璋有关系。朱元璋小的时候,家里很穷,八岁给地主放牛。一天,在赶牛的时候,朱元璋饿了,只好采些野果子吃,吃着吃着,后来就在一块石板上睡着了。正在这时,不知从哪儿飞来一只美丽的凤凰,落在雁子山西坡,以金鸡独立的姿势,屹立在离石板不远的石头台上,展开五彩缤纷的翅膀,为朱元璋遮挡太阳。这件事被村里人发现了。朱元璋登基做了皇帝,乡亲们想起这件事,于是就把朱元璋睡过的石板叫作"卧龙石",把凤凰落脚的石台叫作"凤凰台"。朱元璋也于凤凰山之阳营建中都皇城,并定家乡之名为"凤阳"。后来,家乡百姓又把以前看到的凤凰画了下来,并挑两幅最好的献给皇上。朱元璋展开画卷,见是《丹凤朝阳》和《龙凤呈祥》,心中喜悦,并鼓励送画的人:"你们回去就画凤凰,画得越多越好。"于是凤画在凤阳就流传开来。

《龙凤呈祥》是凤画最传统的题材,它体现着《易经》中乾卦与坤卦的思想精神。乾卦代表着中华民族刚毅、进取、万难不屈的一面;坤卦则代表着中华民族仁慈、宽厚、智慧灵动的一面。龙凤文化的互补、相渗合一,体现了"阴阳和谐"的理念。凤画《龙凤呈祥》或《龙凤图》实际上寄寓了中华民族自帝王将相到普通市井百姓全部的人生理想。《百鸟朝凤》也是凤画最传统的题材,它充分展现了中华文化"和"的精神与"和"的理念。《百鸟朝凤》中的凤是"金鸡独立式",据凤画老艺人讲,百鸟是实数,总共五十对,绘制极讲究线条与敷色,高度概括了百鸟的飞、鸣、宿、食的习性与动态。百鸟聚集在凤的周围,它们是青鸾、绶带、孔雀、八哥、黄雀、锦鸡、鹰、画眉、鸳鸯等,画面中百鸟朝凤,呈现出平静和谐、鸟语花香的意境,寓国泰民安之意。凤画传统题材还有《带子上朝》(也称《带子还巢》),画面上是一只老凤站在山石上,一只小凤凰在空中盘旋,老幼呼应有声。《五伦图》画的是四只飞、鸣、宿、食的小凤围绕着老凤,或歌舞或饮食。这些传统题材的凤画体现着中国儒家的人伦道德思想,它们借凤凰的故事来讲述儒家的君君、臣臣、父父、子子的道德理念。

中华民族是敬德的民族,而凤凰在凤画中变成"秉德"之鸟。凤阳人借助凤画来展现民族的伦理道德思想,借助凤凰的品德精神(凤凰是首"戴仁"、颈"缨义"、背"负礼"、胸"向智"、足"蹈信")来展现中华民族忠诚、信义、孝敬、献身、负责、敬德的精神品质。

吴山铁字耀中华

合肥长丰县吴山镇历史悠久,文化底蕴丰厚,书法绘画艺术源远流长,民间书画爱好者不计其数。在这块土地上,孕育出一种独特的民间艺术——吴山铁字。吴山铁字创始于20世纪80年代初,以陶仁志、邓之元等为首的一批艺人勇于创新,以锤代笔,以铁作墨,想在传统铁画的基础上有所突破和创新,手工冷锻铁字。历经多次尝试,他们终于成功地摸索出"镀锌铁皮为料,手工冷打而成"的铁字制作工艺,制作出受到书法家们肯定的铁字书法作品。一幅铁字作品一般要经过30多道工序。首先书写作品或临摹名家作品、样品上铁皮、裁剪、锤打、平整定型、修边钻孔、焊接、清洗、喷涂、制作底版、制作外框、安装等。铁字融铁的刚劲与中国传统的书画艺术魅力于一体,显现出一种潇洒、遒劲、饱满、生动的艺术感染力,具有典雅别致、古色古香的艺术韵味,而且不易褪色和损坏,兼具时代艺术气息,被誉为"中华一绝"。吴山铁字曾荣获"华夏奇葩艺术博览会""中国百家工艺精品展示会"两项金奖,并获"国际旅游工艺品博览会"银奖。铁字艺术创始人陶仁志1993年被联合国教科文组织授予"工艺美术家"称号。近年来,他创作了2000多幅约15万字的铁字书法,楷、隶、行、草、篆等书体俱全。如王羲之的《兰亭序》,300多言分别镶嵌在10扇古色古香的屏风上,看之,让人赏心悦目,神完气足。他的作品被中南海、人民大会堂、中央军委、中央统战部、国家发改委、中国体育博物馆等单位收藏。另外还被日本、美国、新加坡,以及中国香港、台湾等国家和地区以及有关人士收藏。2008年11月,"陶仁志先生艺术馆"在长丰县开馆。邓之元的作品1999年在北京"爱我中华、弘扬国粹"书法艺术大展中荣获一等奖,象形字十二生肖在香港"国际专利技术博览会"上获得金奖,创意纪念品被列为2008年奥运会纪念品,产品远销中国香港、中国台湾、日本、韩国、泰国、新加坡、美国等国家和地区。

吴山铁字2008年被列入安徽省非物质文化遗产名录。铁字是对书法艺术的再创作,是传统书法与现代工艺美术相结合的产物,它以各种书法原件为蓝本,可以准确、细腻地再现书法作品的原貌,或放大,或缩小,均能保持原作的神韵、体势、结构和布局,传达出传统书法的笔调和韵味。同时,以铁为材料制成的黑色字体,镶嵌在具有现代气息的洁白底框上,对比强烈,风骨强健,比书写在宣纸上的传统书法又多了几分丰厚饱满、雄浑遒劲。因此,铁字书法除具有一般书法艺术的美感外,还增加了书法的立体感、厚重感和光泽感,丰富了书法艺术的表现力。吴山铁字的诞生是民俗创新的典型代表,郑书山等新一代传人正在续写吴山铁字的新篇章。

69 芜湖铁画传世界

芜湖铁画原名"铁花",为安徽省芜湖市特产,2006年被批准列入首批国家级非物质文化遗产名录。芜湖自古冶铁炼钢业十分发达,聚集了许多技艺精湛的铁工。相传春秋时期,干将、莫邪(yé)在赤铸山、神山一带铸剑,当地至今仍保存了"铁门槛""淬剑池"等文化遗迹。到明清之际,芜湖不仅以浆染业名列全国五大手工业中心地,而且与广东佛山、江苏苏州并称为"中国南方的三大钢市"。芜湖铁画创始于明末清初,由芜湖铁工汤鹏(汤天池)与芜湖画家萧云从相互砥砺而成。据清代《芜湖县志》所录《铁画歌·序》载:"汤天池与画家为邻,日窥其泼墨势,画师叱之。鹏发愤,因锻铁为山水嶂,寒汀孤屿,生趣宛然。"芜湖铁画自成一体,并享誉四海,至今已有300多年历史,是中国工艺美术百花园中的一朵奇葩。创始人汤天池(1644—1722年)所作的铁画作品流传下来的很少,现知仅有藏于故宫博物院的《四季花鸟》、藏于镇江博物馆的《溪山烟霭图》、藏于安徽省博物馆的《竹石图》以及藏于湖南省博物馆的《翠竹图》等。尽管汤天池手握绝技,可终究不过是个社会地位低下的铁工而已。然他铁骨铮铮,藐视达官显贵,厌恶市侩俗儒,宁守穷困而不折腰献媚,不失铁工本色。他去世后,其儿孙继承了他的技艺,并传给他人。到嘉庆年代,芜湖仿制铁画的人越来越多。通过几代铁画艺人的继承、发展,技艺更臻精巧,内容愈趋丰富,逐渐形成了独具匠心的铁画艺术。1959年至1960年,老艺人储炎庆和几位弟子制作的《迎客松》《梅山水库》等大型铁画一直陈设在北京人民大会堂。

芜湖铁画以锤为笔,以铁为墨,以炉为砚,以砧为纸,锻铁为画。它以熟铁为原料,经红炉冶炼后,再经过锻打、焊接、钻锉、整形、防锈烘漆,然后衬以白底,装框成画,纯靠手工完成。既具有国画的神韵,又具有雕塑的立体美;既能表现钢铁的铁骨铮铮,又能展示造型的柔韧飘逸,是一种独具风格的艺术。传统铁画的品种可分为三类:第一类为尺幅小景,多以松、梅、兰、竹、菊、鹰、鹤等为题材,这类铁画衬板镶框,挂于粉墙之上,黑白分明,线条刚劲挺秀,结构清晰,更显端庄醒目。第二类为灯彩,一般由4至6幅铁画组成,内糊以纸或素绢,中间可以点燃蜡烛,光彩照人,富于

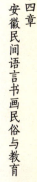

情趣。第三类为屏风,多为山水风景,古朴典雅,蔚为壮观。芜湖铁画先后参加过法国巴黎世界博览会和匈牙利布达佩斯造型艺术展,并赴日本、科威特、意大利、尼日利亚、沙特、中国香港等20多个国家和地区展出。芜湖铁画发展到今天,除制作传统形式的尺幅小景、灯彩、屏风外,还创制出立体铁画、盆景铁画、瓷板铁画和镀金铁画等新品种,形成了座屏、壁画、书法、装饰陈设和礼品五大系列200多个品种,以其与众不同的风格和魅力在艺坛独树一帜。为了更好地保护、传承和发展芜湖铁画,2017年,作为芜湖市获得立法权后的首部实体法——《芜湖铁画保护和发展条例》正式颁布施行。该条例在"保护与传承"部分,明文规定将对符合条件的从业者授予"芜湖铁画大师"称号,同时还明确"鼓励和支持本市行政区域内的高等院校和中等职业学校设置与芜湖铁画相关的专业和课程,与芜湖铁画生产企业联合建立芜湖铁画人才实训基地,培养芜湖铁画专业人才",从而通过地方法规明确了学校在传承地方民俗文化方面的责任和任务。

70 阜阳剪纸美名扬

剪纸,又称"刻纸""剪花""铰花子"等,是我国古代劳动人民创造的一种乡土艺术。阜阳剪纸早在宋代就已经很流行,传统题材内容广泛,主要可分两大类:一类是在喜庆节日用红纸剪作装饰的,如窗花、门笺、灯花、喜花等,内容多象征吉祥喜庆、五谷丰登、六畜兴旺、年年有鱼(余)等;另一类是作为儿童服饰,如鞋帽、围嘴、兜肚等上的刺绣底样,取材一般为花卉、鸟、虫等。阜阳剪纸以单色(红)为主,也有染色、拼贴、套色等类型。手法有剪、刻、撕,使用的器具为剪刀、刻刀。纸张多为红色和其他颜色的宣纸或特质色纸,一般较薄,有韧性、色彩纯正均匀。阜阳剪纸善于运用粗细线组合、阴阳刻交替的手法,融合我国北方剪纸的粗壮浑厚和南方剪纸的纤巧秀丽,形成了刚柔兼备、节奏和谐、朴实优美的地方特色。阜阳剪纸的大部分作者都是土生土长的民间艺人,他们用作品来表达生活情趣,美化周围环境。逢年过节,婚丧喜事,祝寿送礼,人们习惯用剪纸装饰物品。妇女们在鞋帮、衣帽、枕套、手帕、围裙上绣花样,也喜欢用剪纸作花样的底稿。朴素的审美观,形成了艺人剪纸的风格。

新中国成立后,剪纸作为民间艺术受到重视。1955年,安徽省还出版了《阜阳剪纸集》。1976年起,阜阳对全地区(包括现在的亳州市,亳州市原属阜阳市)剪纸作者进行普查,搜集整理作品,并发现了如程建礼、王家和等一批在海内外有影响的民间剪纸艺人。1978年以后,阜阳剪纸相继在合肥、上海、南京、北京以及日本东京等地展出,并由中央新闻纪录电影制片厂搬上了银幕。1984年,美国一次就购买了30多个品种7000余幅阜阳和亳州的剪纸作品,其国际影响力越来越大。2001年,阜阳市的界首被文化部评为"中国民间剪纸艺术之乡"。2002年,农民剪纸家程建礼被中国剪纸学会评为"中国民间剪纸大师"。2008年,阜阳剪纸被列入首批国家级非物质文化遗产名录,阜阳市颍州区也被文化部命名为"中国剪纸之乡"。值得自豪的是,为迎接2008年奥运会在中国举办,阜阳20多名民间剪纸艺人从2005年开始历时两年多时间完成了2008平方尺的阜阳剪纸长卷(总长223米、高1米),代表安徽参加"和谐中华迎奥运全国大型书画展",并捐赠给奥组委收藏。它分为"喜迎奥运""传统美德""民族大团结"三个部分。剪纸画上边20厘米宽为56个循环的五环图,刻有"同一个世界,同一个梦想"中英文镂空字体及奥运五环图案,代表中国56个民族共迎奥运。下边20厘米宽为循环出现的35个奥运体育项目人物图形,代表奥运会一届接一届循环下去,生生不息。该剪纸长卷是目前世界上唯一的民间艺术剪纸长卷,被列入"吉尼斯世界纪录"。

71 葫芦烙画火笔画

烙画也称"烫画""火笔画"等,具有悠久的历史和独特的艺术风格。相传起源于汉代,后失传,清朝又兴起。葫芦烙画是烙画艺术殿堂里一种独特的艺术。"葫芦"在中国民间被视为吉祥物,在吉祥物上赋诗作画,是人们喜闻乐见的形式;而将烙画艺术绘制于葫芦上更是别具一格,显其古朴大方、庄重素雅。它既能陶冶情操,又具收藏价值,是烙画中的精品。安徽葫芦烙画较有代表性的是阜阳临泉县和合肥市的烙画,属安徽省非物质文化遗产。

临泉葫芦烙画的历史渊源可追溯到晚清时期,临泉县滑集人李仰高,既是闻名乡里的书画家,又是临泉葫芦烙画的创始人。此后李仰高后人世代传承这一古老的烙画技艺,并钻研创新,逐渐将电烙铁技术用于葫芦烙画创作中。临泉葫芦烙画作品多反映皖北地区特定历史时期的宗教信仰、生活习俗、艺术风尚等,其作品创作需经过设计绘样、贴图套描、清绘定稿、烫烙绘制、修整上漆、阴干成型等多道工序,其中烫烙还要经过勾勒、皴擦、细描、点苔等多道精细工序,对作画者的美术功底、温控、时间控制、用笔力度与速度技巧等要求较高。与江苏、浙江、山西、山东等地的葫芦烙画流派相比较,临泉葫芦烙画具有古拙简约、粗犷厚重、饱满大气的鲜明地域特征。当前,临泉葫芦烙画的流播区域主要以临泉为中心,向外传播至皖北、豫东等广大地区,由于技艺精湛、地域特色鲜明而受到人们认可,具有很高的历史、艺术、文化价值。

合肥地区葫芦烙画的传人郑小良,在多年的葫芦烙画艺术创作中,努力探索,其作品典雅细腻,人物形象生动传神。1992年,他的烙画《八十七神仙图》在"中国民族文化博览会"上荣获一等奖;1995年,联合国教科文组织、中国民间文艺家协会联合授予他"民间工艺美术家"称号；2006年，他被授予安徽省首届"工艺美术大师"称号；2007年，被评为合肥市"十佳民间艺人"，同年参加"俄罗斯中国年安徽周民间工艺展示"活动，作品被圣彼得堡民俗博物馆收藏。

　　火笔画，源于西汉，兴盛于东汉宫廷，历经2000年，流传至今。火笔画的特征是以铁作笔，以火为墨，在木板、竹簧、宣纸、绫绸等不同材料上作画。其作品大至数丈，小不盈尺，具有极高的艺术欣赏价值和收藏价值。安徽火笔画是江淮地区流传甚广、极具群众基础的一种民间工艺美术。民间工艺美术大师刘祝华（1916—1991年）及其弟子的安徽火笔画通过作画工具的革新命名、作画新材料（器具）的使用以及本土题材、内容的创新而形成独立的流派。新中国成立前，火笔画主要以家族传承、民间作坊和平民化、大众化、实用化的形态生存。新中国成立后，在党和政府的关怀下，火笔画工艺美术得到前所未有的发展。其制品自1956年开始出口，远销东南亚、北美及西欧各国。然而，由于多种因素，火笔画制作技艺自20世纪90年代跌入低谷，并处于濒危失传的境地，亟待国家和社会予以抢救、保护。正如安徽省非物质文化遗产火笔画技艺第三代传承人刘凯（刘祝华的儿子）所说："火笔画曾一度在海外市场走俏，远销东南亚、欧美等地。后来，随着化学工艺的发展运用，传统的火笔画工艺市场才慢慢萎缩。火笔画工艺品，由于均是人工绘饰，有着高成本、长周期、低产量的短板，很难与化工美术产品的批量生产竞争。"近年来，火笔画又渐渐受到社会关注，现已成为安徽合肥的名工艺品。

72 和县羽毛庐州蛋

　　羽毛画是选取上等禽类羽毛，在特定的介面（如纸、布）上，利用合成胶水手工粘贴而成。唐初,和县民间艺人在准备霸王祠"三月三"庙会祭祀祭品时,将泥塑插上不同颜色的羽毛作装饰,后清朝文人曾三尝试将羽毛拼贴在不同的布面和纸面上,首创羽毛画。羽毛画经高压消毒,防腐蚀性能强。画面精美雅致,既具立体感,又有国画的质感,飞禽走兽、山水人物等均可入画,代表作有《奔驰》《展翅》《报晓》《群马》《双鹭图》《墨竹图》等,品种达百种之多。其独特风格得到许多名家的赞誉,林散之(祖籍安徽省和县乌江镇,诗人、书画家,尤擅草书,与李志敏并称"南林北李",被誉为"草圣")曾赠言:"出其所制羽毛画,精美可观。何地无才?即此可见一斑。"羽毛画传承谱系自清中期至今九代,其制作工艺不断提高。作品自清末流传省内外,并作为礼品赠予日本、罗马尼亚、保加利亚、芬兰等国,影响不断扩大,是安徽省非物质文化遗产。

　　蛋雕是在各种鸟禽的蛋壳上进行雕刻的一种民间工艺。明清时期,民间在节庆喜事时有赠送红鸡蛋的习俗。后来,人们在蛋壳上画些花鸟、鱼虫、脸谱等图案以示吉利,后又将鸡蛋钻孔掏空,在蛋壳表面雕刻精美的图案,逐渐形成了蛋雕制作技艺。古城庐州,居安徽中部,文化底蕴丰厚,相对封闭的农耕社会为"庐州蛋雕"这一传统技艺在民间的生存和传播提供了良好的存续环境。合肥素称"鹅鸡之乡",除著名的肥东、肥西老母鸡和吴山贡鹅外,还有人工饲养的野鸡、大雁、孔雀、鸵鸟等,各种蛋壳为蛋雕制作提供了丰富的原材料。当前,庐州蛋雕制作技艺主要有马家轩和王剑两个传承系列。马家轩和王剑二人在继承蛋雕传统技艺的基础上创新发展,形成自己的蛋雕艺术风格,自成一派,享誉庐州。庐州蛋雕在创作题材上充分吸纳民间文化营养,反映人文现实,作品种类繁多,有人物肖像、花鸟鱼虫、京剧脸谱、诗文字画等。在雕刻技法上,刀法细腻、形神兼备,令人叹为观止。庐州蛋雕为安徽省非物质文化遗产。

73 旌德漆画细阳绣

旌德漆画历史悠久，具有独特的徽州民间风格。它起源于旌德县民间，流传至旌德及邻县绩溪、太平的周边地区。它传承了传统的中国绘画技艺，以线为主，骨法用笔，重审美程式，追求"以形写神，神形兼备"的艺术境界，体现了传统中国画的形式和内容特征。20世纪60年代末以来，旌德漆画传承人江延根大胆探索、创新，在传统绘画技艺的基础上，融合西方文艺复兴时期那种细腻的写实主义油画的特点，集民间美术和民间审美情趣于一体，用五彩调和漆为颜料进行绘制，使漆画具有色彩明朗、深沉浑厚、古朴生动、韵味无穷等特点。新的漆画同时传承了古代彩绘漆画的技艺，又把彩绘的功效从单纯装饰美化漆器为主转化为以欣赏审美为主，实现了从重物质价值向重精神价值和欣赏审美价值的转变，形成了民间艺术中的一个独特流派，别具风格。漆画在民间广为流传，被专家誉为"中国油画"。

阜阳市太和县古称"细阳"，人文历史悠久。细阳刺绣源于宫廷，发展于民间，有着广泛的群众基础。由于地处中部区域，吸收东西南北文化，将之融于一体，因此，细阳刺绣形成了自己的独特风格：既有粤绣的富丽堂皇、蜀绣的细腻、京绣的端庄、苏绣的秀丽与妩媚，又有汴绣的粗犷与古朴。绣品精细规整，色彩浓艳，花纹苍劲，形象优美，质地坚牢。细阳刺绣技艺繁琐而细致，是皖北独有的工艺制作，其工艺对于研究当时社会的自然经济和生产力发展水平有着重要的历史参考价值。细阳刺绣针法多样，基本针法有：辫针绣、钉线绣、平绣、打籽绣、贴布绣、网绣、麻衣绣、缠绣等。作品主要为服饰、鞋帽、香囊和其他日用品装饰等。细阳刺绣文化内涵丰富，图必有意、意必吉祥，图案多用一些隐喻的象征性图形，以花卉、虫鸟、动植物等表达人们期盼吉祥、趋吉避凶的美好愿望。以福禄寿为题材的绣品多用于老人,寓意祝愿老人健康长寿;儿童则以狮子、老虎、五毒等为锈品图案,以取避邪镇恶,希望小孩子健康成长的寓意;新婚夫妻则用鸳鸯戏水、莲生贵子、鲤鱼闹莲的图案,寓意家庭和美,多子多福。因此,细阳刺绣最具皖北地方文化特色。细阳刺绣传承人苑玉玲的作品云肩、猫头鞋、虎头帽等曾参加中国澳门、新加坡民间手工艺展览并获奖,且为海外爱好者所收藏,"虎头帽"绣品被北京市服装收藏家王金华先生收藏。2010年,细阳刺绣被列入第三批安徽省非物质文化遗产。

74 灵璧石刻磬声扬

灵璧县位于安徽省东北部,环境优美,历史悠久,早在新石器时代,就有人类在这里居住。宋元祐元年(1086年)建县,历经朝代更迭,先人们以聪明的智慧和不懈的努力,留下了至今熠熠生辉的文化遗产。灵璧磬石雕刻便是流传至今的一朵民间艺术奇葩。灵璧出磬石,丰富的磬石资源为磬石雕刻提供了原料。灵璧磬石,俗称"八音石",是一种黑色大理石天然形成的奇石(观赏石)。"灵璧一石天下奇,声如青铜色璧玉,秀润四时岚岗翠,宝落世间何巍巍"。这是宋代诗人方岩赞美灵璧奇石的佳句。灵璧石有奇特的天然造型,峰峦洞峨,浑然天成,骨秀色青,扣之有声,集漏、透、瘦、皱、怪、丑、清、奇、形、响诸美于一身,色泽秀丽雅致,质地细腻光洁,居中国四大美石之首,为历代名人雅士所珍爱,收藏甚广。

灵璧磬石雕刻可以追溯到3000多年前的殷商时代,当时王室即开始采用灵璧磬石制作特磬,开创了我国古代"金石之乐"的先声。《尚书·禹贡》云"泗滨浮磬"即指灵璧磬石。灵璧磬石雕刻源远流长,保留了古代皇宫制磬技艺,延承汉代石刻线画,以及古代圆雕、镂雕、浮雕、影雕、微雕等多种工艺。制作品种繁多的磬石工艺品,尤其是在坚硬的石头上进行微雕创作，堪称一绝。灵璧磬石雕刻得益于得天独厚的磬石资源。正如安徽省工艺美术大师、省级非物质文化遗产传承人吴河江所说："灵璧磬石雕是一门石刻线画艺术，与汉画像石是一脉相承的。灵璧磬石的声、色、质俱佳，是石刻线画的绝佳材料。"灵璧磬石雕刻作品以及编磬、磬琴制品主要销往全国各地以及出口30多个国家和地区，受到人们的喜爱。作为中国古老磬石文化的一种延续，它见证了中国磬文化的发展演变史，也浓缩了不同历史时期、不同地域的民间艺术精华。制磬与磬石雕刻历代为皇家宫廷使用，保存着不同历史时期的大量人文信息，具有重要的历史研究价值。2010年，灵璧磬石雕刻被列入安徽省非物质文化遗产名录。

75 界首彩陶工艺精

界首彩陶源于唐代，是淮北手工艺品的精华。1999年，淮北柳孜运河发掘出土了大量的界首三彩陶片，成为当时全国十大考古发现之一。历史上，界首彩陶技艺主要分布在安徽省界首市颍河南岸的13个村，因每个村的村民都以烧制彩陶为生，并且村名均以"陶窑"为名，因此有"十三窑"之说，这些村现属安徽省界首市田营镇。1958年，界首在颍河北岸顺河路组建新的陶瓷厂，该厂现已成为彩陶的主要制作地，界首彩陶传统烧制技艺在这里得到延传。

界首彩陶秉承唐三彩遗风，并吸收了剪纸、木版年画的艺术风格，在制陶技艺中自成流派。在胎面的制作上，界首彩陶饰以两层化妆土，在刻画过程中表现出"赭、黄"或"赭、白"两种基本对比色。在刻画题材方面，除以生活中的花、鸟、鱼、虫为创作对象外，还着重吸取了传统戏曲中的艺术元素，以一幕幕场景和人物故事的形式加以表现，卢山义的"刀马人"系列是其代表。国家级工艺美术大师卢山义刻画的刀，刚劲有力、势如破竹;他推陈出新画出的马,飞马行空,不仅是战马,更是神马;对于人物的表现,他抓住京剧中的脸谱形象,采取淡而雅的脸谱,画出人物的精、气、神。在烧制方面,先除潮,然后素烧,温度一般在700℃至800℃,成品为砖红色的刻画陶,素烧后可以釉烧,即涂以含铅、二氧化硅、粉土的釉料后放入陶制的匣钵内,逐渐加高温度,达到1000℃至1050℃,烧两天两夜,成品即为红底白花的界首彩陶。界首彩陶体现了农民敦厚朴实的性格和大拙大巧的审美意趣,反映了中国民间艺术崇尚自然、追求和谐的审美取向。这样的艺术品深受国内外市场的欢迎,英国维多利亚和阿尔伯特博物馆就珍藏有界首三彩刻画陶。1983年,中国工艺美术大师韩美林来到界首工艺陶瓷厂进行创作实践。在一年多时间里,韩美林与卢山义、卢山义的儿子卢群山一起创作,研究陶艺的各套技术,共同创制出"腰鼓坛",1984年获轻工业部颁发的"中国工艺美术品百花奖优质产品奖"。2006年,界首彩陶烧制技艺被确定为国家首批非物质文化遗产。

76 根雕玉雕显神功

　　根雕是树根造型艺术的简称,它是以一定自然形态的枯树奇根异木为基材,经人为筛选、观察、构思、加工制作而成的一种独特艺术品。它源于自然而又高于自然,是自然美学与技术美学的综合展现。千姿百态,饱含野趣,展示出大自然鬼斧神工的魅力。根雕在皖南和皖西都比较流行,皖南根雕为省级非物质文化遗产。皖南根雕已有数百年历史,据记载,清代皖南太平县有个根雕艺术家叫汤俎,到皖南山区采挖古木树根创作人物鸟兽,颇有美誉。经不断传承、发展,皖南根雕形成了多品种系列,并绵延至今。其发展鼎盛时期为清末与民初,伴随人员流动的加速,皖南根雕被传播到江、浙、沪、闽等地,成为当时文人雅士、达官贵人的收藏之物。

随着社会的变迁，目前广德等地仍有一批从事根雕艺术的人员，他们在根雕艺术的发展、传承方面发挥了重要作用，他们的作品多次在全国根雕大赛上获奖。皖南根雕所用的根材是当地生长的香樟、黄荆、杜鹃、榆树、榉树、三角枫、紫薇、梅、毛竹、紫竹等的根，有几十种之多，不同的雕刻品种对材质材形有不同的要求。皖南根雕分艺术根雕与实用根雕两大品种。艺术根雕以质地坚韧、长势奇特、盘根错节、弯曲有致、形态怪异的根材为上乘材料，经冲洗、去皮、修整、雕琢、修光、打磨、上油打蜡而成。其中人物类、动物类、花草类、景观类等象形艺术根雕系列，或古朴典雅，或粗犷明快，或形似，或夸张；抽象艺术根雕系列则利用根材的奇特结构或线形、肌理、质感、色彩等特点，通过剪裁加工和命题方式，赋予其某种哲理、隐喻或象征意义。实用根雕多用树头、树桩、树根等为材料，雕制工艺与艺术根雕基本相同，有桌椅、茶几等家居用品系列和手杖、笔筒等日用品系列。皖南根雕物尽其用，变废为宝，化腐朽为神奇的独特工艺，是民间文化智慧和创造力的体现。

徽派玉雕是中国玉雕界重要的一支流派，分布范围遍及天长、芜湖、桐城、黄山，延伸至合肥、蚌埠等地区。明清时期，徽派玉雕在发展过程中受徽派刻画、刻书及篆刻的影响，逐渐成形，并伴随徽派建筑技艺的发展，走向扬州、苏州、北京等地。徽派玉雕温婉细腻，质朴自然，在工艺技巧与构图、艺术立意等方面有较大创新，充分展示了安徽文人的美学倾向。徽派玉雕最早采用镂雕、掏膛、微型管钻、薄胎工艺、超级抛光等技术，擅长出廓装饰和极其细致繁复的纹饰。具体的制作程序为选料、挖脏避绺、设计、绘形、琢磨、抛光、过油、上蜡等，使作品达到光洁、干净、清晰、精细、爽气、形实、神似、肖妙、韵美。在创作题材上，以现实主义题材为主，既有山水田园般的风光写照，也有生动活泼的民间生活反映，儒家"仁爱"思想在徽派玉雕中得到集中体现。近二三十年来，徽派玉雕得到长足的发展，活跃在各地的徽派玉雕从业人员至少有 10 万人，并涌现出郭万龙、万伟、彭志勇、杨勇、汪洋、曹国斌、陈健等一批徽籍玉雕大师。2013 年 5 月，在合肥还成立了安徽徽派玉雕文化协会，举起了新时代"徽派玉雕"的大旗。徽派玉雕现为安徽省非物质文化遗产。

77 皖南竹雕技精湛

竹雕，也叫"竹简雕刻"，是指在竹材、竹器上雕刻文字、图画等，属传统民间雕刻艺术。竹雕主要流行于中国南方各地，明代时江南竹雕艺术已非常兴盛。皖南竹简雕刻，即徽州竹雕，是全国四大竹雕流派（嘉定派、金陵派、浙派、徽派）之一，属国家非物质文化遗产。徽州竹雕一般以徽州盛产的毛竹为原料，以刀代笔，因材施艺，运用线刻、浅浮雕、深浮雕等工艺，或采用留青雕刻技法，或采用底纹雕刻技法。留青是留用竹子表面的一层青筠，作为雕刻图纹；然后铲去图纹以外的竹青，露出下面的竹肌作底，称为留青技法。竹青选用深山冬竹，经防霉防蛀工艺处理，成品表面光润。竹肌有丝纹，竹筠色浅，年久呈微亮；竹肌年愈久，色愈深，色如琥珀。留青雕刻充分利用这种质地和色泽变化的差异，确定留青面积的大小，分出层次，形成色彩从深到浅，自然退晕效果。明晦浓淡，因景而施。底纹技法是皖南竹简雕刻技艺的另一特点，作品主图案留青、一层底图案不留青、二层底图案露肌纹、三层底图案肌纹较深，从而形成立体图案，图案的色泽由深到浅的自然过渡。作品的题材极其广泛，有名人的书法墨迹，有名胜古迹、山川风貌，有民间传说、神话故事，有珍禽异兽、草木花卉等。竹雕主要用于装饰，常见的竹雕工艺品有屏风、台屏、挂屏、插花瓶、文具盒、牙签盒、烟灰盒、茶叶筒、笔筒、筷筒、楹联、餐具等。徽州竹雕也是徽文化的重要组成部分，它与徽州砖雕、木雕、石雕并称"徽州四雕"。

曾经在祁西发现一把100年前的竹制茶壶,雕刻精细。壶身为八面柱体形,面面有雕刻,其中四面为画,皆各类花草;三面为字:"客到相待时""茶来渴者多""竹壶世间少",行书流畅;一面装有壶嘴。八个面均以黑漆凸线勾勒,与画面刻纹同一风格,均用刀细腻,线条流畅。同时还配有四个杯子,杯子上大下小,且通身带漆,里红外黑。壶带杯,杯拥壶,烘月托云,相得益彰,浑然一体,人见人爱。现代的徽州竹雕更是人才辈出。新中国成立后,歙县竹雕名家汪叙伦曾代表徽派竹木雕刻参加新中国成立后的第一届全国群英会,受到朱德总司令接见。安徽省非物质文化遗产徽派竹刻传承人洪建华,2004年被中国民间文艺家协会雕刻艺术委员会评为"德艺双馨民间一级雕刻艺术家",他的竹刻作品《竹林七贤》笔筒被故宫博物院永久收藏。竹刻大师朱泓(朱熹后人)推陈出新,形成了"古朴厚重、清丽典雅"的竹雕艺术风格,为业界所称道。2008年,他创作的竹雕《百子图》获第二届安徽民间工艺精品展金奖,2009年被中国徽文化博物馆收藏;2010年,竹雕作品《母亲》成为中国上海世博会的展品;2012年,竹雕《兰亭雅集》香筒入选国家博物馆展览,并被永久收藏。

  皖北面塑情意长

面塑,俗称"面花""礼馍""花糕""捏面人",即以面粉为主料,调成不同色彩,用手和简单工具,塑造出各种栩栩如生的形象。面塑源于山东、山西、北京等北方地区。旧时民间为图喜庆,用面捏制一些人物、动物,点上颜色,后来逐渐演变成面塑艺术,传播较广,是中国民间传统艺术之一。捏面艺人根据所需随手取材,几经捏、搓、揉、掀,用小竹刀灵巧地点、切、刻、划,塑成身、手、头面,戴上发饰,穿上衣裳,顷刻间,栩栩如生的艺术形象便唾手而成。面塑在岁时节日风俗和人生礼仪民俗中充当了重要角色。如孩子满月时,送上精美的龙、凤或虎头图案的花馍叫"龙凤呈祥"或

"猛虎驱邪";冬季为长辈做寿,晚辈们要蒸做漂亮的"大寿桃",以祝愿老人健康长寿,表达对老人们的孝敬之心。

安徽面塑主要流行于皖北,即淮北、亳州、阜阳和宿州地区。如亳州谯城区五马镇的刘建伟是亳州面塑的传承人之一。他所捏的面人生动逼真、活灵活现,堪称一绝。他的面塑作品被原新加坡总理李光耀收藏,也曾被倪萍、周华健、任达华等名人收藏。利辛县杨氏面塑的传承人杨攀峰,积极探索面团工艺的突破,解决了面的防腐、柔韧度、开裂等一系列难题,捏出的面人不霉、不裂、耐摔打,并创造性地发展了看型捏塑的技术,用面塑的手法展现雕塑艺术,把高雅的雕塑艺术民俗化、生活化,使其走进寻常百姓的生活。同时,还在传统工艺的基础上增加了很多现代元素。面塑的主题多是传统戏曲、四大名著、民间传说、神话故事。从高不盈寸的古代淑女到身长六尺的财神爷,从十几公分人物塑像到高达 2 米的憨豆先生,杨氏面塑在变形夸张的手法中能准确捕捉到人物的神情,不仅可以捏出传统的一套人物,还可以看物模型,捏制出和真人一般大小的面塑。第五代传承人杨攀峰曾用 200 斤面粉制作出足球明星 C 罗,并给歌星刀郎捏制出一比一的大面人,形象和神态栩栩如生。

面塑具有北方地域特色,能为老百姓的生活添彩。老百姓不仅要吃饱饭,还要有精神寄托和追求。通过对食品的造型加工、馈赠交流,让人们在填饱肚子的同时,还能得到审美享受和表达对美好生活的向往与祝愿。

79 "徽州三雕"秀绝活

"徽州三雕"即木雕、砖雕、石雕。"徽州三雕"的起源可以追溯到秦汉之前,但盛行于明清时期。徽州古建筑以民居、官宅、宗祠、庙宇、廊桥、牌坊为主，无论是建筑部件还是家居设备，都十分注重雕刻装饰。一般在房梁、斗拱、钩挂、榫饰、楼檐、门窗、栏杆等部位以木雕进行装饰，而房内陈设的家具如床、榻、椅、柜、桌、梳妆架、案几等的上面也都有精美的木雕。砖雕主要装饰于民居的门楼、门罩、墙体等部位。石雕则主要用作祠堂的石栏板，民居门墙的础石、漏窗及石牌坊的装饰。"徽州三雕"与建筑整体配合得极为严密稳妥，其布局之工、结构之巧、装饰之美、营造之精、内涵之深，令人叹为观止。无论是木雕、砖雕还是石雕，都将浮雕、透雕、圆雕、线刻等多种技法并用，同时也反映出徽州文化中其他艺术门类如新安画派、徽派版画、徽派篆刻、徽州砚雕、墨模雕刻等艺术样式对徽州建筑装饰雕刻风格的影响。"徽州三雕"的制作程序因材料、工具和技法的不同而有差异。如砖雕的制作程序包括修砖、放样、打坯、出细、打磨、修补等，传统工具主要有木炭棒、凿、砖刨、撬、木槌、磨石、砂布、弓锯、棕刷、牵钻等；木雕的制作程序包括取料、放样、打粗坯、打中坯、打细坯、打磨、揩油上漆等环节，传统工具主要有小斧头、硬木锤、凿、雕刀、钢丝锯、磨石、砂布等；石雕的制作程序包括石料加工、起稿、打荒、打糙、掏挖空当、打细等环节，传统工具主要有錾子、楔、刻刀、锤、斧、剁子、磨头等。2006年，"徽州三雕"经国务院批准被列入第一批国家级非物质文化遗产名录。

　　徽州自古多能工巧匠，国画大师黄宾虹曾评价"徽州多奇杰异能之士"。扬州园林的雕刻大多出自徽州匠人之手，曲阜孔庙大成殿石柱上的雕龙也出自徽州匠人之手。正因为徽州有这么多身怀绝技的能工巧匠，才使得"徽州三雕"艺术特色独具、精湛隽永、日臻完美、登峰造极。"徽州三雕"除实用价值外，还具有较高的教育价值。砖雕、木雕、石雕作品表现的内容多为引导人们从善向美、提升道德境界、提高人品修养的民间故事、历史故事、神话传说、诗词佳句等，教育意义深远。如"岳母刺字""卧冰求鲤""孔融让梨"等表现忠孝仁义的故事常常是"三雕"的内容。以木雕为例。清代乾嘉以后皖南徽商兴起,巨儒商贾们竞相奢侈豪华,因而木雕的艺术格调也渐渐趋于细腻繁琐,而随着画家们的介入,皖南木雕更趋装饰性与美术性。工匠们从大自然和劳动生活中,直接提取出他们熟悉的物象和题材,把理想的事物与现实的事物结合起来,让理想的事物有现实基础,让现实的事物有理想意境。采用手工平凿拉丝法,以刀代笔,技艺奇特,令人叫绝。它能使人物花卉栩栩如生、龙飞凤舞形态逼真。这种绝技有"传子不传女、传内不传外"的说法。如始建于宋、大修于明嘉靖年间的绩溪县龙川胡氏宗祠的木雕艺术就是一个佐证。古祠木雕采用浮雕、镂空雕和线刻相结合的手法,除梁勾、梁托和门楼的雕梁画栋、历史戏文外,整个落地门窗的木雕布局有"荷花、花瓶、百鹿"三种图案。千姿百态、亭亭玉立的各种荷花随风招展;悠悠漫步、回眸引侣、幼鹿吮乳、母鹿抚舔等各种形态的梅花鹿自由自在地生活;千刀细刻、精致美观的各种形状的花瓶。从含义上看,荷花图意味着出淤泥而不染,教育后人清清白白做人做事;百鹿图意在祝愿祖祖辈辈延年益寿;花瓶图象征着世世代代对平安生活的憧憬。

 沿淮泥塑逗人乐

沿淮泥塑指流传于淮河中游安徽段沿岸的颍上县古城镇和霍邱县临淮岗一带的民间泥塑艺术。

产于颍上县古城镇的泥塑又称"古城泥人",主要是用当地的泥土,经制坯、精塑、上彩等工序精制而成。"古城泥人"由工厂集中制作和销售。它的历史并不长,但影响很大,已被列为国家非物质文化遗产名录。关于现代"古城泥人"的诞生,还有一个传奇故事。古城泥人厂厂长史悠荣是浙江嵊州人,原是一名下放知青,1979年回城后,出于对手工制作泥人的爱好,聘请了当地三位美术大师作技术指导,白手起家,开办了一家泥人厂。几年下来,不但取得良好的社会效益,而且经济效益也很丰厚。后来由于种种原因,泥人厂被合并。一个偶然的机会,他来到颍上兴办泥人厂,他心爱的事业因而得以光大,他一干就是20多年。史悠荣的妹妹嫁到颍上,1992年春节回娘家,叙说了1991年颍上水灾后家境的贫困和当地闭塞的经济状况。这不仅使史悠荣动情,也让他想到了一个商机:来颍上办泥人厂。这样,既可以照顾亲戚,让自己的妹妹等人尽快脱贫致富;又可以避开竞争太大的浙江,还可以利用相对廉价的当地劳动力。1992年底,史悠荣经过一番考察后,于古城乡办起生产泥人的工厂。经历几年的艰苦创业,并大胆改革泥人制作。既生产以无锡惠山泥人为代表的变形夸张、写意为主的南派艺术泥人,又生产以天津"泥人张"为代表的写实逼真、栩栩如生的北派艺术泥人。生产的泥人素材以历史题材、传统故事、四大名著为主,有反映我国56个民族的作品,还有代表我国国粹艺术戏剧的脸谱等。凡是人们喜闻乐见、市场适销对路的,他都设计生产,所生产的产品有浓郁的乡土气息,小巧玲珑,价廉物美。产品逐渐打开销路,供不应求,每月产量可达10万件,品种也由原来的几十种增加到300多种。史悠荣的产品销售到国内许多城市,并与法国、德国等签订了销售合同,产品走出了国门。许多国家级饭店、宾馆把他的产品作为礼品赠送给客人,泥人产品受到国内外朋友的喜爱。

　　流传于淮河中游的霍邱县临淮岗一带的泥塑也叫"临淮泥塑",为安徽省非物质文化遗产。它以淮河南岸特有的黏合力很强很柔的淮畔黄(黑、红、灰)的泥土为原料,经选土、搓揉、熟醒、制坯、粗塑、琢塑、晾干、细磨、修补、整饰、着色等十几项工艺后制作而成,传承至今已有100多年历史。临淮泥塑以农村生活为题材,特点在于取材丰富朴素,反映群众的日常生活场景,彰显乡土气息和田园风光;表现手法小中见大,立意高远,表

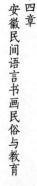

达主题鲜明,造型千姿百态。作品具有不拼凑、不风化、不裂变、完整、逼真、易收藏等特征。创作题材也十分宽泛。如"临淮泥塑"省级非物质文化遗产传承人、安徽省工艺美术大师田孝琴,近年来创作的传统题材作品有《岳母刺字》《苏武牧羊》《花木兰》以及四大名著人物系列等,涉及现代题材的有《长征》《五壮士》《五福娃》《童趣》《老少欢》等,都具有教育意义。目前,泥塑不仅走进了学校,还成为当地普法教育的有效手段。如临淮岗镇司法所专门修建了法治泥塑书画陈列室,充分利用当地非物质文化遗产泥塑这一艺术创作形式,塑造法制教育情景和人物,形象生动,寓教于乐,取得良好的普法教育效果。

第五章 安徽民间休闲杂艺民俗与教育

休闲杂艺民俗也称"游艺民俗",是指民间的游戏、竞技、杂艺等休闲娱乐活动方式及其表现习俗。我国丰富多彩的游艺民俗根植于民族传统的生产方式、生活方式及多元社会结构的土壤之中,是劳动人民在长期的生产生活实践中,创造出的与他们的生产、生活、休闲相适合,符合他们身体状况和审美情趣的游戏、娱乐方式。游艺民俗突显传统农业社会的特征,在农村民众生活中占有较为重要的位置。游艺民俗同其他诸多民俗事项一样,具有娱乐性、竞技性、阶层性、对象性、地域性和民族性等基本特征。民众在游戏娱乐活动中,体验着精神的愉悦、身体的放松。通过游戏娱乐,既锻炼了身体、发展了技巧、训练了智慧,又加强了彼此的合作,增进了相互的了解和感情。游艺民俗弘扬了人类高尚的竞争与合作精神,是人类自我能力提升与素质提高的重要手段、方法。

安徽地方休闲杂艺民俗既具有多样性,也具有独特性。如玩杂技、赛龙舟、踢毽子、打陀螺、捉迷藏、丢沙包、放风筝,以及斗鸡、斗羊、下棋、打牌、柳编、竹编等,不仅是安徽的民俗活动,也是中华民族的民俗活动,普及面非常广。而亳州五禽戏、利辛扁担戏、肥东踢石球、皖北霸王鞭、砀山蓝花布、合肥龙虾夜以及徽拳东乡拳等,更有着明显的安徽地方特色。这些民俗活动,都是非常重要的社会教育资源。

亳州华佗五禽戏

五禽戏是中国传统健身、养生的一种功法,是由东汉末年沛国谯县(今安徽亳州)神医华佗在前人的基础上创编的,因而后人称之为"华佗五禽戏"。2011年经国务院批准被列入第三批国家级非物质文化遗产名录。

华佗五禽戏有一套科学的理论依据。据《后汉书·华佗传》记载,华佗对其弟子吴普曰:"人体欲得劳动,但不当使极耳。动摇则谷气得销,血脉流通,病不得生,譬犹户枢,终不朽也。"他根据中医阴阳五行、脏象、经络及气血运行的理论,通过观察多种禽兽的活动姿态和特性,以虎、鹿、熊、猿、鸟为代表创编了"五禽戏"。从中医的角度看,虎、鹿、熊、猿、鸟五种动物分属于金、木、水、火、土五行,又对应于心、肝、脾、肺、肾五脏。人们模仿它们的姿态进行运动,能起到锻炼脏腑的作用。这五种动物的生活习性不同,活动方式也各有特点,或雄劲豪迈,或轻捷灵敏,或沉稳厚重,或变幻无端,或独立高飞。模仿这五种动物的生活习性进行锻炼,能够使人的身体得到全面发展。虎是猛兽之王,体貌威严,性情凶猛,气势凌人。虎戏的主要动作是:扭腰提肩,寻食扑按,勇猛力大,威武刚健。鹿是性灵寿长之兽,好角逐,善奔走,喜眺望。鹿戏的主要动作是:坠肘沉肩,运转舒展,伸筋奔跑,心静体松。熊有推石拔树之力,体笨力大,浑厚沉稳,刚强不屈。熊戏的主要动作是:步履沉稳,抗靠推按,力撼山岳,性情刚直而浑厚。猿有纵山飞身之灵,攀枝跳窜,机警灵活。猿戏的主要动作是：纵跳自如，攀援轻盈，喜搓颜面，敏捷机灵。鸟有较高的平衡能力，肢体轻灵，好高飞，喜争鸣。鸟戏的主要动作是：高翔轻落，悠然自得，运肢练臂，轻灵提气。五禽戏是练形取意，以意领气，以气运身，也就是练虎取虎意，练鹿取鹿意。通过五禽动作的综合练习，达到"虎练骨，鹿练筋，熊练脾胃，猿练心，鸟练皮毛，气贯周身"的锻炼和治疗目的。

华佗五禽戏体现了以预防为主、生命在于运动以及外部肢体与内脏器官相关联的整体观等思想。作为一种内外兼修的养生气功，五禽戏完善了中国古代的导引之术，对后世的武术套路和象形拳的形成、发展影响深远，具有祛疾防病、延年益寿的功效。华佗去世以后，五禽戏并没有就此失传，而是在他的故乡——亳州得到继承和发展。不仅形成了不同的流派和各自的传承人，而且相当普及，每天有成千上万的人习练五禽戏。早在1982年，中国卫生部、教育部和当时的国家体委联合发出通知，把五禽戏等中国传统健身法作为在医学类大学中推广的"保健体育课"内容之一。2001年，国家体育总局健身气功管理中心成立后，委托上海体育学院迅速展开对五禽戏的挖掘、整理与研究，并于2003年编写出版了《健身气功·五禽戏》一书，其社会影响不断扩大。

徽拳洪拳东乡拳

徽拳也叫"永京拳"，源于东晋时期道学者葛洪（约281—341年）的神仙养生功，距今已有1000多年的历史。经过千百年的沧桑洗礼，道学发展至全国各地。葛氏传人葛锦贵（1861—1947年）移居徽州后，以茶、蚕通商于上海、江苏、扬州，并逐渐将其家传的神仙养生功改革为御敌于外的技击术，得到了葛氏族人及徽商的认可与传习，成为"葛家拳"。葛锦贵第三子葛怀天（1903—1991年）得其父真传，被指定为"葛家拳"第二代传人,在黄山、杭州、上海、扬州、淮河流域传授"葛家拳"。葛锦贵嫡孙葛永志(1967—)自幼随祖父习练拳法,后学习少林、武当、太极、形意拳,成年后又游学四方,并把中国传统武术与儒、道、佛思想及军营文化融为一体,自成体系,并将"葛家拳"易名为"永京拳"。葛家拳由9式组成,分别模仿龟、鹤、龙、蛇、虎、豹、狮、兔、猿等9种动物的生活习性和扑食打斗动作,其动作舒展,快慢相间,刚柔相济,左右对称,周身协调,象形取意,主动连续进攻,具有很好的养生和技击功能。2003年,葛永志在淮南发起成立"淮南市永京拳研究会",并辐射至合肥、六安、马鞍山、黄山、亳州等地,同时不少省外和外国友人也慕名前来拜师学艺。永京拳将健身、养生、技击、进德融为一体,有《永京拳道德经》为证:"永京拳法妙无穷,学练永京讲武德。尊师守法更重要,得道精髓要珍惜。练出功夫不忘师,名震四海是英豪。高尚品德人人讲,永京真功代代传。"永京拳为安徽省非物质文化遗产。

洪拳属于中国传统拳术中的南拳之一,传说清康熙十三年(1674年)由洪门(南方民间秘密组织三合会)创立。该组织以明太祖朱元璋年号"洪武"的"洪"字立门,故称"洪门"。推行与从事洪拳练习,以习武为名,发展组织,宣传反清复明思想。安徽的洪拳距今已有100多年历史,有多个门派,如牛门洪拳、张氏大洪拳等,是省级非物质文化遗产。牛门洪拳创始人为安徽省肥东县长临河牛官堡村人。清末,牛官堡村先后出现了两位德艺双馨的武林高手:牛翰章和牛洪川。两位大师晚年返乡设馆授徒、研究武艺,最终形成"牛门洪拳"。牛翰章自幼从家父习武(其父乃清代武举),后又外出拜师,返乡时已练就"铁布衫""金钟罩"之功。先是从军报国,其后闯荡江湖,威震南北镖局,因德高望重,故乡人都尊称他"牛三教师"。他综合百家之长,自创大洪拳、小洪拳、十路弹腿、青龙手等拳法套路。牛洪川乃牛翰章之侄,自幼拜在牛翰章门下,后随慧云大师云游江湖,拜师学艺,练就上乘轻功。据说其人可踏雪无痕、过水无纹,屋上行走如履平地;一生劫富济贫,扶危救困,名扬大江南北,清末有"江淮大侠"之美誉。牛洪川年近天命时返乡,在牛三教师所教拳术的基础上,结合自己几十年的学武心得,独创了"四门拳""水浒拳""八极拳"等拳术套路与"八卦游龙剑""六趟刀""杆子棍""齐眉棍""板凳花""春秋大刀"等兵械套路,形成自己的特色。张氏洪拳步法以蛙行步为主,腿多铲、缠,手型多为鸡爪掌。手法要求:出拳以肩出为主,阳爪多出于腰,阴爪多出于肩,善于撸袖出爪。因而此拳宜防身健身。1980年,为了弘扬中华武术,张传正老拳师积极响应党和国家的号召,参加了安徽省武术历史资料挖掘整理工作,并主动将师传精习多年的大洪拳献给了省、市武术挖掘整理组。经过100多年的传承与发展,张氏大洪拳已成为江淮武林中的一朵奇葩。

东乡拳是指流行于枞阳县周潭乡一带的武术门派,也是安徽省非物质文化遗产。现在的枞阳县域是古桐城的东乡和南乡,旧时有"文不过南乡,武不过东乡"之说,"东乡"包括周潭、横埠、项铺、老洲、白湖、陈瑶湖等乡镇。周潭是东乡武术的发源地及传播中心,周潭大山村章氏家族尚武之风最甚,据《章氏族谱》载,章氏家族祖居福建浦城,祖传武艺属福建少林门派。其祖仔钧公系唐朝武将。唐末,仔钧公后代有一支迁至安徽泾县定居,在宋朝也出过大小武官。到元朝,泾县章家天武、天禄兄弟迁至枞阳周潭定居,并保留习武之风,后人章慕斌是清朝嘉庆甲子科第二名武举。明朝时,章、周两姓联姻,习武之风传到周姓。以后,再传至他姓,大约在明朝末期正式形成"东乡武术"。由于武术的实用性,当地各族长为维护宗族利益,非常注重家族武术的发展。练武习艺成为当地农闲时最重要的社会活动。但也存在"家传不外传""传媳不传姑"以及所谓"把门拳""看家拳"不轻易外传等陋规,影响了"东乡武术"的普及和发展。东乡拳在清朝初期到清咸丰年间为兴盛时期,出现了36位名扬长江中下游的拳师。清咸丰末年至抗日战争爆发,为衰败时期。"东乡武术"的优点:注重手、眼、身、步、法,善于破解对方阵式和路数。拆招散打,攻防合一,讲究技术实用。

83 利辛猴戏扁担戏

猴戏在我国到底有多少年历史难以说清楚,但从出土的文物看,至少在汉代就有猴戏了。现代中国只有两个地方有人以耍猴为生,一个是利辛县,一个是河南新野县。利辛县猴戏多集中在胡集、阚疃、展沟、大李集一带,以胡集为最多。利辛猴戏始于清朝光绪初年,距今已有130多年历史。那一时期的皖北地区,刚刚经历太平天国运动和捻军战乱,灾难深重,民不聊生。一位胡集人在外谋生,跟人学耍猴,后来带回一只怀孕的母猴,从此猴戏在胡集传播开来,并逐渐向周边扩散,也给那里的人们带来生存保障。没有饭吃的农民,牵着猴子走村串乡,四处乞讨,正如猴戏歌所唱:"锣鼓一打圆周周,哪方收粮往哪悠。南乡收了吃大米,北乡收了喝糊粥。南乡北乡都不收,沙河两岸度春秋。"最初,猴子们只会一些作揖、翻跟头之类的简单动作,随着时间的推移,渐渐演变为一种猴戏艺术,有了锣鼓家什、服装道具,并配有狮子狗,有的还有山羊、绵羊等,热闹非凡。利辛猴戏可分为猴戏剧和猴杂技两大类。猴戏剧一般是六场,也称"六块脸",猴子戴面具扮演古装戏里的生、旦、净、末、丑角色进行表演。人和猴子互动,猴子演戏,人边敲锣鼓边说唱,传统剧目有《张飞卖肉》《关公赴会》《老包放粮》等。猴杂技则是20世纪80年代才盛行,大多是猴子模仿杂技演员走钢丝、戏球、骑单车、晃板、踩高跷、耍单杠、顶碗、举重、空翻倒立、坐旱船、上刀山等。观众眼观精彩表演,耳听幽默说唱,无不畅怀开心。

利辛猴戏几经兴衰,"文革"中处于低潮,改革开放后再度复兴。有资料记载,20世纪80年代仅胡集镇玩猴艺人就超过3000人,驯养艺猴1500只。全国大陆各地的城市和集镇,无不留有利辛耍猴人的踪迹。胡集镇的张长营、龙湾、窝刘庄、刘凤庄、李圩等村庄成为养猴驯猴专业村。1984年在固镇县召开的全国精细农业技术研讨会上,耍猴名家李顺成应邀表演了猴"识汉字""辨英文""运算数学"等精彩节目,其驯养的猴被与会人员称为"神猴"。1986年赵万里、陈秀清等人带着艺猴到广州演出近一年,后被深圳"民俗村"邀请坐地表演。1983年应河南电影制片厂之邀,郑永河带着他的艺猴作为艺术指导参与《玩猴的人》的拍摄;后又应山东铁路俱乐部和西安电影制片厂、上海电影制片厂邀请拍摄了《越轨者》《步入密林》《金猴献瑞的2004年》。中央电视台、安徽电视台、《解放日报》等多家媒体均对胡集猴戏作过专题报道。1998年日本记者前来采访,利辛猴戏被介绍到日本。2001年苏州人在胡集独资兴办"皖北试验动物繁殖中心"。

扁担戏是一种小型的木偶戏,一根扁担可以挑起全部家当,包括乐器、影人、道具、小型舞台等。演出时,小型舞台也是依靠一根扁担来支撑,所以被称为"扁担戏"。扁担戏的小型舞台长60公分、宽50公分、高40公分左右,这个方寸的舞台就是扁担戏艺人驰骋的艺术天地。舞台插在一根扁担上,一块黑布裹住舞台,内装各种木偶道具,表演时艺人钻进幕布里,嘴里含一个铜质小哨子,用来表演口技,吐掉哨子即可用正常声音对话。艺人两手执木偶,即可表演了。利辛扁担戏主要流行于利辛南部的胡集、大李集、新张集等乡镇,最兴盛时,利辛曾有几十副扁担戏挑子,曾与当地的猴戏在全国各地城乡风靡一时。后随着时代的发展,这种艺术形式渐渐被其他更现代的艺术所取代,而在胡集镇和大李集镇仅有为数不多的几位艺人还在表演,但多以自娱自乐为主。

扁担戏的舞台小,但内容丰富,集戏曲、曲艺、口技、民间工艺于一体,技术性很强。扁担戏题材较广,曲调多以戏曲、说唱艺术为主,唱腔、念白随着人物角色变化而变化,表演者要有多变的声腔、协调的动作等高超的技艺。利辛扁担戏为安徽省非物质文化遗产,急需重点保护和传承。

84 临泉杂技与马戏

杂技,古称"百戏"。过去泛指手技、口技、车技、驯兽和魔术等技艺表演,现代杂技特指演员靠自己的身体技巧完成一系列高难度动作的表演性节目(如单臂倒立等),驯兽(马戏)、魔术从杂技中分出,单独分类。安徽临泉县历史悠久,20世纪50年代临泉出土的文物——西汉陶楼,系演出设施,楼上有杂技演出的遗迹,间接证明汉代时临泉即存在杂技活动。相传,明代中期,曾有一班艺人在临泉的杨桥、长官、沈丘(今临泉县城)等集镇演出"过河刀山"(传统杂技),泉河、延河两岸万人观看,盛况空前。所以说,临泉杂技诞生于西周,盛行于汉代,在明朝时期就有了影响深远的杂技班组。2005年临泉杂技、魔术、马戏被列为安徽省非物质文化遗产,2008年临泉县也被誉为"中国民间文化艺术(杂技)之乡"。

临泉杂技、马戏演出节目较多,技巧与难度并重,传统保留节目主要有空中飞人、浪桥、驯马、古典马戏、顶技、蹬技和走钢丝等,代表性艺人侯德山挖掘整理的民间传统杂技——喷火是其拿手绝活。新中国成立后,临泉出现了较为规范的杂技组织,全县33个乡镇都有杂技团。特别是改革开放以来,临泉杂技有了很大发展,民间杂技艺术团体如雨后春笋般快速成长。兴盛时,全县有杂技艺术团队900多个,常年在外地演出的达800多个,其中大中型团队47个,全县的杂技表演演员超过2万人,年收入达3亿元以上。如临泉县庞营乡王闫庄自然村,178户人家有中小杂技表演队近60个,韦寨镇韦小庄自然村,35户人家有20多个杂技团队。

迎仙镇郑寨、张楼乡马楼和黄岭乡彭店等村庄基本上是一家一户一车一队,成为杂技专业村。现在又有了专门培养杂技人才的豪杰杂技艺术学校。记者曾采访过这所学校:只见场地中央,学员郑倩倩和搭档正在练习"高车踢碗",脚下的独轮车通过双腿的蹬踏保持平衡,待车身大体稳定后,郑倩倩抬起右脚,将一只空碗放在脚尖上,稍稍用力前踢,空碗向前飞出,在空中翻滚几圈后,稳稳落在搭档的头顶,几轮动作下来,郑倩倩身上的空碗已经用完,而搭档的头顶则摆起高高的一叠碗。在9年的杂技生涯中,郑倩倩曾前往泰国和美国演出。随着中国文化对外交流项目的增多,临泉杂技也越来越受到海外观众的喜爱。2017年1月,临泉杂技参与了"欢乐春节大庙会"赴埃及演出活动,这是安徽省文化厅与埃及开罗中国文化中心开展的文化合作交流活动的一部分。带队的李珍华回忆当时演出的情景,兴奋地说:"我们的表演非常受埃及民众的欢迎,当地民众和文化团体对这种动作精巧、难度极高的表演形式表现了极大的兴趣。"目前,临泉是全国人口最多的县,杂技、马戏对临泉经济、文化和教育的影响是不言而喻的。

 足球老祖是蹴鞠

"蹴鞠",也叫"蹴球""蹴圆""踢圆""蹋鞠"等。"蹴"即用脚踢,"鞠"系皮制的球,"蹴鞠"就是用脚踢球,它是中国一项古老的体育运动。"蹴鞠"一词,最早载于《史记·苏秦列传》,苏秦游说齐宣王时形容临菑:"临菑甚富而实,其民无不吹竽鼓瑟……六博蹋鞠者。"古代蹴鞠有直接对抗、间接对抗和白打三种形式。间接对抗比赛时中间隔着球门,球门中间有两尺多的"风流眼",双方各在一侧,在球不落地的情况下,使之穿过风流眼多者胜。无球门的散踢方式称作"白打",历时最久,开展得最为广泛,由一人到多人对踢等多种形式。白打有拐、蹑、搭、蹬、捻等多种踢球动作。古人还给一些动作取了很有文化的名字,如"转乾坤""燕归巢""斜插花""风摆荷""佛顶珠""旱地拾鱼""金佛推磨""双肩背月""拐子流星"等。蹴鞠流传了2000多年,唐宋时期最为繁荣,经常出现"球终日不坠""球不离足,足不离球,华庭观赏,万人瞻仰"的情景。施耐庵的《水浒全传》中,写了一个由踢球发迹当了太尉的高俅。高俅球技高超,因陪侍宋徽宗踢球,被提拔当了殿前都指挥使,这应是古代"球星"从政的典范了。从我国蹴鞠运动发展来看,蹴鞠在蒙古族、满族、回族等民族中较为流行。1999年,在第六届全国少数民族传统体育运动会上,蹴球被列为正式比赛项目。2004年7月15日,国际足联主席布拉特先生在第三届中国国际足球博览会上向世界正式宣布"足球起源于中国",山东淄博被正式确认为世界足球的起源地。

安徽省盛行古代"蹴球"运动的地区主要是肥东县,它起源于清代。比赛是在一块10米乘10米的正方形平整土地上,分两队进行,每队两名运动员。有单人赛、双人赛、团体赛等形式,竞赛项目分男子单蹴、男子双蹴、女子单蹴、女子双蹴、混合双蹴球等。每队两个球,分蓝红二色。甲队编为1、3号,乙队编为2、4号,比赛按1、2、3、4号的顺序轮流蹴球。比赛时脚跟着地,脚掌蹴球。击中对方球,得1—2分,把对方球击出场外得4分,先积50分者为胜方,三局两胜。近年来,肥东县蹴球项目蓬勃发展,在全国、全省举办的各项赛事中均取得优异的成绩。如肥东县民族中学蹴球队多次代表安徽省和合肥市参加国家、省级青少年组比赛,取得了不错的成绩。2016年1月18日,肥东县蹴球协会成立暨第一次选举大会在牌坊民族乡召开,9家单位会员、49位个人会员参加大会。大会通过了协会章程草案,并选举产生肥东蹴球协会理事会成员及会长、副会长等,有效地推进了这一传统项目的继承和发展,为安徽省少数民族传统体育添了光,增了彩。

老少皆宜打木球

木球是用一种硬度强、不易破裂的木头制作的小球,长约8厘米,粗约10厘米。打木球,回族群众俗称"打篮子""打锁儿"或"赶毛球"。打木球的器具简单,规则明确,容易掌握。木球的打法灵活简便,不受场地、器材的限制。每人只要准备一根60厘米长的木棒或木板用来击球即可。木球的比赛场地,一般长约30米,宽约20米,中间有一道中场线,两边底线中间各有一个3米宽、0.5米高的球门。比赛时间为20分钟至2小时左右,分上下场。在民间,木球的打法有三四种,如打圈杠、刁杠和赶龙等。在正式比赛时,由裁判召集双方队长挑选球门,确定谁先击球。当裁判宣布开始后,双方队员开始击球。场上你追我赶,竞争非常激烈。每攻进球门一个球,计1分,以得分多少计胜负。胜方用木棒将球击出,负方派一队员从击球点出发跑向落球点将球拾起跑回,要一气呵成,中间吆喝"嗦"儿声时不许换气,否则就要受罚。由此可见,木球是一种时尚的平民高尔夫,是一种将高雅、高贵的心态传递给大众的绿色运动,它带给人们的是休闲健身、积极向上、有趣环保。

现代木球运动起源于中国台湾省,创始人名叫翁明辉。从1990年开始,翁明辉经过两年时间的精心设计和反复修改、试验,直至1992年5月将球具和球道完成。由于木球适合各年龄层的人参与,很快风靡台湾省。台湾每年3至6月间举办的"全民运动木球联赛",平均有2500支队伍、20多万人报名参赛。木球虽小,但爱好者众。世界上已有21个国家和地区成立了木球协会,木球在东南亚一带尤其盛行。奥地利、意大利、匈牙利、英国、加拿大、美国等国也有不少的木球爱好者,亚洲木球总会已获得亚奥理事会的承认。

安徽省木球运动发展较好的是阜阳市。木球于2002年引进阜阳,

2005年成立了阜阳老年木球协会,会员已发展到几百人。十几年来,协会参加全国乃至国际邀请赛,获70多项大奖,8次进入全国前三强,其中含3次金奖、6次银奖,被国家木球总裁判长林松赞为"特别能战斗的爷爷奶奶常青代表队"。另外,协会还非常重视木球文化建设,认为文化是木球的灵魂,歌曲是木球的翅膀。他们不仅创作了多首"木球之歌",还创作了80多期《木球简讯》,有40多篇文章刊登在国家体育总局网站上。这不仅促进了木球的宣传与发展,也激励了队员的休闲奉献精神。国际木球总会翁明辉会长曾高兴地说:"木球之歌很有意思,非常适合海峡两岸演唱。"每次比赛赛场上都会唱响阜阳的木球之歌:"我从宝岛来,要向五洲去,交朋友传友谊,木球连着我和你……""迎着朝阳踏着露霜,木球队员英姿爽,健身练球绿茵场……""老骥伏枥志在阜阳,健身练球绿茵场,潇洒击球向前方,球门飞转心欢畅,休闲奉献喜洋洋"。木球不仅是老年人喜爱的运动项目,也开始走进中小学,甚至幼儿园都将"打木球"列为幼儿玩的游戏。幼儿园教师认为,打木球可以发展幼儿的握力,增强幼儿动作的准确性和敏捷性;有利于培养幼儿的合作意识,提高互助协作的能力。

87 花棍原是霸王鞭

打花棍又称"打莲湘""花棍舞""霸王鞭",是一种极具趣味性的民间体育活动。有关打花棍的传说很多,一种说法是打花棍起源于"霸王鞭"。秦末楚汉相争时,项羽与刘邦相约:"先入咸阳者王之。"后项羽一路所向披靡,每攻下一城池,便站在马上,挥舞马鞭,高歌劲舞,欢庆胜利。因项羽自称"西楚霸王","霸王鞭"由此得名。在由南至北流传过程中,各地又增添了新的内容。因旧社会穷人将这种歌舞形式作为讨饭谋生的工具,见景生情地编唱些吉利话,以求得别人施舍,因而得名"打花棍"。还有一种说法是产生于苗族的传统民俗中,它是由狩猎和御敌转变而来,至今已有500多年的历史。在发展过程中,又经过不断改进和创新,逐渐演变成现在这种表演形式。花棍系由一根长约3尺、比拇指粗的竹竿,两端镂成3个圆孔,每一孔中各串数个铜钱,并涂以彩漆,两端饰花穗彩绸。打花棍对场地、器材的要求不高,堪称老少皆宜。舞时可由数人、数十人乃至上百人参加。花棍又分为硬棍和软棍,击打者双手各持一棍,左打右拨,上下飞舞,边打边唱。花棍在空中翻、滚、转、跳,表演者根据节奏敲击肩、背、脚、头、臂、腰、腿,并发出清脆的响声,处处充盈着飞舞之美,让人赏心悦目。

安徽很多地方都有打花棍的习俗,打花棍在皖北和皖西地区流传尤为广泛。如打花棍一直是金寨县传统的民俗活动,也是过去姑娘选婿的一种方式,所以参加者多为女性。相传很久以前,寨里有位姑娘长得俊俏可爱,且精明勤劳。她被两位青年同时爱上。两人同时托媒人向姑娘的父母求亲。父母征求女儿的意见,女儿总是羞涩地低着头,默不作声。父母感到很是为难。一个月圆之夜,求婚的两个青年都来了,姑娘的父母摆开"歌台",让两个青年与女儿对歌表情,决定婚事。可是,经过几个回合的较量,仍难分胜负。左右为难间,姑娘的父亲心生一计。他找来一根藤条,让两名青年站在两边,女儿蹲在中间旋转舞动藤条一周,先被藤条打到或跳出藤条半径外的,自动退出竞争。天堂寨花棍表演时,一般8人分4组对打。棍与棍、棍与地、棍与身做有节奏的碰击。姑娘们身着镶边的服饰,手舞花棍,边歌边舞,不停地对打或击打自己身体各部位。打花棍在天堂寨地区长期的流传中不断变化,已从原来的"女打男跳"变为"男女打跳"。为提升旅游文化品位,丰富民间民俗文化,天堂寨镇自2010年起连续举办了多届天贶旅游文化节,打花棍作为规定内容获得观众的广泛

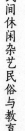

关注和喜爱,本地人更是将打花棍作为一种娱乐健身项目加以推广。2013年天堂寨举办了首届花棍艺术表演赛,2015年打花棍在六安市首届舞蹈精英赛中获二等奖,2016年作为旅游推介内容被带至各大城市演出,其影响越来越大。

龙舟竞渡祭屈原

龙舟赛是中国的一种古老民俗活动。据传,战国时楚国大夫屈原含恨投江自杀,楚国人民因舍不得贤臣屈原死去(投身于岳阳汨罗江),于是有许多人划船追赶拯救,他们争先恐后,追至岳阳洞庭湖时不见了屈原的踪迹,是为龙舟竞渡之起源。以后每年五月初五百姓都会划龙舟以纪念之,遂形成端午习俗,对中华民族影响巨大。端午节赛龙舟是中国老百姓生活中的重要事项,其盛况长盛不衰。正如唐代诗人张建封《竞渡歌》所描述的:"两岸罗衣破晕香,银钗照日如霜刃。鼓声三下红旗开,两龙跃出浮水来。棹影斡波飞万剑,鼓声劈浪鸣千雷。鼓声渐急标将近,两龙望标目如瞬。坡上人呼霹雳惊,竿头彩挂虹霓晕。前船抢水已得标,后船失势空挥桡。"端午赛龙舟在安徽沿江一带较为流行,下面以安徽省非物质文化遗产铜陵大通鹊江龙舟赛为例简介之。

大通鹊江龙舟赛由来已久,最早是由抛粽子入江悼念屈原的习俗演变而来。龙舟分青、赤、乌、白、黄等颜色,均扎制龙头龙尾,各条龙的中轮或船艄皆竖有龙旗,个别不加装饰的简称"赤膊龙",后又发展为彩船、赛船。比赛时,各船鸣锣击鼓,激励助兴竞渡,岸上还有观众喝彩助威。大通龙舟赛系民众自发组织,参与者主要是渔民和农民。竞渡的趣味性,使得竞渡能吸引几十里内的观众,也活跃了商业市场。据记载,1955年安庆地区在大通举办龙舟赛,有11个县市参赛;20世纪60年代后期,赛龙

舟活动被斥为"复古幽灵",故停顿10余年。1984年,安徽省首届龙舟赛又在大通举行。1985－1988年,大通连续4年举办了跨地市或跨市县龙舟赛。1985、1987、1988年,铜陵市大通女子龙舟赛代表队曾代表安徽省参加全国比赛,并进入前六名。2000年和2002年,大通连续举办了两届龙舟盛会。此后,大通镇又陆续举办和参加了多次龙舟竞渡赛,此习俗一直延续至今。

赛龙舟活动具有丰富的教育内涵。它不仅是纪念爱国诗人屈原,有利于对人们进行爱国主义教育,而且可以培养人们的团结竞争意识、顽强拼搏精神以及有效地开展智育、体育和美育活动。

清早茶馆唠家常

茶馆是爱茶者的乐园,也是人们休息、消遣和交际的场所。中国是产茶、饮茶大国,茶馆文化历史悠久。自古以来,品茗场所有多种称谓,长江流域和中原地区多称呼"茶馆"或"老茶馆",两广多称为"茶楼",京津多称为"茶亭"。此外,还有"茶肆""茶坊""茶寮""茶社""茶室""茶屋"等称谓。到茶馆里,饮茶不是仅停留在止渴的生理满足上,而是作为生活方式和文化情调,被糅进每一个日子。特别是上了年纪的人,喜欢到茶馆喝茶,主要是为享受一种氛围、一种情趣、一种滋味。他们中的大多数人,十几年甚至几十年如一日,大清早赶来,摸着黑回去。喝茶聊天,天南地北,交换信息,丰富社会知识,交流思想和情感。茶馆就是民间的一所社会大学。随着社会发展,人们的生活节奏加快,信息交流渠道多元化,能闲下心来慢慢品茶的人少了,传统的茶馆文化留存下来的已经不多。目前,安徽濉溪县临涣古茶镇保存较好,临涣茶饮习俗被列为安徽省非物质文化遗产。

在皖北地区,临涣是一个久负盛名的古茶镇。明清时期,临涣茶馆日趋发达,成为临涣地区社会生活的重要内容和一大景观。鼎盛时候,临涣有大小茶馆20多家。老茶馆大都近水临街,依家舍而设。临涣茶馆的门面简陋陈朴,乡土气息很浓,用当地泉水冲泡低廉的六安茶梗"棒棒茶"。老茶客带着烟袋悠然到来,使用土瓷或粗砂茶具,在茶馆里喝茶、打牌或聊天,享受闲适时光。常言说"茶好不如水好"。如今保存较好的铚城怡心茶楼南靠浍河,河边有回龙泉、金珠泉、饮马泉、龙须泉四大古泉,六安茶梗经泉水沏泡,便会产生雾气结顶、色艳味香、入口绵甜、回味无穷的奇特效果。铚城怡心茶楼的业主代代传承,打造出600年历史的"棒棒茶"品牌。现任铚城怡心茶楼传承人郑同川,凭借祖传的茶艺,秉承先人的行规,用诚信揽茶客,用口碑树品牌,使该茶楼成为全国知名的美术写生实习基地、摄影作品创作基地。以该茶楼为素材创作的美术、摄影作品,获得过多项世界级、国家级金奖。

如今临涣茶馆文化又推陈出新,创造出"茶馆＋阵地"的模式助力脱贫攻坚:(1)"茶馆",即政策宣讲地。利用茶馆氛围好、人流多的特点,在茶馆设置扶贫政策宣讲阵地,定期组织扶贫宣讲。通过向全社会招募由各级好人、道德模范、乡镇教师、"脱贫标杆"等志愿者组成的扶贫宣讲团,陆续走进临涣各茶馆开展心灵关爱、爱心帮扶等宣讲活动。现场讲解扶贫政策,传授脱贫致富经验,鼓励树立脱贫志气。(2)"茶馆",即调节帮扶地。变"茶馆"为贫困户的"连心茶室",在茶馆设置调节帮扶室、帮扶点,由专门人士来担任扶贫调解员。通过倾听贫困群众的需求,帮助调解各类纠纷,疏导不良情绪,破除"等靠要"思想,培育积极健康乐观的生活态度。(3)"茶馆",即示范点评地。定期在茶馆举行扶贫点评会、脱贫示范会,将"勤"和"懒"、"好"和"差"放在一起,进行横向对比,算收入、找差距、树典型,激励贫困群众自我加压,主动脱贫,着力解决"造血"功能不强等问题。老茶馆又承载着新任务,迸发出新的生机。

90 夜市欢声品龙虾

龙虾节是新发展起来的属休闲饮食文化类的民俗性节庆。尤其是安徽合肥龙虾节，不仅引领了安徽都市休闲饮食文化的特色发展，而且具有国内甚至国际影响。合肥龙虾节起源于2002年5月28日，已连续举办了17届。地处长江、淮河两大流域的安徽，气候与水土适合小龙虾生长繁衍，因而成为华东地区最大的龙虾产地之一。合肥市长丰县下塘镇是华东地区闻名遐迩的"龙虾之乡"，据《合肥市志（1986—2005）》记载，1993年，下塘镇农民开始稻田养殖龙虾，该镇是安徽省龙虾养殖的发源地。龙虾的吃法繁多，有椒盐、干煸、卤制、红烧等10余种，充分满足了龙虾爱好者不同口味的需求。在合肥市，有宁国路、红星路、芜湖路等龙虾小吃一条街。尤其是宁国路（罍街），每到夏天的夜晚，整条宁国路成为"龙虾不夜城"，坐在临街的餐厅或室外路边的餐桌旁"吃龙虾、喝啤酒、吹大牛、交朋友"，充分享受夜生活，已成为都市人的一种休闲文化。龙虾节期间，除开展："我最喜爱的龙虾店""合肥龙虾大王"评选活动外，还集中推出系列文化活动：如"舞林虾会""土虾土长""虾鼓柔情""古典虾会""娱乐虾神""异域虾情"等。合肥成为全国唯一获得"中国龙虾之都"称号的省会城市。2018年，"合肥龙虾"地理标志产品上报农业农村部已通过答辩。如今，"中国·合肥龙虾节"已经成为具有地方特色的品牌节日，是合肥的一张名片。

合肥龙虾节俗不仅拉动了合肥经济的快速发展，还带动了安徽省农业经济和餐饮业的发展，意义深远。目前，合肥市、六安市、滁州市、安庆市等都将小龙虾产业作为地方农业主导产业，小龙虾一、二、三产业的发展步伐进一步加快。据安徽省龙虾产业报告，2017年，安徽省小龙虾养殖面积148万亩，其中稻虾综合种养90万亩，小龙虾养殖产量近14万吨,居全国第二位。安徽小龙虾经济总产值达190亿元。可谓"小龙虾拉动了大消费、形成了大市场、营造了大节庆"。通过"政府搭台、市场运作、以节养节、以节造财"的运作机制和"龙虾美餐、经济主餐、文化快餐、旅游套餐"的运行模式,形成了水产生产、食品加工、商贸旅游、会展、休闲、艺术等多部门联动的产业链,吸引了大量慕名而来的八方客人,并辐射到广东、辽宁、四川、上海等16个省市。合肥龙虾成了"国字号",正大踏步走向世界。

生活在合肥的人和来合肥的客人,如不去罍街感受一下合肥的龙虾文化,实在遗憾。

91 柳编竹编工艺良

淮河柳编主要是指淮河沿岸阜南、颍上、霍邱一带的柳编工艺,是国家级非物质文化遗产。尤其是阜南黄岗的柳编历史悠久、文化底蕴深厚。相传北宋岳飞的副将刘琦命百姓编筐,令将士在黄岗西抬土筑台,庆贺大败金兀术的胜利,此台史称"贺胜台"。每逢重大的民俗节日,当地人以柳条扎龙舞凤,以示吉祥。据文献记载,淮河蒙洼地区有大片的滩涂湿地,自然生长着大量的喜湿之柳。柳条洁白如玉、坚韧如藤,非常适合编织。柳制品之兴起源于17世纪末期,其编织工艺流程复杂,做工精细,纯手工编织而成。清初,民间编织的柳箱、筐、篮、升、斗、簸箕、筐箩等,工艺精巧,样式考究大方,结实耐用,产品远销苏、浙等商埠。每逢农历三月二十八日,黄岗当地一些商界知名人士就有组织庙会的习俗,主要为扩大柳编原材料和柳编产品的交易,黄岗因此成了闻名的柳编产品集散地,并建起"柳编一条街",作为固定的柳编交易市场。新中国成立后,每年都要定期召开"黄岗柳编物资交流会"。尤其是改革开放以后,黄岗当地一些有市场意识的农民开始将传统的柳编产品推向城市,销往远方。当地还流传着"一亩柳几亩田,抓住柳编赚大钱""家有金条银条,不如常有柳条""柳编编来了楼房,编来了新娘"等佳话。2001年,阜南县被国家林业局命名为"中国杞柳之乡";2009年,被国家工艺品美术协会授予"中国柳编之乡"称号。自2009年起,每年5月都要举办阜南柳编艺术节,促进柳编经济发展和文化交流。目前,安徽省柳编工艺品远销北美、西欧、东亚、东南亚及中国港、澳、台等56个国家和地区,是全省主要出口创汇产品之一,也是淮河两岸人民生产、生活和文化艺术发展的重要组成部分。

传统的竹编工艺有着悠久的历史,安徽竹编也很流行,尤其在南方。安徽舒城、潜山、怀宁等县盛产水竹,篾工巧匠甚多。舒席制作技艺被列为国家级非物质文化遗产名录。20世纪70年代,舒城县柏林乡战国墓葬中出土的青铜器底部即有竹编物的痕迹,同地西汉墓的发掘中也发现摆放陪葬品的边厢内底部有竹编物作垫,其纹理、工艺与后期的舒席基本相同。据史籍记载,明朝吏部尚书秦民悦(安徽舒城人)为取悦皇帝,将编有龙纹的舒席作为贡品进贡给皇帝,深得英宗赞许,英宗御批为"顶山奇竹,龙舒贡席"。从此"龙舒贡席"著称于世。舒席从选料、裁料到最后成席有12道工序,即裁料、开竹、破条、切头、划条、起黄、匀撕、蒸煮、刮篾、编织、收边、检验。舒席制作的最关键部分就是编织。它不仅要求经纬编排匀称、篾纹笔直整齐,而且工艺舒席要求每一位编织匠人皆懂画理:山水写意、人物工笔,在篾色的搭配上需精心构图、合理布局,席面的景物远近相宜,浓淡对比鲜明,空间层次清晰。1906年舒席作为中国名产,在巴拿马国际商品赛会上获蔑业一等奖;翌年在芝加哥国际商品赛会上又获蔑业一等奖。新中国成立后,在党和政府的大力支持下,舒席长期以来由民间个体手工业者分散经营、加工的状态结束。同时,其工艺水平和艺术性得到提高,即由原来的人字纹、回纹等简单的几何图案发展为优美的竹编画。1953年，舒席参加了莫斯科国际经济展览会，获工艺美术金奖。1955年编制的"和平鸽"和"工农联盟"壁画席分别被赠给国际展览会和全国工农代表大会。1956年编制的"天安门双龙抱柱"和"克里姆林宫"壁画席分别被赠给中央展览馆和苏联。1958年舒席老艺人汪龙福将采用苏绣中的挑针法，编织的"天安门"和"双狮戏球"图案屏席，敬献给毛主席、周总理，后来它们被悬挂在人民大会堂安徽厅供人观赏，现收藏于中国科学技术馆。而今，舒城县在城郊建立了华东地区最大的原竹集散地——孔集竹业大市场，像果盒、餐具、花瓶等200多种竹编工艺品，远销欧美、中东及东南亚等20多个国家和地区。

92 砀山印染爱蓝花

蓝印花布印染技艺是一种靛蓝花布的防染印花方法。一般从植物中提取蓝靛染料，用豆粉、石灰混合成糊状的"灰膏"（也叫"灰药"）作防染材料，然后通过型版将"灰膏"漏印到坯布上，形成花纹。待布匹浸染晾干后，去掉"灰膏"的部分是白色花纹，其他就是染上去的颜色。一般可分为蓝底白花和白底蓝花两种形式。蓝印花布印染是印染中的精品，布上面显示的各种花纹图案，都是取自人民群众日常的生产、生活习俗。2017年，安徽省砀山蓝印花布印染制作技艺入选安徽省非物质文化遗产。

砀山蓝印花布印染制作技艺源于清朝道光年间，其印染制作技艺的传人，主要为安徽省砀山县李庄镇胡屯村人。清朝末年，胡屯村人胡安清继承祖业，开设了一个小染坊。当时蓝印花布在国内很盛行，因为卖花版的很少，刻制花版的技术又保密，只有河北省董家有卖，但很难买到，胡安清一心钻研刻制花版，终于刻制成功并对外出售，他给小染坊取名"三元兴染坊"。后经其子胡仁贤的多年摸索、改进，刻制花版技术有了很大提高,蓝印花布大量外销。从砀山往周边辐射,远销北京、山东、河南、江苏、山西等地,安徽砀山北关的"三元兴染坊"因之声名远扬。蓝印花布俗称"老蓝布",是一门传统手工艺,也是一门濒危的手工艺。砀山蓝花印染制作技艺制作出来的蓝印花布,其原料是手工纺织的白棉粗布,用植物蓝靛为染料,将印花刻版平放在白布上,以精制的灰膏涂在花版上,漏附于白布上,取下花版,让灰膏干燥附牢,然后投进蓝靛的染缸中浸泡一定时间,取出、晒干,再把附着的灰膏用刀刮掉。灰膏覆盖的地方呈现白色,无物覆盖的地方则成蓝色。最后放入清水中清洗。这样,就制成了蓝白分明、鲜艳夺目的蓝印花布。它以耐用、不褪色、透气吸汗等特性深受人们喜欢。其花布产品主要有衣服、被面、窗帘、桌布、围裙、花帽、兜饰等,常见图案有"吉庆有余""鲤鱼跳龙门""二龙戏珠""凤凰牡丹""喜鹊闹梅""蝶恋花"等。这些花纹图案不仅体现了人民群众的喜好,而且表达了人民群众的心愿,民俗文化底蕴深厚。如旧时姑娘出嫁,身上穿的、头上戴的、床上盖的、日常用的都是蓝印花布。如今,融入创新元素的蓝印花布又开始受到人们关注,年轻人把它奉为时尚的生活艺术品,称它为穿在身上的"青花瓷"。此外,蓝印花布用蓝靛草植物染料在棉布上染色,不仅对人皮肤没有伤害,还有药用价值,能满足现代人健康消费的需求。

93 围棋象棋六洲棋

围棋,一种策略性两人棋类游戏,中国古时称"弈",流行于东亚国家(中、日、韩、朝),属我国古代琴棋书画四艺之一。围棋起源于中国,传为尧帝所作,春秋战国时期即有记载。隋唐时经朝鲜传入日本,再流传到欧美各国。围棋蕴含着中华文化的丰富内涵,它是中华文化与文明的体现。

围棋使用方形格状棋盘及黑白二色圆形棋子进行对弈,棋盘上有纵横各19条线段将棋盘分成361个交叉点,棋子走在交叉点上,双方交替行棋,落子后不能移动,以围地多者为胜。中国古代围棋是黑白双方在对角星位处各摆放两子(对角星布局),为座子制,由白方先行。现代围棋由日本传播而来,取消了座子规则,黑先白后,使围棋的变化更加复杂多变。因为黑方先走占了便宜,所以规定黑方局终时要给白方贴子。围棋也被认为是世界上最复杂的棋盘游戏。

象棋,亦叫"中国象棋",为中国传统棋类益智游戏,在中国有着悠久的历史,先秦时期已有记载。也属于二人对抗性游戏的一种,由于用具简单,趣味性强,故成为流行极为广泛的棋艺活动。主要流行于华人及汉字文化圈的国家,象棋是中国正式开展的78个体育运动项目之一,是首届世界智力运动会的正式比赛项目之一。现今通行的象棋,相传为唐代牛僧孺所制。刻圆木或牙、骨为棋子32枚,红黑各半。两人对弈,红方以帅统仕、相及车、马、炮各二,兵五;黑方以将统士、象及车、马、炮各二,卒五。弈时双方轮流行棋,以"将死"或"困毙"对方将(帅)为胜。象棋的棋子设置受古代两军作战形式的影响,周朝时军队的基本编制"伍"是由5名步兵组成,这就是棋阵双方各有5个小卒的缘由。此外,高材质的象棋也具有收藏价值,如高档木材、玉石等为材料的象棋。更有文人墨客为象棋写下诸多诗篇,使象棋更具有文化色彩。

围棋、象棋,都是国棋,盛行于中华大地,进而扩展至整个儒家文化圈。围棋一般流行于知识分子或上层社会,需要有很强的抽象思维和哲学思维;而象棋直观形象,更具有广泛的普及性。今天,它们都是各地中小学生比较喜爱的兴趣或特长项目,成为开发学生智力、促进学生发展的重要工具。

除围棋、象棋在安徽各地普及外,安徽本地还有一种传统棋艺叫"六洲棋"。相传,六洲棋是明朝末年由淮南渔民"蔡家网船"创制,由于蔡家祖先长期用渔网捕鱼,休闲时为消遣时光,突发灵感,以渔网做棋盘,贝壳做棋子,利用淮河上的捕鱼规则发明了"渔网棋"。因古淮南又称"古六洲",故名。"六洲棋"又称"淮南棋""六国棋""五福棋""来码"等。由于简便、通俗、易学,在民间广为流行,已普及到安徽、河南、江苏等省的淮河流域以及湖北、山东等省和港、澳、台地区,深受社会底层大众的喜爱。六洲棋共有36颗码(子),对弈双方各执18颗,棋子正面分黑白两种,背面涂以黄色,即黑黄、白黄两种,总称黑、白、黄三色棋子。码路由六纵六横等距、垂直交叉的直线组成,36个交叉点就是下码的位置。下棋分落子和运子两个步骤,落子为谋篇布局,运子是互相绞杀。双方轮流将自己的棋子下落到交叉点上,每次落一子,如果本色棋子有三粒及以上,或左右看、或上下看、或斜着看等,只要有一种情况能形成不间隔的直线,或者最小方框的四个点都是同色棋子,就得一分(此时称"成子")。若有六个棋子能形成一条直线,那就是"大杠",得两分。每得一分,可以使对方尚不是"成子"的那些棋子中的任何一个棋子暂时失去功能,这叫"打码"。当全部36个交叉点均被棋子占满后,再将那些失去功能的棋子拿开,让原来的点空出来。之后,交战双方轮流将自己的棋子移动一个到空出来的交叉点上,当移动后能"成子"时,就可得分,依此类推。当其中一方的码被打得剩下很少,不足以"成子"或觉得无力回天时,则输。当双方战至最后,均无取胜机会时,便可以宣布本局"和码"。六洲棋简单易学而又变化无穷,开展六洲棋运动有益于身心健康和智力开发,对提高地方群众的智力水平和促进人各方面素质的提升有着很好的辅助作用。六洲棋是安徽省非物质文化遗产。

94 珠算纸牌与麻将

"珠算"之名,最早见于汉徐岳撰、北周甄鸾注的古算书《数术记遗》中。自那以后,在筹算和游珠算盘(古算盘)的基础上,经过长期演进和发展,诞生了珠算。今式算盘,大约出现在商业繁荣的北宋,流行于元代,普及于明代,并东传至日本、朝鲜诸国,对那里的数学发展起到促进作用。明代出现了多种珠算书籍,其中,程大位的《算法统宗》集珠算之大成,影响最大,流传最广。珠算文化在徽州,已成为地方文化不可或缺的民俗符号。1986年9月18日程大位逝世380周年纪念日,中国第一个公办珠算博物馆——程大位珠算博物馆在黄山市正式开馆。全馆共收藏历史资料4000多份,各种算具近千件,充分再现了程大位这位"伟人出自于平民,伟大出自于平凡"的经历,为后人自学成才提供了榜样。"珠算"被称为"中国第五大发明"。在计算器发明之前,珠算具有广泛的实用价值,也是开发智力的有效工具。在古代的农村,会打算盘的人也就是有文化的人了。今天,珠算对青少年智力开发的作用仍然值得研究,日本一直重视在基础教育阶段普及珠算知识和技法,而我国现在的中小学生已很少有人会"珠算"了。

纸牌是指用纸片或塑料片等载体加上各种点子、图案或文字制成的博戏用具。比较常见的有字牌(中国本土)和扑克牌(国外传来)。字牌又称为"桥字牌",是一种长条形纸牌类(长牌)的棋牌游戏,发源于四川乐山。字牌的牌面都是中国汉字的数字,由如下几种牌组成:小写"一""二""三""四""五""六""七""八""九""十"各四张,大写"壹""贰""叁""肆""伍""陆""柒""捌""玖""拾"各四张,共80张。"二""七""十"和"贰""柒""拾"为红色,其余为黑色。它的玩法与麻将类似,虽然比麻将更加便捷,但是字牌玩法多变,看似简单,实则其复杂性甚于麻将。各地玩法不尽相同,具体规则也就不同。扑克牌的造型、规格、张数由早期各国不一(如意大利为22张,德国为32张,西班牙为40张,法国为52张)发展到54张扑克牌,54张扑克牌是由1392年法国创始的52张扑克牌模式,外加大王、小王演变而来。此后,各国扑克牌张数逐渐统一为现在的54张模式。扑克牌的玩法也非常之多。今天,打字牌的少了(主要是老年人),而打扑克牌的越来越多,老少皆宜,自娱自乐。近年来"掼蛋"在安徽很流行,甚至出现了"饭前不掼蛋,等于没吃饭"的俗语。但也要防止以牌赌博的不良行为。

麻将,是一种由汉族人发明的四人玩的游戏,流行于华人文化圈。一般为用竹子、骨头或塑料等制成的小长方块(麻将牌),牌式主要有"饼(文钱)""条(索子)""万(万贯)"等,上面刻有花纹或字样,每副136张。在古代,麻将大都是以骨面竹背做成,可以说麻将牌实际上是纸牌与骨牌的结合体。它的基本打法简单,容易上手,但其中变化极多,不同地区的游戏规则也不尽相同。因其搭配组合因人而异,玩法复杂有趣,而成为中国历史上一种最能吸引人的博戏形式之一。麻将牌又称"麻雀牌",本是江苏太仓的"护粮牌"。有关资料记载,在江苏太仓县曾有皇家的大粮仓,常年囤积稻谷,以供"南粮北调"。粮多自然雀患频生,每年因雀患而损失了不少粮食。管理粮仓的官吏为了奖励捕雀护粮者,便以竹制的筹牌记捕雀数目,凭此发放酬金,这就是太仓的"护粮牌"。筹牌上刻着各种符号和数字,既可观赏,又可游戏,还可作兑取奖金的凭证。这也是有关麻将起源的传说,其玩法、符号和称谓术语皆与捕雀有关。麻雀牌三种基础花色的名字叫作"万、束、筒"。"筒"的图案就是火药枪的横截面,"筒"即是枪筒,几筒则表示几支火药枪。"索"即"束",是用细束绳串起来的雀鸟,所以"一索"的图案以鸟代表,几索就是几束鸟,奖金则是按鸟的多少来计算。"万"即是赏钱的单位,几万就是赏钱的数目。此外"东南西北"为风向,故称"风",火药枪射鸟应考虑风向。"中、白、发":"中"即射中之意,故为红色;"白"即白板,放空炮;"发"即发放赏金,领赏发财。无论是至高无上的皇帝,还是大权在握的重臣,对麻将感兴趣的大有人在,至于一般的布衣平民、村夫俗子,喜欢搓麻将、斗雀牌的更是不计其数。玩麻将不仅具有独特的游戏特点,集益智性、趣味性、博弈性于一体,而且内涵丰富、底蕴悠长,具有东方文化特征。因而成为中国传统文化宝库中一个重要组成部分。但麻将这种游戏活动在给人们带来无穷乐趣的同时,也要防止养成赌博等不良嗜好。

斗鸡斗羊斗蟋蟀

斗鸡是古老的民间娱乐活动,又名"打鸡""咬鸡""军鸡",是人们借助于雄鸡的打斗来取乐。两雄鸡相遇或为争食,或为夺偶,相互打斗,并置生死于度外。斗鸡游戏起源于亚洲,中国是世界上驯养斗鸡的古老国家之一,唐朝时斗鸡就比较兴盛。李白《古风》诗云:"路逢斗鸡者,冠盖何辉赫。鼻息干虹霓,行人皆怵惕。"安徽北部地区流行斗鸡,属中国四大斗鸡之一的"中原斗鸡"(另三个是:吐鲁番斗鸡、西双版纳斗鸡、漳州斗鸡)。中原斗鸡包括河南斗鸡、皖北斗鸡和鲁西斗鸡,大多出自河南开封。从北宋至今,开封斗鸡活动一直盛行于民间。上自王公贵族下至平民百姓,都以斗鸡为乐。"日沉月上且斗鸡,醉来莫问天高低""锦带休惊雁,罗衣尚斗鸡"等古诗句无不栩栩如生地描绘了斗鸡的热闹场面。斗鸡对鸡的品质要求很高,一般体型较大、体格结实、腿高而粗壮、颈粗而长、眼大而锐,饲养者非常注重对斗鸡的养护和训练。要求斗鸡在任何情况下都要主动进攻,尤其后盘(即战斗的最后阶段)时要亲斗,打卧鸡,残盘(双方斗到精疲力竭)时要卧而不走,宁死不屈,有一口气也要战斗到底,进攻中不允许有退却表现,不能有三心二意的进攻姿态,进攻要坚决主动。这种拼命精神给人类以很多启示。

相传,斗羊源于三国时期的鲁西南地区。一次曹操被袁绍打败,退兵曹州(今菏泽)。一日曹操忽见两羊头对头相抵,非常威风,他精神为之一振,立刻计上心来:何不借观抵羊以振军威!于是便召集部下观赏抵羊,果然鼓舞了士气,军威大振,曹操趁机反戈一击,打败了袁绍。从此,鲁西南便兴起了斗羊之风。安徽北部受其影响,也有斗羊习俗。斗羊在旧时称"风波事",今天发展成为一种娱乐,但仍十分在乎输赢,俗谓"兄弟斗羊不相让"。斗羊的场所一般在集市或古会(庙会)上,斗羊前先期相约相邀,最后定下日子,观众记住斗羊日期,名为"听风"。接力口传消息,谓之"风传"。到约定日期,选斗羊有名气、"压众"的数人为"主事的",确定场地,用鞭杆划定界限。观众自动聚集,动辄上万。赛时"主事的"将斗羊按年龄、体重、名气分类,轮番入场,一对一对地斗,单循环赛,俗称"打胜家",最终的胜利者,称为"名羊"。"名羊"各有外号,如"黑蛋""满天星""黑蹄""蝼蛄蹄"等。斗羊的方式有两种:一种是自由斗,放开两只羊自行争斗;另一种是拉开斗,由主人拉开一定距离,猛回头斗一个回合,拉开再斗,直到决出胜负。如砀山斗羊比赛盛行于三国时代,历经1000多年,现在仍然是砀山人喜爱的娱乐活动。砀山民间有专门的"斗羊"协会,比赛一般在梨花节、中秋节、春节及农闲时进行。"斗羊"是黄河故道地区特有的风俗,羊种即小尾寒羊,这种羊生性好斗,永不言败。

斗蟋蟀,也叫"斗蛐蛐",中国民间博戏之一,是一项古老的娱乐活动,流行于全国多数地区。斗蟋的寿命仅为百日左右,这就将斗蟋蟀的季节限定在秋季。而在古代汉字中,"秋"这个字正是蟋蟀的象形。斗蟋仅有雄性,它们或为保卫自己的领地、或为争夺配偶而相互撕咬。二虫鏖战,战败一方或逃之夭夭或退出争斗,鲜有"战死沙场"的情况。古时娱乐性

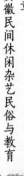

的斗蟋蟀，通常是在陶制或瓷制的蛐蛐罐中进行。两雄相遇，一场激战就此开始。首先猛烈振翅鸣叫，一是给自己加油鼓劲，二是要灭灭对手的威风，然后才龇牙咧嘴地开始决斗。头顶，脚踢，卷动着长长的触须，不停地旋转身体，寻找有利位置，勇敢扑杀。几个回合之后，弱者垂头丧气，败下阵去；胜者仰头挺胸，趾高气扬，向主人邀功请赏。如安徽亳州市，作为商业都会、文化古城，市井生活中有许多消遣娱乐活动，"斗蟋蟀"就是其中之一。它与"斗鸡""斗鹌鹑"并称为"民间三乐"。而且斗场按季节设置，春斗鸡，秋斗蟋蟀，冬斗鹌鹑。亳州人称这类活动是民间高尚的娱乐，故至今盛传不衰。

96 抵棍拔河顶拐拐

抵棍，顾名思义，是以棍为器具而进行的一种抵斗，是安徽南方农村流行的一项古老的民间体育活动。源于何朝何代，无从查考。一般由两人（也有多人组成）以木棍、竹竿、扁担作抵具进行抵斗，也有用长凳、方桌子抵的。抵时，大多数人用手撑抵，也有用头、肩、膝等部位抵的。抵棍，是一种力与意志、智慧的较量。如抵扁担，各方握住扁担的一端，两脚前后叉开，手臂伸直，腰背挺起，裁判喊"一、二、三"，同时发力，并使出浑身气力向前猛抵。若双方抵力相当，一时难决胜负，就要看各方的耐力与意志力了，并且在不犯规的情况下，还要看各方暗地里使出的或"虚晃一枪"或"声东击西"等招数，这就看各人的智慧了。"头抵""膝抵"是指各自用头或膝抵住棍子或扁担的一头，然后使劲对抵。若平时不注意头部、腿部的锻炼，很可能因头部、膝部不适或感到疼痛而不敢再往下抵，败下阵来。抵棍不仅要有力量和技巧，也要有意志力与耐力，稍不注意后退一步或半步，则可能全局皆输。这种活动就地取材，不需要费用，村头地边，劳动之余,随时随处可进行。在体育事业日益发展的今天,它对广大农村人民健身和娱乐的作用不容小觑。

拔河为双方各执绳一端进行角力的体育活动,属于中国的传统运动项目。拔河在中国有着悠久的历史。早在春秋战国时期,就有拔河这项活动,不过那时不叫"拔河",而称为"钩强"或"牵钩",后演变为荆楚一带民间流行的"施钩之戏"。史载,唐玄宗不仅经常组织拔河活动,甚至还专门写过一首名为《观拔河俗戏》的诗,诗中写道:"壮徒恒贾勇,拔拒抵长河。欲练英雄志,须明胜负多。"可见帝王对拔河的关注与喜好。此外,唐代宫女也开展过拔河活动。《新唐书·中宗本纪》记载:"景龙三年二月己丑,及皇后幸玄武门,观宫女拔河,为宫市以嬉。"清朝末年,西方的拔河运动传入中国,被列入学校体育课与课外体育活动的内容。此后,中国古代的拔河形式逐渐消失。作为一项简单易行的团体运动,拔河在1912至1920年曾被列入奥运项目。当时拔河的规则很简单,每队8人对抗。在举行过的5届奥运拔河赛中,丹麦瑞典联队、美国队、英国队、瑞典队和英国队先后夺冠。1920年比利时安特卫普奥运会后,由于缺乏更好的比赛条件,加之比赛用鞋、队员体重等多方面规则存在争议,拔河就此被排除出奥运会。2002年,国际拔河联合会(TWIF)正式加入国际奥委会,这些年来他们一直以拔河回归奥运作为努力的目标。今天,拔河已成为我国民间老少皆宜的活动,学校、企业、机关单位常举行拔河比赛,它既是一种教育手段,也是休闲娱乐的一种方式。

"顶拐拐"也称"碰拐拐""撞拐拐"或"斗膝",因为动作像鸡斗架,所以也称为"斗鸡"。活动时,两名对手或多名对手各自扳起一条腿,使小腿平曲与大腿和腰线呈三角形,另一腿支撑身体,以膝部相撞。顶膝动作有顶、砸、掀、拨等,还有虚闪动作,以使对方重心失控、双脚落地为胜。因不要任何器材,对场地空间要求也不高,活动开展非常方便,是青少年普遍喜欢的一项体育和游戏活动。应该说,很多孩子都玩过"斗膝",而且无须大人教,都是儿童之间互教互学,相互取乐,它给儿童们带来了乐趣、智慧和健康。

97 沙包皮筋丢手绢

"沙包"是中国大陆地区中小学体育课上用以练习投掷的一种器材,一般在用厚布织成的小袋中填入干黄沙,体积可大可小,一般稍大于棒球。沙包游戏,不仅是一项体育游戏,而且可以通过说、唱、画、捏、数等认知活动来进行各方面的教育活动,既丰富了儿童的活动内容,又可以培养儿童热爱民间艺术活动的情感。"丢沙包"曾经风靡南北,是一种经典的儿童群体性游戏,极受小学生,尤其是男孩子欢迎。丢沙包的玩法有很多种,其中最流行的一种是:先在空地上画好一个大圆圈,将参与者按抽签的方法分成甲乙两组,一组站在圈外,一组站在圈内。毫无疑问,圈内的人已被团团围困。圈外的人一声令下,纷纷将手上的沙包扔向圈内的人。如果击中圈内的人的脚部,被击中的人便要淘汰出局,走出圆圈。若被圈内的人接住,圈内的人则可以让一个本已"阵亡"的战友重新上场。直到最后一个人被击中淘汰为止,最后两组互换位置。丢沙包讲究速度,丢的一方速度一快,躲的一方就容易乱阵脚,躲闪不及,从而不易接住沙包。丢沙包也要讲究技巧,不能往对方怀里丢,那样容易让人接住,以对方不易接住并能击中目标为原则。丢沙包是我国一项传统的民间游戏,有利于促进儿童的生长发育,培养他们敏捷的反应能力、判断能力和团结合作精神。

跳皮筋,也叫"跳橡皮筋""跳橡皮绳",也是一种适宜于儿童活动的民间游戏。皮筋是用橡胶制成的有弹性的细绳,一般长3米左右,皮筋被牵直固定之后，即可来回踏跳。可3至5人一起玩，亦可分两组比赛，边跳边唱，非常有趣。皮筋可固定在树干、桌椅腿上或由两人各拿一端把皮筋拉直，其他人轮流跳，按规定动作，完成者为胜，中途跳错或没钩好皮筋时，就换另一人跳。皮筋高度可自由调节，可从脚踝处开始到膝盖，再到腰胸等，越高难度越大。跳者用脚、不许用手钩皮筋，边跳边唱着自编的有一定节奏的歌谣。跳皮筋有挑、勾、踩、跨、摆、碰、绕、掏、压、踢等10余种腿部基本动作，同时还可以组合跳出若干个花样来。跳橡皮筋是在两脚交替跑跳中完成各种动作的全身运动，尤其可增强下肢的肌肉力量，提高弹跳力，对发展灵活性、柔韧性、协调性有着积极的促进作用。同时，它又是多人同时参与的集体性项目，可促进青少年的交往与合作。它是少年儿童十分喜爱的一项体育活动。由于它具有经济、简便、趣味性强等特点，故易在广大学生中普及。

　　丢手绢也是少年儿童十分喜爱的集体性民间游戏项目。值得一提的是著名音乐家关鹤岩谱曲、鲍侃填词的《丢手绢》儿歌。抗日战争爆发后，鲍侃毅然辞去教员工作，北上抗日。先在山西参加抗日决死队，后于1937年底到延安。《丢手绢》这首儿歌是她在延安保育院工作时为孩子们创作的。关鹤岩于1948年为《丢手绢》谱曲，从此该儿歌被亿万中国儿童传唱。丢手绢的主要玩法是：由小朋友们围成一圈蹲下或坐下，其中一个小朋友站起来，拿着手绢，开始在小朋友们身后，绕圈走。蹲着的小朋友开始唱歌："丢手绢，丢手绢，轻轻地放在小朋友的后面，大家不要告诉他，快点快点捉住他。"歌曲结束前丢手绢的小朋友必须把手绢放在某个小朋友的身后，然后快速回到自己原本的位置。被选中的小朋友必须第一时间发现手绢在他后面，拿起手绢追上丢手绢的小朋友，算是胜利，否则就是失败，需要表演一个节目。几乎所有儿童都玩过此游戏，并从中受益。

98 抓鸡吃羊捉迷藏

老鹰抓小鸡是民间少年儿童经常玩的一种集体性传统游戏。需选派一人做"老鹰",其他人排成一排,后面的人牵着前面人的衣服,排头的那位做"母鸡",其余做"小鸡"。"老鹰"追抓"小鸡","母鸡"张开两臂保护"小鸡","小鸡"灵巧地躲闪,不让"老鹰"抓住。游戏过程中由于"小鸡"人数较多,躲闪时,后面的"小鸡"往往跟不上前面的节奏,容易摔跤,有时摔倒一大片。特别是排尾的"小鸡",因离"母鸡"较远,容易被抓着,因此需要特别机灵。老鹰抓小鸡游戏比较适合在草地、塑胶场地上开展,这样,即使摔倒也不容易受伤。该游戏较为激烈,运动量相对较大,较具刺激性,很受少年儿童欢迎。

"狼吃羊"是一种思维游戏,农村孩子经常玩,因其简单易懂却又变化多样而广受欢迎。棋盘可以用小石头在地上随手画出来(棋盘呈正方形,纵横线各5条,加上长短不等的6条斜线交叉成25个点;在正方形两边中间各画一个菱形,并在菱形内画一个对角十字线,另外形成4个点,俗称"狼窝",也叫"双耳"),棋子中的狼和羊可以用树枝或者小石子代替,故随时随地都可以摆棋厮杀。基本规则是:狼只能一次走两格吃羊,吃不到羊时只能走一格,相邻则被堵,如果狼的四周都被羊围住,则狼方失败,反之狼将羊吃尽或吃掉一大半,则狼方胜。对弈时,一方持2块大石子(或土块)当狼,另一方持24块小石子(或土块)当羊。先在棋盘正中的小正方形各点上摆8只羊,在双耳与大正方形结合点的"狼窝口"各摆一只狼。狼棋子先走,羊棋子后行。狼棋子按路线跳过对方的一只羊,就能吃掉这只羊。羊是每次走一格。整个棋盘线条交错,结构复杂,持狼的一方想方设法占据有利位置,尽可能吃掉更多的羊;而持羊的一方则要四面围堵,尽可能困死狼。游戏过程中,面对变化多端的棋局,双方都要沉着应对,斗智斗勇。狼一方不能一味地见羊就吃,谨防上当,而羊一方也不能死硬围堵,要讲究策略。结果,或狼被围死,或羊被吃到剩下不足12子时,输赢便见分晓。一局"狼吃羊"游戏,玩者仅两人,但围观的顽童各偏一方,七嘴八舌,场面热闹且分外有趣。

捉迷藏,亦称"摸瞎子",即蒙住眼睛寻找躲藏者的游戏。捉迷藏也是一种古老的儿童游戏。首先选定一个范围,大家经过猜拳或一定规则选定一个人,先蒙上他的眼睛,并让他背向大家数数或转圈使其不辨方向,而其他人必须在这段时间内找到一个地方躲藏,时间到后,蒙上眼睛的人开始找躲藏的人,最先被找到的人为下一轮的找人者。没有被找到,且最后回到出发点仍没有被寻找者发现的人,将不参与第二局的猜拳,直接成为躲藏者。游戏可以反复进行。心理学家认为,捉迷藏能锻炼孩子的认知力和社交技巧。捉迷藏的藏匿起来不让别人发现和经历多方寻找终于发现藏匿者二者都能引起儿童的快感,它要求游戏的参与者眼尖耳明,奔跑要及时,并能用各种巧妙的方法和策略找到藏匿者,这是对儿童综合素质的考验。捉迷藏虽然是个很小的游戏,但是可以有效地锻炼孩子的身心,促进孩子心智的发展,是非常好的儿童教育小游戏。

挑兵跳绳踢毽子

挑兵,也叫"挑兵挑将""突围",是儿童玩的一种集体游戏。这项活动传说起源于春秋战国时期,古代双方军队打仗之前,面对面排成战阵,然后通报姓名,"兵对兵,将对将"。在做这个游戏的时候,要把10个以上的儿童平均分成两队,每一队的小朋友手拉手排成一排,站在自己一方的界线前。两方之间的界线,相距约10米。这时候,一方要向另一方挑战并唱道:"急急林,砍马刀,恁嘞人马仅俺挑。"对方会问"挑谁嘞",回答"挑××"。然后向对方点将,被点中的那个人,就要鼓足力气冲过去,如果能够冲破对方的阵脚(将相互拉的手冲开),就可以"俘虏"对方一人归队;如果没有将对方的阵脚冲破,则要被对方扣留,接着更换另一队挑战。这样重复进行,游戏最后,以人多的一方为胜。1949年以后,这项活动被改编为小学体育游戏,并命名为"突围"。参加的人分成人数相等的甲、乙两队,甲队手拉手组成包围圈为包围队,乙队成员分散在包围圈内为突围队。活动开始后,包围队手拉手按顺时针方向跑动,突围队员突然跑动从包围队的两人中间往外钻,在规定的时间内两队互换角色,哪一队钻出的人多获胜。游戏通过对两军对垒的模仿,在充满竞争的氛围中,培养孩子们的团队精神,同时也增强孩子们的体质。实际上,这也是一种原始的军事教育。

跳绳,是一人或众人在一根环摆的绳中做各种跳跃动作的运动游戏,在中国具有悠久的历史。南宋以来,每逢佳节时人们都爱跳绳,称为"跳白索",清末以后称作"跳绳"。原属于庭院游戏类,后发展成民间竞技运动。《松风阁诗钞》有诗记载:"太平鼓,声冬冬。白光如轮舞索童,一童舞索一童唱,一童跳入光轮中。"跳绳运动的装备十分简单,只需一根绳、一身轻便的衣服及一双舒适的运动鞋便可。此外,跳绳所需场地也不大,无须租借特别的场地,参与人数不限,可单独一人或多人进行。这种加伴唱的跳绳游戏,娱乐性很强。跳绳有单脚跳、单脚换跳、双脚并跳、双脚空中前后与左右分跳等多种方法。跳时,摆绳与踏跃动作要合拍,可一摇一跳,也可一摇两跳乃至一摇三跳。摇绳的方向可前可后。用长绳可两人同时摇动、集体轮流跳或同时跳。跳跃时还可按不同情况编排各种动作花样,也可用节奏与旋律适宜的歌谣伴唱。除花样跳绳外,也可按一定距离,一边摇绳跳一边跑向终点,比赛速度。跳绳是一项极佳的健身运动,能有效训练个人的耐力等,有助于保持个人健康的体态、健美的身材与动作协调性,从而达到强身健体的目的。

　　踢毽子也是中国传统的体育活动。它起源于中国汉代,唐宋时期开始盛行,在民间流传极为广泛。宋代高承的《事物纪原》中记有"今时小儿以铅锡为钱,装以鸡羽,呼为毽子,三五成群走踢,有里外廉、拖枪、耸膝、突肚、佛顶珠、剪刀、拐子各色,亦蹴鞠之遗事也"。明清更风行,技艺更高,"手舞足蹈,不少停息,若首若面,若背若胸,团转相击,随其高下,动合机宜,不致坠落"(潘荣陛《帝京岁时纪胜》)。一般以鸡毛毽为多,亦有以绒线、皮毛等插于圆形底座上制成者。不须专门的场地、设备,简单易行。基本动作为盘、磕、拐、蹦四种,但有很多种踢法。尤其是花式踢法,难度较大,艺术性较强。儿童踢毽子,还常伴有儿歌。如"里和,外拐,飘洋,过海",吟唱8个字,依次踢8下。其中唱"里、外、漂、洋、过"五个字时用正脚各踢一下,唱"和"时用反脚向内踢一下,唱"拐"时用反脚向外踢一下,唱"海"时打一个跳。循环反复,看谁踢得多。新中国成立后,大力扶植发展这一传统运动项目。1956年,中国第一次正式的踢毽子比赛在广州举行;1963年,踢毽子同跳绳等一起,被列入国家提倡开展的体育活动,并被编入小学体育教材加以推广;1984年,国家体委正式将踢毽子列为全国比赛项目,并改称踢毽子为"毽球",同时颁布了《毽球竞赛规则》;1987年,中国毽球协会成立,此后每年都举办全国毽球锦标赛、全国职工毽球赛、全国中学生毽球赛三大赛事;在1995年的全国民族运动会和1996年的全国农民运动会上,毽球也被列为比赛项目。毽球运动已成为在全国普遍开展的热门传统项目。这项运动有利于活动关节,加强韧带,增强体质,提高反应能力与协调能力等。

100 陀螺滚圈放风筝

陀螺是汉族民间最早的娱乐工具之一,也作"陀罗",闽南语称作"干乐",北方叫作"打老牛"。形状为圆锥形:上半部分为圆形,下方尖锐。从前多用木头制成,现代多为塑料或铁制的。玩法是用鞭子劈抽,即用绳子缠绕陀螺,用力抽绳,使其直立旋转。陀螺,是青少年十分熟悉的玩具,风靡全世界。中国是陀螺的老家,从中国山西夏县新石器时代的遗址中,就发掘了石制的陀螺。可见,陀螺在我国最少有四五千年历史。陀螺在旋转的时候,不但围绕本身的轴线转动,而且围绕一个垂直轴作锥形运动。也就是说,陀螺一边围绕本身的轴线作"自转",一边围绕垂直轴作"进动"。也即陀螺并非垂直立于地面之上,而是对地面法线有一定偏离,向地面有一些倾斜。所以重力对陀螺的力矩不为零,而陀螺的进动角动量可以起平衡重力矩的作用,因此陀螺在旋转时不会倒向地面。陀螺围绕自身轴线作"自转"的快慢,决定着陀螺摆动角的大小。转得越慢,摆动角越大,稳定性越差;转得越快,摆动角越小,稳定性也就越好。而且陀螺的外形也对陀螺的进动有影响。这和人们骑自行车的道理差不多,不同的是,一个是作直线运动,一个是作圆锥形的曲线运动。陀螺的玩法很多,可以一个人玩,也可以多人一起玩,还可以开展比赛活动。玩陀螺,不仅活动身体,感受旋转的混合美,而且能开发智力。德国等国家还将陀螺设计成教育用品,图卡置于陀螺上,透过转陀螺游戏,辨认图卡上的图案、颜色或数字,以训练眼力和专注力。

滚圈,又名"滚圈圈""滚铁环",是流行于中国各地的儿童传统游戏。男孩手捏顶头是 V 字形的铁棍或木柄铁丝钩,推一个直径 66 厘米左右的黑铁环向前跑,发出"哗啷哗啷"的声音。有的还在铁环上套两三个小环,滚动时更响。农村孩子常用废旧木桶上的铁圈做滚圈,废物利用,然后再做一个长柄的铁钩子,推着这个铁圈,邀上几个邻居家的小朋友一起玩。滚圈的动作也有一定难度,特别是地面不平时,更需要一定的技巧。该活动可以一个人玩,也可以几个人一起玩,还可以开展集体竞赛。如有50或100米的竞速赛、100米的障碍赛(如绕树丛、过独木桥等)、4×100米的接力赛等。滚圈是一项很有意思的体育活动,通过滚圈,可以发展儿童的平衡能力,提高儿童的手脚协调能力,练习大肌肉的力量,并培养儿童参加体育活动的兴趣以及竞争与合作意识。

风筝通常以竹篾为骨架,糊以纸、绢而成,用长线系之,使之乘风高飞。放风筝是中国民间广为盛行的一项传统体育活动。风筝起源于中国,至今已有2000余年的历史,被称为"人类最早的飞行器"。相传春秋时期,著名的工匠鲁班曾制木鸢(yuān 老鹰)飞上天空。后来,以纸代木,称为"纸鸢"。汉代起,人们开始将其用于测量和传递消息;唐代时,风筝传入朝鲜、日本等周边国家。到五代时,又在纸鸢上系以竹哨,风入竹哨,声如筝鸣,因此称为"风筝"。宋代,放风筝逐渐成为一种民间娱乐游戏;元代时,风筝传入欧洲诸国。风筝用细竹扎成骨架,再糊以纸或绢,系以长线,利用风力升入空中。传统的中国风筝包括"扎、糊、绘、放"四种技艺:"扎"要达到对称,使左右吃风面积相当,具体包括选、劈、弯、接;"糊"要保证全体平整,干净利落,具体包括选、裁、糊、边、校;"绘"要达到远眺清楚、近看真实的效果,具体包括色、底、描、染、修;"放"要依据风力调整提线角度和力度,具体包括风、线、放、调、收。风筝的种类主要分为"硬膀"和"软翅"两类:"硬膀"风筝翅膀坚硬,吃风大,飞得高;"软翅"风筝柔软,飞不高,但飞得远。在式样上,除传统的禽、兽、虫、鱼外,近代还发展出人物风筝等新样式。由于春天的风是上行的,能使风筝飞得高、飞得远,所以风筝一般在春天放。民间有清明放风筝的习俗,而且这天要有意无意地将线弄断,叫作"放断线风筝"。传说这种"断线风筝"可以带走放风筝人一年的晦气。还有些地区认为风筝能测量年景的好坏,立春日风筝放得越高,年景越好。1989年国际风筝联合会正式成立,总部设于山东潍坊。在欧美、日本和东南亚一些国家,放风筝活动也很流行,经常举办国际性风筝放飞大赛等活动。放风筝,既可以让人们领略风筝文化,又能让人们接触大自然和得到身体锻炼,是一项对人身心产生综合影响的运动。

总之,以上民俗活动都是中华民族的优秀传统文化,也都为安徽人民所喜爱,并传承。

附录一

中华人民共和国非物质文化遗产保护法

(2011年2月25日第十一届全国人民代表大会常务委员会第十九次会议通过)

第一章 总 则

第一条 为了继承和弘扬中华民族优秀传统文化,促进社会主义精神文明建设,加强非物质文化遗产保护、保存工作,制定本法。

第二条 本法所称非物质文化遗产,是指各族人民世代相传并视为其文化遗产组成部分的各种传统文化表现形式,以及与传统文化表现形式相关的实物和场所。包括:

(一)传统口头文学以及作为其载体的语言;

(二)传统美术、书法、音乐、舞蹈、戏剧、曲艺和杂技;

(三)传统技艺、医药和历法;

(四)传统礼仪、节庆等民俗;

(五)传统体育和游艺;

（六）其他非物质文化遗产。

属于非物质文化遗产组成部分的实物和场所，凡属文物的，适用《中华人民共和国文物保护法》的有关规定。

第三条 国家对非物质文化遗产采取认定、记录、建档等措施予以保存，对体现中华民族优秀传统文化，具有历史、文学、艺术、科学价值的非物质文化遗产采取传承、传播等措施予以保护。

第四条 保护非物质文化遗产，应当注重其真实性、整体性和传承性，有利于增强中华民族的文化认同，有利于维护国家统一和民族团结，有利于促进社会和谐和可持续发展。

第五条 使用非物质文化遗产，应当尊重其形式和内涵。

禁止以歪曲、贬损等方式使用非物质文化遗产。

第六条 县级以上人民政府应当将非物质文化遗产保护、保存工作纳入本级国民经济和社会发展规划，并将保护、保存经费列入本级财政预算。

国家扶持民族地区、边远地区、贫困地区的非物质文化遗产保护、保存工作。

第七条 国务院文化主管部门负责全国非物质文化遗产的保护、保存工作；县级以上地方人民政府文化主管部门负责本行政区域内非物质文化遗产的保护、保存工作。

县级以上人民政府其他有关部门在各自职责范围内，负责有关非物质文化遗产的保护、保存工作。

第八条 县级以上人民政府应当加强对非物质文化遗产保护工作的宣传，提高全社会保护非物质文化遗产的意识。

第九条 国家鼓励和支持公民、法人和其他组织参与非物质文化遗产保护工作。

第十条 对在非物质文化遗产保护工作中做出显著贡献的组织和个

人,按照国家有关规定予以表彰、奖励。

第二章 非物质文化遗产的调查

第十一条 县级以上人民政府根据非物质文化遗产保护、保存工作需要,组织非物质文化遗产调查。非物质文化遗产调查由文化主管部门负责进行。

县级以上人民政府其他有关部门可以对其工作领域内的非物质文化遗产进行调查。

第十二条 文化主管部门和其他有关部门进行非物质文化遗产调查,应当对非物质文化遗产予以认定、记录、建档,建立健全调查信息共享机制。

文化主管部门和其他有关部门进行非物质文化遗产调查,应当收集属于非物质文化遗产组成部分的代表性实物,整理调查工作中取得的资料,并妥善保存,防止损毁、流失。其他有关部门取得的实物图片、资料复制件,应当汇交给同级文化主管部门。

第十三条 文化主管部门应当全面了解非物质文化遗产有关情况,建立非物质文化遗产档案及相关数据库。除依法应当保密的外,非物质文化遗产档案及相关数据信息应当公开,便于公众查阅。

第十四条 公民、法人和其他组织可以依法进行非物质文化遗产调查。

第十五条 境外组织或者个人在中华人民共和国境内进行非物质文化遗产调查,应当报经省、自治区、直辖市人民政府文化主管部门批准;调查在两个以上省、自治区、直辖市行政区域进行的,应当报经国务院文化主管部门批准;调查结束后,应当向批准调查的文化主管部门提交调查报告和调查中取得的实物图片、资料复制件。

境外组织在中华人民共和国境内进行非物质文化遗产调查，应当与境内非物质文化遗产学术研究机构合作进行。

第十六条　进行非物质文化遗产调查，应当征得调查对象的同意，尊重其风俗习惯，不得损害其合法权益。

第十七条　对通过调查或者其他途径发现的濒临消失的非物质文化遗产项目，县级人民政府文化主管部门应当立即予以记录并收集有关实物，或者采取其他抢救性保存措施；对需要传承的，应当采取有效措施支持传承。

第三章　非物质文化遗产代表性项目名录

第十八条　国务院建立国家级非物质文化遗产代表性项目名录，将体现中华民族优秀传统文化，具有重大历史、文学、艺术、科学价值的非物质文化遗产项目列入名录予以保护。

省、自治区、直辖市人民政府建立地方非物质文化遗产代表性项目名录，将本行政区域内体现中华民族优秀传统文化，具有历史、文学、艺术、科学价值的非物质文化遗产项目列入名录予以保护。

第十九条　省、自治区、直辖市人民政府可以从本省、自治区、直辖市非物质文化遗产代表性项目名录中向国务院文化主管部门推荐列入国家级非物质文化遗产代表性项目名录的项目。推荐时应当提交下列材料：

（一）项目介绍，包括项目的名称、历史、现状和价值；

（二）传承情况介绍，包括传承范围、传承谱系、传承人的技艺水平、传承活动的社会影响；

（三）保护要求，包括保护应当达到的目标和应当采取的措施、步骤、管理制度；

（四）有助于说明项目的视听资料等材料。

第二十条　公民、法人和其他组织认为某项非物质文化遗产体现中华民族优秀传统文化,具有重大历史、文学、艺术、科学价值的,可以向省、自治区、直辖市人民政府或者国务院文化主管部门提出列入国家级非物质文化遗产代表性项目名录的建议。

第二十一条　相同的非物质文化遗产项目,其形式和内涵在两个以上地区均保持完整的,可以同时列入国家级非物质文化遗产代表性项目名录。

第二十二条　国务院文化主管部门应当组织专家评审小组和专家评审委员会,对推荐或者建议列入国家级非物质文化遗产代表性项目名录的非物质文化遗产项目进行初评和审议。

初评意见应当经专家评审小组成员过半数通过。专家评审委员会对初评意见进行审议,提出审议意见。

评审工作应当遵循公开、公平、公正的原则。

第二十三条　国务院文化主管部门应当将拟列入国家级非物质文化遗产代表性项目名录的项目予以公示,征求公众意见。公示时间不得少于二十日。

第二十四条　国务院文化主管部门根据专家评审委员会的审议意见和公示结果,拟订国家级非物质文化遗产代表性项目名录,报国务院批准、公布。

第二十五条　国务院文化主管部门应当组织制定保护规划,对国家级非物质文化遗产代表性项目予以保护。

省、自治区、直辖市人民政府文化主管部门应当组织制定保护规划,对本级人民政府批准公布的地方非物质文化遗产代表性项目予以保护。

制定非物质文化遗产代表性项目保护规划,应当对濒临消失的非物质文化遗产代表性项目予以重点保护。

第二十六条 对非物质文化遗产代表性项目集中、特色鲜明、形式和内涵保持完整的特定区域,当地文化主管部门可以制定专项保护规划,报经本级人民政府批准后,实行区域性整体保护。确定对非物质文化遗产实行区域性整体保护,应当尊重当地居民的意愿,并保护属于非物质文化遗产组成部分的实物和场所,避免遭受破坏。

实行区域性整体保护涉及非物质文化遗产集中地村镇或者街区空间规划的,应当由当地城乡规划主管部门依据相关法规制定专项保护规划。

第二十七条 国务院文化主管部门和省、自治区、直辖市人民政府文化主管部门应当对非物质文化遗产代表性项目保护规划的实施情况进行监督检查;发现保护规划未能有效实施的,应当及时纠正、处理。

第四章 非物质文化遗产的传承与传播

第二十八条 国家鼓励和支持开展非物质文化遗产代表性项目的传承、传播。

第二十九条 国务院文化主管部门和省、自治区、直辖市人民政府文化主管部门对本级人民政府批准公布的非物质文化遗产代表性项目,可以认定代表性传承人。

非物质文化遗产代表性项目的代表性传承人应当符合下列条件:

(一)熟练掌握其传承的非物质文化遗产;

(二)在特定领域内具有代表性,并在一定区域内具有较大影响;

(三)积极开展传承活动。

认定非物质文化遗产代表性项目的代表性传承人,应当参照执行本法有关非物质文化遗产代表性项目评审的规定,并将所认定的代表性传承人名单予以公布。

第三十条 县级以上人民政府文化主管部门根据需要,采取下列措

施,支持非物质文化遗产代表性项目的代表性传承人开展传承、传播活动:

(一)提供必要的传承场所;

(二)提供必要的经费资助其开展授徒、传艺、交流等活动;

(三)支持其参与社会公益性活动;

(四)支持其开展传承、传播活动的其他措施。

第三十一条 非物质文化遗产代表性项目的代表性传承人应当履行下列义务:

(一)开展传承活动,培养后继人才;

(二)妥善保存相关的实物、资料;

(三)配合文化主管部门和其他有关部门进行非物质文化遗产调查;

(四)参与非物质文化遗产公益性宣传。

非物质文化遗产代表性项目的代表性传承人无正当理由不履行前款规定义务的,文化主管部门可以取消其代表性传承人资格,重新认定该项目的代表性传承人;丧失传承能力的,文化主管部门可以重新认定该项目的代表性传承人。

第三十二条 县级以上人民政府应当结合实际情况,采取有效措施,组织文化主管部门和其他有关部门宣传、展示非物质文化遗产代表性项目。

第三十三条 国家鼓励开展与非物质文化遗产有关的科学技术研究和非物质文化遗产保护、保存方法研究,鼓励开展非物质文化遗产的记录和非物质文化遗产代表性项目的整理、出版等活动。

第三十四条 学校应当按照国务院教育主管部门的规定,开展相关的非物质文化遗产教育。

新闻媒体应当开展非物质文化遗产代表性项目的宣传,普及非物质文化遗产知识。

第三十五条 图书馆、文化馆、博物馆、科技馆等公共文化机构和非物质文化遗产学术研究机构、保护机构以及利用财政性资金举办的文艺表演团体、演出场所经营单位等，应当根据各自业务范围，开展非物质文化遗产的整理、研究、学术交流和非物质文化遗产代表性项目的宣传、展示。

第三十六条 国家鼓励和支持公民、法人和其他组织依法设立非物质文化遗产展示场所和传承场所，展示和传承非物质文化遗产代表性项目。

第三十七条 国家鼓励和支持发挥非物质文化遗产资源的特殊优势，在有效保护的基础上，合理利用非物质文化遗产代表性项目开发具有地方、民族特色和市场潜力的文化产品和文化服务。

开发利用非物质文化遗产代表性项目的，应当支持代表性传承人开展传承活动，保护属于该项目组成部分的实物和场所。

县级以上地方人民政府应当对合理利用非物质文化遗产代表性项目的单位予以扶持。单位合理利用非物质文化遗产代表性项目的，依法享受国家规定的税收优惠。

第五章　法律责任

第三十八条 文化主管部门和其他有关部门的工作人员在非物质文化遗产保护、保存工作中玩忽职守、滥用职权、徇私舞弊的，依法给予处分。

第三十九条 文化主管部门和其他有关部门的工作人员进行非物质文化遗产调查时侵犯调查对象风俗习惯，造成严重后果的，依法给予处分。

第四十条 违反本法规定，破坏属于非物质文化遗产组成部分的实物和场所的,依法承担民事责任;构成违反治安管理行为的,依法给予治安管理处罚。

第四十一条 境外组织违反本法第十五条规定的,由文化主管部门责令改正,给予警告,没收违法所得及调查中取得的实物、资料;情节严重的,并处十万元以上五十万元以下的罚款。

境外个人违反本法第十五条第一款规定的,由文化主管部门责令改正,给予警告,没收违法所得及调查中取得的实物、资料;情节严重的,并处一万元以上五万元以下的罚款。

第四十二条 违反本法规定,构成犯罪的,依法追究刑事责任。

第六章 附　则

第四十三条 建立地方非物质文化遗产代表性项目名录的办法,由省、自治区、直辖市参照本法有关规定制定。

第四十四条 使用非物质文化遗产涉及知识产权的,适用有关法律、行政法规的规定。

对传统医药、传统工艺美术等的保护,其他法律、行政法规另有规定的,依照其规定。

第四十五条 本法自 2011 年 6 月 1 日起施行。

附录二

安徽省非物质文化遗产条例

(2014年8月21日安徽省第十二届人民代表大会常务委员会第十三次会议通过)

第一章 总 则

第一条 为了保护非物质文化遗产,继承和弘扬优秀传统文化,推进文化强省建设,根据《中华人民共和国非物质文化遗产法》和有关法律、行政法规,结合本省实际,制定本条例。

第二条 本条例适用于本省行政区域内非物质文化遗产的保护、传承等活动。

第三条 本条例所称非物质文化遗产,是指各族人民世代相传并视为其文化遗产组成部分的各种传统文化表现形式,以及与传统文化表现形式相关的实物和场所。包括:

(一)传统口头文学以及作为其载体的语言;

(二)传统美术、书法、音乐、舞蹈、戏剧、曲艺和杂技;

(三)传统技艺、医药和历法;

（四）传统礼仪、节庆等民俗；

（五）传统体育和游艺；

（六）其他非物质文化遗产。

第四条 非物质文化遗产工作贯彻保护为主、抢救第一、合理利用、传承发展的方针；坚持政府主导、部门负责、社会参与的原则。

第五条 县级以上人民政府应当将非物质文化遗产工作纳入本级国民经济和社会发展规划，将非物质文化遗产保护、发展等经费列入本级财政预算。

第六条 县级以上人民政府文化主管部门负责本行政区域内非物质文化遗产工作。县级以上人民政府有关部门，在各自职责范围内做好非物质文化遗产工作。

非物质文化遗产工作涉及两个以上行政区域的，由共同的上一级人民政府及其文化主管部门予以统筹协调。

乡（镇）人民政府应当在其职责范围内做好非物质文化遗产工作。

第七条 鼓励和支持公民、法人和其他组织依法开展非物质文化遗产保护的交流与合作活动，以多种方式参与非物质文化遗产保护和传承。

第二章 代表性项目

第八条 县级以上人民政府应当依法认定本级非物质文化遗产代表性项目（以下简称代表性项目），并建立本级代表性项目名录。

县级以上人民政府可以将本级代表性项目向上一级人民政府文化主管部门推荐列入上一级代表性项目名录。

第九条 公民、法人、其他组织可以向县级以上人民政府文化主管部门提出列入代表性项目名录的申请或者建议。

第十条 代表性项目的认定，实行专家评审制度。

省和设区的市人民政府文化主管部门应当建立由较高学术水平专家

组成的代表性项目评审专家库。专家库资源由各级文化主管部门共享。

第十一条 县级以上人民政府文化主管部门应当组织专家评审小组和专家评审委员会,专家评审小组负责对申请、建议或者推荐列入代表性项目名录的项目进行初评,专家评审委员会负责对初评意见进行审议。

第十二条 县级以上人民政府文化主管部门应当将经专家评审委员会评审通过、拟列入本级代表性项目名录的项目予以公示。公示时间不得少于二十日。

公示期间,公民、法人或者其他组织可以提出异议。有关人民政府文化主管部门经过调查,认为异议成立的,应当组织专家进行复审;认为异议不成立的,应当自收到异议之日起二十日内书面告知异议人并说明理由。

县级以上人民政府文化主管部门根据专家评审委员会的审议意见和公示情况,拟定本级代表性项目名录,报本级人民政府批准、公布。代表性项目名录公布后,报上一级人民政府文化主管部门备案。

第十三条 县级以上人民政府文化主管部门应当在认定代表性项目的同时,明确代表性项目的保护单位(以下简称保护单位)。

保护单位应当具备实施该项目保护的能力,有开展传承、展示活动的人员、场所和相对完整的资料。

第十四条 保护单位应当履行下列职责:

(一)制定并实施该项目保护计划,向本级人民政府文化主管部门定期报告代表性项目保护情况;

(二)培养该项目传承人;

(三)收集、保管该项目的实物、资料,并登记、整理、建档;

(四)保护相关的文化场所;

(五)开展该项目的展示、展演活动;

(六)依法履行的其他职责。

第十五条 县级以上人民政府及其文化主管部门应当采取有效措施,对代表性项目实施分类保护:

(一)对濒危的、活态传承较为困难的项目,将其内容、表演形式、技艺流程等予以记录、整理,编印图书,制作影音资料,建立档案等,进行抢救性保护;

(二)对受众较为广泛、活态传承基础较好的项目,通过培育、扶持传习基地等方式,进行传承性保护;

(三)对具有市场需求和开发潜力的项目,通过合理开发利用,进行生产性保护。

第十六条 符合下列条件的特定区域,所在地人民政府文化主管部门可以制定专项保护规划,报本级人民政府批准,设立文化生态保护区,实施区域性整体保护:

(一)传统文化积淀丰厚、存续状态良好,并为社会广泛认同;

(二)非物质文化遗产资源丰富,分布较为集中,且具有较高的历史、文化、科学价值和鲜明的区域特色;

(三)非物质文化遗产所依存的自然生态环境和人文生态环境良好;

(四)当地居民的文化认同感和参与保护的自觉性较高。

在整体保护区域内修建建筑物,应当尊重该区域的传统文化和历史风貌。建筑物的风格、高度、体量、色调等应当与该区域的传统文化相协调。

第三章 传承与传播

第十七条 县级以上人民政府文化主管部门对本级人民政府批准公布的代表性项目,可以认定代表性传承人(以下简称传承人)。

公民、法人或者其他组织可以向县级以上人民政府文化主管部门推荐传承人人选。推荐传承人的,应当征得被推荐人的书面同意。

公民可以自荐作为传承人人选。

第十八条 传承人应当符合法律规定的条件,在特定领域内具有代表性,在一定区域内具有较大影响,熟练掌握其传承的非物质文化遗产。不直接从事代表性项目传承活动的人员不得被认定为传承人。

第十九条 传承人的认定程序,参照本条例关于代表性项目评审程序的规定执行。县级以上人民政府文化主管部门负责将其认定的传承人名单向社会公布。

第二十条 传承人享有下列权利:

(一)传授、展示技艺;

(二)开展讲学、文艺创作和学术研究等活动;

(三)提出非物质文化遗产保护的意见、建议;

(四)申请县级以上人民政府有关部门对传承活动给予支持;

(五)获得县级以上人民政府给予的补助和奖励;

(六)其他与非物质文化遗产保护相关的权利。

第二十一条 传承人应当履行下列义务:

(一)开展传承活动,培养后继人才;

(二)收集、整理和保存相关的实物、资料;

(三)配合进行非物质文化遗产调查;

(四)参与非物质文化遗产公益性宣传;

(五)对政府给予的补助按照规定使用。

第二十二条 县级以上人民政府文化主管部门应当采取下列措施,鼓励、支持传承人开展传承与传播活动:

(一)提供必要的传承、传播场所;

(二)提供必要的经费资助传承人开展授徒、传艺、交流、展示、表演和

整理、出版有关技艺资料等活动;

(三)采取助学、奖学等方式,资助传承人的学徒学习技艺;

(四)支持传承人参与非物质文化遗产展示、传播等社会公益性活动;

(五)支持传承人开展传承与传播活动的其他措施。

第二十三条 县级以上人民政府设立非物质文化遗产展示场所,向公众展示代表性项目。

县级以上人民政府可以结合节庆、当地民间习俗等文化活动,组织开展代表性项目的展示、表演等活动。

第二十四条 文化馆、图书馆、博物馆、美术馆、纪念馆、科技馆等公共文化机构,非物质文化遗产学术研究机构和保护工作机构,以及利用财政性资金举办的文艺表演团体等,应当根据各自业务范围,开展非物质文化遗产的传播活动。

第二十五条 报刊、广播电视、互联网等媒体应当加强非物质文化遗产保护的宣传,普及非物质文化遗产及其保护知识。

第二十六条 教育主管部门应当引导中小学校将具有本地特色的非物质文化遗产知识纳入素质教育内容,开展相关教育活动。

鼓励和支持高等院校、中等职业学校、科研机构设置非物质文化遗产相关专业和课程,或者建立教学、研究基地,开展非物质文化遗产科学研究,培养专业人才。

第二十七条 鼓励和支持公民、法人和其他组织通过下列方式,参与非物质文化遗产的传承与传播:

(一)设立非物质文化遗产展示和传承场所,展示和传承代表性项目;

(二)将其持有的非物质文化遗产实物和资料捐赠或者委托给政府设立的公共文化机构收藏、保管、展出;

(三)捐赠或者设立基金会,资助非物质文化遗产的传承与传播。

第二十八条　县级以上人民政府文化主管部门应当建立本级传承人档案。

县级以上人民政府文化主管部门应当每年将本行政区域内上级文化主管部门认定的传承人的传承情况,书面报告上一级人民政府文化主管部门。

第四章　利用与发展

第二十九条　县级以上人民政府应当采取有效措施,对与非物质文化遗产直接关联的建筑物、场所、遗迹及其附属物,予以维护、修缮并划定保护范围,作出标志说明,建立专门档案,具备条件的应当向社会开放。

标志说明包括代表性项目的名称、级别、简介和立标机关、立标日期等内容。

第三十条　县级以上人民政府应当合理规划布局,引导扶持代表性项目生产性保护示范中心、示范基地或者示范园区建设,支持和推进非物质文化遗产生产性保护。

第三十一条　鼓励和支持公民、法人和其他组织通过下列方式,参与非物质文化遗产的利用与发展:

(一)采取与经贸、旅游相结合的方式,开发具有地方特色和市场潜力的文化产品和文化服务,发展非物质文化遗产项目产品的文化贸易;

(二)开展代表性项目的交流与合作;

(三)开展以弘扬非物质文化遗产为主题的文学艺术创作;

(四)开展非物质文化遗产原始文献、典籍、资料的整理、翻译、出版和研究工作。

利用非物质文化遗产资源,应当处理好保护、传承和开发、利用的关系,尊重其文化内涵,保持原有风貌,不得歪曲、滥用。

第三十二条 县级以上人民政府应当采取措施,保护与非物质文化遗产代表性项目密切相关的珍稀矿产和植物、动物等原材料。

鼓励种植、养殖与非物质文化遗产代表性项目密切相关的植物、动物等原材料。

第三十三条 公民、法人或者其他组织不得实施下列行为:

(一)侵占、破坏与非物质文化遗产直接关联的建筑物、场所、遗迹及其附属物;

(二)乱采、滥挖、盗猎或者盗卖与代表性项目密切相关的珍稀矿产、植物、动物等原材料。

第三十四条 非物质文化遗产项目涉及国家秘密的,应当依法予以保护;涉及商业秘密的,按照有关法律、法规执行。

第五章 保障与监督

第三十五条 县级以上人民政府应当在项目、资金、场地和基础设施建设等方面为非物质文化遗产保护提供保障。

第三十六条 县级以上人民政府非物质文化遗产保护经费应当用于下列事项:

(一)非物质文化遗产的普查;

(二)濒危非物质文化遗产项目的抢救;

(三)非物质文化遗产的传承与传播;

(四)传承人的补助和奖励;

(五)非物质文化遗产重大项目的研究;

(六)非物质文化遗产珍贵资料、实物的征集与收购;

(七)非物质文化遗产区域性整体保护;

(八)非物质文化遗产保护的其他重大事项。

第三十七条　公民、法人或者其他组织合理利用代表性项目的,依法享受国家和省规定的税收、信贷、行政事业性收费等方面的优惠待遇。

第三十八条　县级以上人民政府应当加强非物质文化遗产保护队伍建设,以多种方式培养非物质文化遗产传承、研究等各类专门人才。

第三十九条　县级以上人民政府及其文化主管部门应当定期对非物质文化遗产代表性项目保护情况进行监督检查;发现保护措施未能有效实施的,应当及时处理。

第四十条　县级以上人民政府文化主管部门应当对本行政区域内的保护单位履行保护职责情况进行监督。保护单位不按照本条例规定履行保护职责的,责令改正;拒不改正的,取消其保护单位资格,并重新认定该项目的保护单位。

第四十一条　县级以上人民政府文化主管部门应当对本行政区域内的传承人传承情况进行监督。

第四十二条　县级以上人民政府文化、财政、审计等部门应当加强对非物质文化遗产保护资金的管理和监督,保证资金专款专用。

第六章　法律责任

第四十三条　县级以上人民政府文化主管部门、其他有关部门及其工作人员违反本条例规定,有下列情形之一的,对直接负责的主管人员和其他直接责任人员依法给予处分;构成犯罪的,依法追究刑事责任:

(一)不履行保护管理职责的;

(二)在代表性项目和传承人的评审认定过程中徇私舞弊的;

(三)未对濒危的非物质文化遗产及时采取抢救性保护措施的;

(四)截留、挪用、挤占非物质文化遗产保护经费的。

第四十四条　违反本条例第三十三条第一项规定,侵占、破坏与非物质文化遗产直接关联的建筑物、场所、遗迹及其附属物的,由县级以上人民政府文化主管部门责令改正,处一万元以上五万元以下罚款;情节严重的,处五万元以上十万元以下罚款;有违法所得的,没收违法所得;构成犯罪的,依法追究刑事责任。

违反本条例第三十三条第二项规定,乱采、滥挖、盗猎或者盗卖与代表性项目密切相关的珍稀矿产、植物、动物等原材料的,由有关机关依法予以处理。

第四十五条 违反本条例规定,在申报代表性项目的过程中弄虚作假的,由认定机关撤销已认定的代表性项目,并责令退还该项目保护经费。

第四十六条 违反本条例规定,在申报传承人的过程中弄虚作假,或者滥用和过度开发代表性项目的,由认定机关撤销对传承人的认定,并责令退还传承人补助经费。

第七章 附 则

第四十七条 本条例自 2014 年 10 月 1 日施行。

附录 三

教育部关于印发《完善中华优秀传统文化教育指导纲要》的通知

（教社科〔2014〕3号）

各省、自治区、直辖市教育厅(教委)，新疆生产建设兵团教育局，有关部门(单位)教育司(局)，部属各高等学校：

经国家教育体制改革领导小组审议同意，现将《完善中华优秀传统文化教育指导纲要》印发给你们，请结合实际认真贯彻执行。

中华人民共和国教育部
2014年3月26日

完善中华优秀传统文化教育指导纲要

为贯彻落实党的十八届三中全会关于完善中华优秀传统文化教育的精神，落实立德树人根本任务，进一步加强新形势下中华优秀传统文化教育，制定本指导纲要。

一、加强中华优秀传统文化教育的重要性和紧迫性

1.加强中华优秀传统文化教育,是深化中国特色社会主义教育和中国梦宣传教育的重要组成部分。中国特色社会主义道路是在对中华民族5000多年悠久文明的传承中走出来的,具有深厚的历史渊源和广泛的现实基础。加强中华优秀传统文化教育,对于引导青少年学生更加全面准确地认识中华民族的历史传统、文化积淀、基本国情,认清中国特色社会主义的历史必然性,坚定走中国特色社会主义道路、实现中华民族伟大复兴中国梦的理想信念,具有重大而深远的历史意义。

2.加强中华优秀传统文化教育,是构建中华优秀传统文化传承体系,推动文化传承创新的重要途径。当今世界,文化在综合国力竞争中的地位和作用更加凸显,越来越成为民族凝聚力和创造力的重要源泉,博大精深的中华优秀传统文化是我们在世界文化激荡中站稳脚跟的根基。青少年学生是祖国的未来,民族的希望,加强对青少年学生的中华优秀传统文化教育,对于培养中华优秀传统文化的继承者和弘扬者,推动文化传承创新,建设社会主义先进文化具有基础作用。

3.加强中华优秀传统文化教育,是培育和践行社会主义核心价值观,落实立德树人根本任务的重要基础。世界多极化、经济全球化深入发展,国内经济社会转轨转型,深刻变革,现代传播技术迅猛发展,世界范围内各种思想文化的交流交融交锋更加频繁,社会思想观念日益活跃。青少年学生思想意识更加自主,价值追求更加多样,个性特点更加鲜明,社会上一些不良思想倾向和道德行为,对青少年学生健康成长产生了不容忽视的影响。加强中华优秀传统文化教育,对于引导青少年学生增强民族文化自信和价值观自信,自觉践行社会主义核心价值观具有重要作用。

4.加强中华优秀传统文化教育,必须正视面临的一系列困难和挑战。改革开放以来特别是新世纪以来,中华优秀传统文化教育不断加强,取得

了显著成效,对于培养学生良好思想品德和行为习惯,培育和弘扬爱国主义精神,增强文化自觉自信等方面发挥了积极作用。但是,面对新形势、新要求,中华优秀传统文化教育还存在不少突出问题,对中华优秀传统文化教育重要性的认识有待进一步提高,教育内容的系统性、整体性还明显不足,重知识讲授、轻精神内涵阐释的现象还比较普遍,课程和教材体系有待完善,教师队伍整体素质有待提升,全社会共同参与的教育合力有待加强等,有效解决这些问题,迫切需要进一步完善中华优秀传统文化教育。

二、加强中华优秀传统文化教育的指导思想、基本原则和主要内容

5.加强中华优秀传统文化教育的指导思想。坚持以邓小平理论、"三个代表"重要思想、科学发展观为指导,深入贯彻落实党的十八大、十八届三中全会精神和习近平总书记系列重要讲话精神,全面贯彻党的教育方针,积极培育和践行社会主义核心价值观,围绕立德树人根本任务,以弘扬爱国主义为核心的团结统一、爱好和平、勤劳勇敢、自强不息的民族精神为主线,以推进大中小学中华优秀传统文化教育一体化为重点,整体规划、分层设计、有机衔接、系统推进,促进青少年学生全面发展,培养富有民族自信心和爱国主义精神的社会主义事业建设者和接班人。

6.加强中华优秀传统文化教育的基本原则。

——坚持中华优秀传统文化教育与培育和践行社会主义核心价值观相结合。要坚持历史唯物主义和辩证唯物主义的立场、观点和方法,深入挖掘和阐发中华优秀传统文化讲仁爱、重民本、守诚信、崇正义、尚和合、求大同的时代价值。要处理好继承和创新的关系,重点做好创造性转化和创新性发展。

——坚持中华优秀传统文化教育与时代精神教育和革命传统教育相结合。既要大力弘扬以爱国主义为核心的民族精神,又要积极弘扬以改革创新为核心的时代精神,继承和弘扬革命传统文化。

——坚持弘扬中华优秀传统文化与学习借鉴国外优秀文化成果相结合。既要高度重视培育学生的民族自信心、自豪感,又要注重引导学生树立世界眼光,博采众长。

——坚持课堂教育与实践教育相结合。既要充分发挥课堂教学的主渠道作用,又要注重发挥课外活动和社会实践的重要作用。

——坚持学校教育、家庭教育、社会教育相结合。既要发挥学校主阵地作用,又要加强家庭、社会与学校之间的配合,形成教育合力。

——坚持针对性与系统性相结合。既要根据不同学段学生身心发展特点,区分层次,突出重点,又要加强各学段的有机衔接,逐步推进。

7. 开展中华优秀传统文化教育的主要内容。中华优秀传统文化是中华民族语言习惯、文化传统、思想观念、情感认同的集中体现,凝聚着中华民族普遍认同和广泛接受的道德规范、思想品格和价值取向,具有极为丰富的思想内涵。加强对青少年学生的中华优秀传统文化教育,要以弘扬爱国主义精神为核心,以家国情怀教育、社会关爱教育和人格修养教育为重点,着力完善青少年学生的道德品质,培育理想人格,提升政治素养。

——开展以天下兴亡、匹夫有责为重点的家国情怀教育。着力引导青少年学生深刻认识中国梦是每个人的梦,以祖国的繁荣为最大的光荣,以国家的衰落为最大的耻辱,增强国家认同,培养爱国情感,树立民族自信,形成为实现中华民族伟大复兴的中国梦而不懈努力的共同理想追求,培养青少年学生做有自信、懂自尊、能自强的中国人。

——开展以仁爱共济、立己达人为重点的社会关爱教育。着力引导青少年学生正确处理个人与他人、个人与社会、个人与自然的关系,学会心存善念、理解他人、尊老爱幼、扶残济困、关心社会、尊重自然,培育集体主义精神和生态文明意识,形成乐于奉献、热心公益慈善的良好风尚,培养青少年学生做高素养、讲文明、有爱心的中国人。

——开展以正心笃志、崇德弘毅为重点的人格修养教育。着力引导青少年学生明辨是非、遵纪守法、坚韧豁达、奋发向上，自觉弘扬中华民族优秀道德思想，形成良好的道德品质和行为习惯，培养青少年学生做知荣辱、守诚信、敢创新的中国人。

三、分学段有序推进中华优秀传统文化教育

8. 小学低年级，以培育学生对中华优秀传统文化的亲切感为重点，开展启蒙教育，培养学生热爱中华优秀传统文化的感情。认识常用汉字，学习独立识字，初步感受汉字的形体美；诵读浅近的古诗，获得初步的情感体验，感受语言的优美；了解一些爱国志士的故事，知道中华民族重要传统节日，了解家乡的生活习俗，明白自己是中华民族的一员；初步了解传统礼仪，学会待人接物的基本礼节；初步感受经典的民间艺术。引导学生孝敬父母、尊敬师长、友爱同学、礼貌待人，养成勤俭节约、吃苦耐劳、言行一致的生活习惯和行为规范，培育热爱家乡、热爱生活、亲近自然的情感。

9. 小学高年级，以提高学生对中华优秀传统文化的感受力为重点，开展认知教育，了解中华优秀传统文化的丰富多彩。熟练书写正楷字，理解汉字的文化含义，体会汉字优美的结构艺术；诵读古代诗文经典篇目，理解作品大意，体会其意境和情感；了解中华民族历代仁人志士为国家富强、民族团结作出的牺牲和贡献；知道重要传统节日的文化内涵和家乡生活习俗变迁；感受各民族艺术的丰富表现形式和特点，尝试运用喜爱的艺术形式表达情感；培养学生对传统体育活动的兴趣爱好。引导学生学会理解他人，懂得感恩，逐步提高辨别是非、善恶、美丑的能力，开始树立人生理想和远大志向，热爱祖国河山、悠久历史和宝贵文化。

10. 初中阶段，以增强学生对中华优秀传统文化的理解力为重点，提高对中华优秀传统文化的认同度，引导学生认识我国统一多民族国家的文化传统和基本国情。临摹名家书法,体会书法的美感与意境;诵读古代诗词,初步了解古诗词格律,阅读浅易文言文,注重积累、感悟和运用,提高欣赏品位;知道中国历史的重要史实和发展的基本线索,理解国家统一和民族团结的重要性,认识中华文明的历史价值和现实意义;欣赏传统音乐、戏剧、美术等艺术作品,感受其中表达的情感和思想;参加传统礼仪和节庆活动,了解传统习俗的文化内涵。引导学生尊重各民族传统文化习俗,珍视各民族共同创造的中华优秀文明成果,培养作为中华民族一员的归属感和自豪感。

11. 高中阶段,以增强学生对中华优秀传统文化的理性认识为重点,引导学生感悟中华优秀传统文化的精神内涵,增强学生对中华优秀传统文化的自信心。阅读篇幅较长的传统文化经典作品,提高古典文学和传统艺术鉴赏能力;认识中华文明形成的悠久历史进程,感悟中华文明在世界历史中的重要地位;认识人民群众创造历史的决定作用和杰出人物的贡献,吸取前人经验和智慧,培养豁达乐观的人生态度和抵抗困难挫折的能力;感悟传统美德与时俱进的品质,自觉以中华传统美德律己修身;了解传统艺术的丰富表现形式和特点,感受不同时代、地域、民族特色的艺术风格,接触和体验祖国各地的风土人情、民俗风尚,了解中华民族丰富的文化遗产。引导学生深入理解中华民族最深沉的精神追求,更加全面客观地认识当代中国,看待外部世界,认识国家前途命运与个人价值实现的统一关系,自觉维护国家的尊严、安全和利益。

12. 大学阶段,以提高学生对中华优秀传统文化的自主学习和探究能力为重点,培养学生的文化创新意识,增强学生传承弘扬中华优秀传统文化的责任感和使命感。深入学习中国古代思想文化的重要典籍,理解中华优秀传统文化的精髓,强化学生文化主体意识和文化创新意识;深刻认识中华优秀传统文化是中国特色社会主义植根的沃土,辩证看待中华优秀传统文化的当代价值,正确把握中华优秀传统文化与中国化马克思主义、社会主义核心价值观的关系。引导学生完善人格修养,关心国家命运,自觉把个人理想和国家梦想、个人价值与国家发展结合起来,坚定为实现中华民族伟大复兴的中国梦不懈奋斗的理想信念。

四、把中华优秀传统文化教育系统融入课程和教材体系

13. 在课程建设和课程标准修订中强化中华优秀传统文化内容。围绕中华优秀传统文化教育的主要任务,适时启动课程标准修订和课程开发的研究论证、试点探索和推广评估工作。在中小学德育、语文、历史、艺术、体育等课程标准修订中,增加中华优秀传统文化内容比重。地理、数学、物理、化学、生物等课程,应结合教学环节渗透中华优秀传统文化相关内容。鼓励各地各学校充分挖掘和利用本地中华优秀传统文化教育资源,开设专题的地方课程和校本课程。开展职业院校民族文化传承与创新示范专业点建设。鼓励有条件的高等学校统一开设中华优秀传统文化必修课,拓宽中华优秀传统文化选修课覆盖面。面向各级各类学校重点建设一批中华优秀传统文化精品视频公开课。加强中华优秀传统文化相关学科建设。

14. 修订相关教材和组织编写中华优秀传统文化普及读物。根据修订后的中小学课程标准,修订相关教材。制作内容精、形式活、受欢迎的数字化课件。在高等学校统一推广使用马克思主义理论研究和建设工程重点教材《中国文化概论》。鼓励有条件的地方结合地方课程需要编写具有地域特色的中华优秀传统文化读本。组织知名专家编写多层次、成系列的普及读物。

15. 充分发挥中小学德育课和高校思想政治理论课的重要作用。促进思想政治教育与中华优秀传统文化教育的紧密结合,以爱国主义教育为核心,深入挖掘中华优秀传统文化中蕴含的丰富思想政治教育资源,进一步丰富中小学德育课和高校思想政治理论课的教学内容,创新教学方法和手段,提升教学效果。

五、全面提升中华优秀传统文化教育的师资队伍水平

16.打造一支中华优秀传统文化教育骨干队伍。在中小学教师资格考试内容中增加中华优秀传统文化的比重。在师范院校开设中华优秀传统文化课程。鼓励民间艺人、技艺大师、非物质文化遗产传承人参与职业教育教学。建立非物质文化遗产传承人"双向进入"机制,设立技艺指导大师特设岗位,鼓励有条件的职业院校成立大师工作室。在长江学者奖励计划、新世纪优秀人才支持计划、高等学校青年教师培养计划等各类人才计划,以及"万人计划"教学名师评选中,增加传统文化教学和研究人才比重,培养和造就一批中华优秀传统文化教学名师和学科领军人才。

17.加强面向全体教师的中华优秀传统文化教育培训。在哲学社会科学教学科研骨干研修、高校思想政治理论课骨干教师研修、高校辅导员骨干培训中加大中华优秀传统文化内容比重。在中小学教师国家级培训计划、义务教育学校校长和农村幼儿园园长研修培训计划、职业学校教师和校长素质提高计划中增加中华优秀传统文化培训内容,提高各级各类学校教师开展中华优秀传统文化教育的能力。

六、着力增强中华优秀传统文化教育的多元支撑

18.建设不断适应时代需要的中华优秀传统文化网络教育平台。利用好现有全国文化资源共享工程、公共电子阅览室建设工程、数字图书馆推广计划等数字文化惠民工程的数据资源成果,推动优秀传统文化网络传播,制作适合互联网、手机等新兴媒体传播的传统文化精品佳作。重点打造一批有广泛影响的传统文化特色网站,支持和鼓励学校网站开设传统文化专栏。加强校园网络建设,依托高校网络文化示范中心、大学生网络文化工作室等,拓宽适合青少年学生学习特点的线上教育平台。选取一批有代表性的中华优秀传统文化经典诗文,建设"中华经典资源库"。在中国大学生在线、易班网等设立中华优秀传统文化教育专栏,进行形式活泼、内容丰富的在线学习。

19.加强中华优秀传统文化校园教育活动。利用学校博物馆、校史馆、图书馆、档案馆等,结合校史、院史、学科史和人物史的挖掘、整理和研究,发挥其独特的文化育人作用。深入开展创建中华优秀传统文化艺术传承学校活动,邀请传统文化名家、非物质文化遗产传承人等进校园、进课堂。依托少先队、共青团、学生党支部、学生会、学生社团等,开展主题教育、理论研讨、社会实践、志愿服务、文艺体育等形式多样、丰富多彩的活动。

20.构建互为补充、相互协作的中华优秀传统文化教育格局。充分利用博物馆、纪念馆、文化馆(站)、图书馆、美术馆、音乐厅、剧院、故居旧址、名胜古迹、文化遗产、具有历史文化风貌的街区等,组织学生进行实地考察和现场教学,建立中小学生定期参观博物馆、纪念馆、遗址等公共文化机构的长效机制。积极配合文化、新闻出版广电等部门,提倡和扶持弘扬中华优秀传统文化的各类文艺作品创作,在评奖、宣传等方面加强引导,办好青少年电视频道,做好图书出版规划,创作、出版一批青少年喜爱的影视片、音像制品和文学艺术作品,为加强中华优秀传统文化教育提供丰富、生动的教育资源。

21.充分发挥家庭在中华传统文化教育中的重要作用。要重视发挥中小学家长委员会以及各级各类家长学校、家庭教育指导机构、校外活动场所的作用,把学校教育与家庭教育紧密结合起来,积极组织开展学生和家长共同参与的传统文化体验、主题教育实践活动、志愿者服务和公益性活动,践行中华优秀传统美德,弘扬中华优秀传统文化。倡导家长通过言传身教,形成爱国守法、遵守公德、珍视亲情、勤俭持家、邻里和睦的良好家风,营造弘扬中华优秀传统文化的家庭教育氛围。

七、加强中华优秀传统文化教育的组织实施和条件保障

22.加强对中华优秀传统文化教育的组织领导。各级党委教育工作部门和教育行政部门要把加强对青少年学生中华优秀传统文化教育作为一项战略任务,与宣传、文化、新闻出版广电等部门以及工会、共青团、妇联等群团组织密切配合,建立健全党委统一领导、党政群齐抓共管、有关部门各负其责、全社会共同参与的工作机制,形成中华优秀传统文化教育合力。教育部统筹规划和推进中华优秀传统文化教育课程、教材、师资等建设,明确具体任务和政策措施。充分发挥专家咨询作用,为开展中华优秀传统文化教育提供智力支持。要不断完善社会力量和市场力量参与的传统文化教育投入机制,鼓励和引导多途径增加传统文化教育投入。

23.完善中华优秀传统文化教育的评价和督导机制。研究制定中华优秀传统文化教育的评价标准,将中华优秀传统文化教育作为教育现代化监测评价指标体系的重要内容。增加中华优秀传统文化内容在中考、高考升学考试中的比重。将中华优秀传统文化教育纳入课程实施和教材使用的督导范围,定期开展评估和督导工作。

24.加强中华优秀传统文化教育教学研究。充分利用传统文化优势学科、重点研究基地和相关科研力量,深入开展中华优秀传统文化教育教学研究,为中华优秀传统文化教育教学提供理论基础和学理支撑。鼓励各地各校组织专门力量,加强中华优秀传统文化研究机构建设,为学校和教师提供专业服务和指导。

附录四

中共中央办公厅 国务院办公厅印发《关于实施中华优秀传统文化传承发展工程的意见》

（中办发〔2017〕5号）

文化是民族的血脉，是人民的精神家园。文化自信是更基本、更深层、更持久的力量。中华文化独一无二的理念、智慧、气度、神韵，增添了中国人民和中华民族内心深处的自信和自豪。为建设社会主义文化强国，增强国家文化软实力，实现中华民族伟大复兴的中国梦，现就实施中华优秀传统文化传承发展工程提出如下意见。

一、重要意义和总体要求

1.重要意义。中华文化源远流长、灿烂辉煌。在5000多年文明发展中孕育的中华优秀传统文化，积淀着中华民族最深沉的精神追求，代表着中华民族独特的精神标识，是中华民族生生不息、发展壮大的丰厚滋养，是中国特色社会主义植根的文化沃土，是当代中国发展的突出优势，对延续和发展中华文明、促进人类文明进步，发挥着重要作用。

中国共产党在领导人民进行革命、建设、改革伟大实践中，自觉肩负起传承发展中华优秀传统文化的历史责任，是中华优秀传统文化的忠实继承者、弘扬者和建设者。党的十八大以来，在以习近平同志为核心的党中央领导下，各级党委和政府更加自觉、更加主动推动中华优秀传统文化的传承与发展，开展了一系列富有创新、富有成效的工作，有力增强了中华优秀传统文化的凝聚力、影响力、创造力。同时要看到，随着我国经济社会深刻变革、对外开放日益扩大、互联网技术和新媒体快速发展，各种思想文化交流交融交锋更加频繁，迫切需要深化对中华优秀传统文化重要性的认识，进一步增强文化自觉和文化自信；迫切需要深入挖掘中华优秀传统文化价值内涵，进一步激发中华优秀传统文化的生机与活力；迫切需要加强政策支持，着力构建中华优秀传统文化传承发展体系。实施中华优秀传统文化传承发展工程，是建设社会主义文化强国的重大战略任务，对于传承中华文脉、全面提升人民群众文化素养、维护国家文化安全、增强国家文化软实力、推进国家治理体系和治理能力现代化，具有重要意义。

2. 指导思想。高举中国特色社会主义伟大旗帜，全面贯彻党的十八大和十八届三中、四中、五中、六中全会精神，坚持以马克思列宁主义、毛泽东思想、邓小平理论、"三个代表"重要思想、科学发展观为指导，深入贯彻习近平总书记系列重要讲话精神和治国理政新理念新思想新战略，紧紧围绕实现中华民族伟大复兴的中国梦，深入贯彻新发展理念，坚持以人民为中心的工作导向，坚持以社会主义核心价值观为引领，坚持创造性转化、创新性发展，坚守中华文化立场、传承中华文化基因，不忘本来、吸收外来、面向未来，汲取中国智慧、弘扬中国精神、传播中国价值，不断增强中华优秀传统文化的生命力和影响力，创造中华文化新辉煌。

3. 基本原则。

——牢牢把握社会主义先进文化前进方向。坚持中国特色社会主义文化发展道路,立足于巩固马克思主义在意识形态领域的指导地位、巩固全党全国人民团结奋斗的共同思想基础,弘扬社会主义核心价值观,培育民族精神和时代精神,解决现实问题、助推社会发展。

——坚持以人民为中心的工作导向。坚持为了人民、依靠人民、共建共享,注重文化熏陶和实践养成,把跨越时空的思想理念、价值标准、审美风范转化为人们的精神追求和行为习惯,不断增强人民群众的文化参与感、获得感和认同感,形成向上向善的社会风尚。

——坚持创造性转化和创新性发展。坚持辩证唯物主义和历史唯物主义,秉持客观、科学、礼敬的态度,取其精华、去其糟粕,扬弃继承、转化创新,不复古泥古,不简单否定,不断赋予新的时代内涵和现代表达形式,不断补充、拓展、完善,使中华民族最基本的文化基因与当代文化相适应、与现代社会相协调。

——坚持交流互鉴、开放包容。以我为主、为我所用,取长补短、择善而从,既不简单拿来,也不盲目排外,吸收借鉴国外优秀文明成果,积极参与世界文化的对话交流,不断丰富和发展中华文化。

——坚持统筹协调、形成合力。加强党的领导,充分发挥政府主导作用和市场积极作用,鼓励和引导社会力量广泛参与,推动形成有利于传承发展中华优秀传统文化的体制机制和社会环境。

4. 总体目标。到2025年,中华优秀传统文化传承发展体系基本形成,研究阐发、教育普及、保护传承、创新发展、传播交流等方面协同推进并取得重要成果,具有中国特色、中国风格、中国气派的文化产品更加丰富,文化自觉和文化自信显著增强,国家文化软实力的根基更为坚实,中华文化的国际影响力明显提升。

二、主要内容

5.核心思想理念。中华民族和中国人民在修齐治平、尊时守位、知常达变、开物成务、建功立业过程中培育和形成的基本思想理念,如革故鼎新、与时俱进的思想,脚踏实地、实事求是的思想,惠民利民、安民富民的思想,道法自然、天人合一的思想等,可以为人们认识和改造世界提供有益启迪,可以为治国理政提供有益借鉴。传承发展中华优秀传统文化,就要大力弘扬讲仁爱、重民本、守诚信、崇正义、尚和合、求大同等核心思想理念。

6.中华传统美德。中华优秀传统文化蕴含着丰富的道德理念和规范,如天下兴亡、匹夫有责的担当意识,精忠报国、振兴中华的爱国情怀,崇德向善、见贤思齐的社会风尚,孝悌忠信、礼义廉耻的荣辱观念,体现着评判是非曲直的价值标准,潜移默化地影响着中国人的行为方式。传承发展中华优秀传统文化,就要大力弘扬自强不息、敬业乐群、扶危济困、见义勇为、孝老爱亲等中华传统美德。

7.中华人文精神。中华优秀传统文化积淀着多样、珍贵的精神财富,如求同存异、和而不同的处世方法,文以载道、以文化人的教化思想,形神兼备、情景交融的美学追求,俭约自守、中和泰和的生活理念等,是中国人民思想观念、风俗习惯、生活方式、情感样式的集中表达,滋养了独特丰富的文学艺术、科学技术、人文学术,至今仍然具有深刻影响。传承发展中华优秀传统文化,就要大力弘扬有利于促进社会和谐、鼓励人们向上向善的思想文化内容。

三、重点任务

8.深入阐发文化精髓。加强中华文化研究阐释工作,深入研究阐释中华文化的历史渊源、发展脉络、基本走向,深刻阐明中华优秀传统文化是发展当代中国马克思主义的丰厚滋养,深刻阐明传承发展中华优秀传

统文化是建设中国特色社会主义事业的实践之需,深刻阐明丰富多彩的多民族文化是中华文化的基本构成,深刻阐明中华文明是在与其他文明不断交流互鉴中丰富发展的,着力构建有中国底蕴、中国特色的思想体系、学术体系和话语体系。加强党史国史及相关档案编修,做好地方史志编纂工作,巩固中华文明探源成果,正确反映中华民族文明史,推出一批研究成果。实施中华文化资源普查工程,构建准确权威、开放共享的中华文化资源公共数据平台。建立国家文物登录制度。建设国家文献战略储备库、革命文物资源目录和大数据库。实施国家古籍保护工程,完善国家珍贵古籍名录和全国古籍重点保护单位评定制度,加强中华文化典籍整理编纂出版工作。完善非物质文化遗产、馆藏革命文物普查建档制度。

9.贯穿国民教育始终。围绕立德树人根本任务,遵循学生认知规律和教育教学规律,按照一体化、分学段、有序推进的原则,把中华优秀传统文化全方位融入思想道德教育、文化知识教育、艺术体育教育、社会实践教育各环节,贯穿于启蒙教育、基础教育、职业教育、高等教育、继续教育各领域。以幼儿、小学、中学教材为重点,构建中华文化课程和教材体系。编写中华文化幼儿读物,开展"少年传承中华传统美德"系列教育活动,创作系列绘本、童谣、儿歌、动画等。修订中小学道德与法治、语文、历史等课程教材。推动高校开设中华优秀传统文化必修课,在哲学社会科学及相关学科专业和课程中增加中华优秀传统文化的内容。加强中华优秀传统文化相关学科建设,重视保护和发展具有重要文化价值和传承意义的"绝学"、冷门学科。推进职业院校民族文化传承与创新示范专业点建设。丰富拓展校园文化,推进戏曲、书法、高雅艺术、传统体育等进校园,实施中华经典诵读工程,开设中华文化公开课,抓好传统文化教育成果展示活动。研究制定国民语言教育大纲,开展好国民语言教育。加强面向全体教师的中华文化教育培训,全面提升师资队伍水平。

10.保护传承文化遗产。坚持保护为主、抢救第一、合理利用、加强管理的方针,做好文物保护工作,抢救保护濒危文物,实施馆藏文物修复计划,加强新型城镇化和新农村建设中的文物保护。加强历史文化名城名镇名村、历史文化街区、名人故居保护和城市特色风貌管理,实施中国传统村落保护工程,做好传统民居、历史建筑、革命文化纪念地、农业遗产、工业遗产保护工作。规划建设一批国家文化公园,成为中华文化重要标识。推进地名文化遗产保护。实施非物质文化遗产传承发展工程,进一步完善非物质文化遗产保护制度。实施传统工艺振兴计划。大力推广和规范使用国家通用语言文字,保护传承方言文化。开展少数民族特色文化保护工作,加强少数民族语言文字和经典文献的保护和传播,做好少数民族经典文献和汉族经典文献互译出版工作。实施中华民族音乐传承出版工程、中国民间文学大系出版工程。推动民族传统体育项目的整理研究和保护传承。

11.滋养文艺创作。善于从中华文化资源宝库中提炼题材、获取灵感、汲取养分,把中华优秀传统文化的有益思想、艺术价值与时代特点和要求相结合,运用丰富多样的艺术形式进行当代表达,推出一大批底蕴深厚、涵育人心的优秀文艺作品。科学编制重大革命和历史题材、现实题材、爱国主义题材、青少年题材等专项创作规划,提高创作生产组织化程度,彰显中华文化的精神内涵和审美风范。加强对中华诗词、音乐舞蹈、书法绘画、曲艺杂技和历史文化纪录片、动画片、出版物等的扶持。实施戏曲振兴工程,做好戏曲"像音像"工作,挖掘整理优秀传统剧目,推进数字化保存和传播。实施网络文艺创作传播计划,推动网络文学、网络音乐、网络剧、微电影等传承发展中华优秀传统文化。实施中国经典民间故事动漫创作工程、中华文化电视传播工程,组织创作生产一批传承中华文化基因、具有大众亲和力的动画片、纪录片和节目栏目。大力加强文艺评论,改革完善文艺评奖,建立有中国特色的文艺研究评论体系,倡导中华美学精神,推动美学、美德、美文相结合。

12.融入生产生活。注重实践与养成、需求与供给、形式与内容相结合,把中华优秀传统文化内涵更好更多地融入生产生活各方面。深入挖掘城市历史文化价值,提炼精选一批凸显文化特色的经典性元素和标志性符号,纳入城镇化建设、城市规划设计,合理应用于城市雕塑、广场园林等公共空间,避免千篇一律、千城一面。挖掘整理传统建筑文化,鼓励建筑设计继承创新,推进城市修补、生态修复工作,延续城市文脉。加强"美丽乡村"文化建设,发掘和保护一批处处有历史、步步有文化的小镇和村庄。用中华优秀传统文化的精髓涵养企业精神,培育现代企业文化。实施中华老字号保护发展工程,支持一批文化特色浓、品牌信誉高、有市场竞争力的中华老字号做精做强。深入开展"我们的节日"主题活动,实施中国传统节日振兴工程,丰富春节、元宵、清明、端午、七夕、中秋、重阳等传统节日文化内涵,形成新的节日习俗。加强对传统历法、节气、生肖和饮食、医药等的研究阐释、活态利用,使其有益的文化价值深度嵌入百姓生活。实施中华节庆礼仪服装服饰计划,设计制作展现中华民族独特文化魅力的系列服装服饰。大力发展文化旅游,充分利用历史文化资源优势,规划设计推出一批专题研学旅游线路,引导游客在文化旅游中感知中华文化。推动休闲生活与传统文化融合发展,培育符合现代人需求的传统休闲文化。发展传统体育,抢救濒危传统体育项目,把传统体育项目纳入全民健身工程。

13.加大宣传教育力度。综合运用报纸、书刊、电台、电视台、互联网站等各类载体,融通多媒体资源,统筹宣传、文化、文物等各方力量,创新表达方式,大力彰显中华文化魅力。实施中华文化新媒体传播工程。充分发挥图书馆、文化馆、博物馆、群艺馆、美术馆等公共文化机构在传承发展中华优秀传统文化中的作用。编纂出版系列文化经典。加强革命文物工作,实施革命文物保护利用工程,做好革命遗址、遗迹、烈士纪念设施的保护和利用。推动红色旅游持续健康发展。深入开展"爱我中华"主题教育活动,充分利用重大历史事件和中华历史名人纪念活动、国家公祭仪式、烈士纪念日,充分利用各类爱国主义教育基地、历史遗迹等,展示爱国主义深刻内涵,培育爱国主义精神。加强国民礼仪教育。加大对国家重要礼仪的普及教育与宣传力度,在国家重大节庆活动中体现仪式感、庄重感、荣誉感,彰显中华传统礼仪文化的时代价值,树立文明古国、礼仪之邦的良好形象。研究提出承接传统习俗、符合现代文明要求的社会礼仪、服装服饰、文明用语规范,建立健全各类公共场所和网络公共空间的礼仪、礼节、礼貌规范,推动形成良好的言行举止和礼让宽容的社会风尚。把优秀传统文化思想理念体现在社会规范中,与制定市民公约、乡规民约、学生守则、行业规章、团体章程相结合。弘扬孝敬文化、慈善文化、诚信文化等,开展节俭养德全民行动和学雷锋志愿服务。广泛开展文明家庭创建活动,挖掘和整理家训、家书文化,用优良的家风家教培育青少年。挖掘和保护乡土文化资源,建设新乡贤文化,培育和扶持乡村文化骨干,提升乡土文化内涵,形成良性乡村文化生态,让子孙后代记得住乡愁。加强港澳台中华文化普及和交流,积极举办以中华文化为主题的青少年夏令营、冬令营以及诵读和书写中华经典等交流活动,鼓励港澳台艺术家参与国家在海外举办的感知中国、中国文化年(节)、欢乐春节等品牌活动,增强国家认同、民族认同、文化认同。

14.推动中外文化交流互鉴。加强对外文化交流合作,创新人文交流方式,丰富文化交流内容,不断提高文化交流水平。充分运用海外中国文化中心、孔子学院,文化节展、文物展览、博览会、书展、电影节、体育活动、旅游推介和各类品牌活动,助推中华优秀传统文化的国际传播。支持中华医药、中华烹饪、中华武术、中华典籍、中国文物、中国园林、中国节日等中华传统文化代表性项目走出去。积极宣传推介戏曲、民乐、书法、国画等我国优秀传统文化艺术，让国外民众在审美过程中获得愉悦、感受魅力。加强"一带一路"沿线国家文化交流合作。鼓励发展对外文化贸易，让更多体现中华文化特色、具有较强竞争力的文化产品走向国际市场。探索中华文化国际传播与交流新模式，综合运用大众传播、群体传播、人际传播等方式，构建全方位、多层次、宽领域的中华文化传播格局。推进国际汉学交流和中外智库合作，加强中国出版物国际推广与传播，扶持汉学家和海外出版机构翻译出版中国图书，通过华侨华人、文化体育名人、各方面出境人员，依托我国驻外机构、中资企业、与我友好合作机构和世界各地的中餐馆等，讲好中国故事、传播好中国声音、阐释好中国特色、展示好中国形象。

四、组织实施和保障措施

15.加强组织领导。各级党委和政府要从坚定文化自信、坚持和发展中国特色社会主义、实现中华民族伟大复兴的高度，切实把中华优秀传统文化传承发展工作摆上重要日程，加强宏观指导，提高组织化程度，纳入经济社会发展总体规划，纳入考核评价体系，纳入各级党校、行政学院教学的重要内容。各级党委宣传部门要发挥综合协调作用，整合各类资源，调动各方力量，推动形成党委统一领导、党政群协同推进、有关部门各负其责、全社会共同参与的中华优秀传统文化传承发展工作新格局。各有关部门和群团组织要按照责任分工，制定实施方案，完善工作机制，把各项任务落到实处。

16.加强政策保障。加强中华优秀传统文化传承发展相关扶持政策的制定与实施，注重政策措施的系统性协同性操作性。加大中央和地方各级财政支持力度，同时统筹整合现有相关资金，支持中华优秀传统文化传承发展重点项目。制定和完善惠及中华优秀传统文化传承发展工程项目的金融支持政策。加大对国家重要文化和自然遗产、国家级非物质文化遗产等珍贵遗产资源保护利用设施建设的支持力度。建立中华优秀传统文化传承发展相关领域和部门合作共建机制。制定文物保护和非物质文化遗产保护专项规划。制定和完善历史文化名城名镇名村和历史文化街区保护的相关政策。完善相关奖励、补贴政策，落实税收优惠政策，引导和鼓励企业、社会组织及个人捐赠或共建相关文化项目。建立健全中华优秀传统文化传承发展重大项目首席专家制度，培养造就一批人民喜爱、有国际影响的中华文化代表人物。完善中华优秀传统文化传承发展的激励表彰制度，对为中华优秀传统文化传承发展和传播交流作出贡献、建立功勋、享有声誉的杰出海内外人士按规定授予功勋荣誉或进行表彰奖励。有关部门要研究出台入学、住房保障等方面的倾斜政策和措施，用以倡导和鼓励自强不息、敬业乐群、扶正扬善、扶危济困、见义勇为、孝老爱亲等传统美德。

17. 加强文化法治环境建设。修订文物保护法。制定文化产业促进法、公共图书馆法等相关法律，对中华优秀传统文化传承发展有关工作作出制度性安排。在教育、科技、卫生、体育、城乡建设、互联网、交通、旅游、语言文字等领域相关法律法规的制定修订中，增加中华优秀传统文化传承发展内容。加大涉及保护传承弘扬中华优秀传统文化法律法规施行力度，加强对法律法规实施情况的监督检查。充分发挥各行政主管部门在传承发展中华优秀传统文化中的重要作用，建立完善联动机制，严厉打击违法经营行为。加强法治宣传教育，增强全社会依法传承发展中华优秀传统文化的自觉意识，形成礼敬守护和传承发展中华优秀传统文化的良好法治环境。各地要根据本地传统文化传承保护的现状，制定完善地方性法规和政府规章。

18. 充分调动全社会积极性创造性。传承发展中华优秀传统文化是全体中华儿女的共同责任。坚持全党动手、全社会参与,把中华优秀传统文化传承发展的各项任务落实到农村、企业、社区、机关、学校等城乡基层。各类文化单位机构、各级文化阵地平台,都要担负起守护、传播和弘扬中华优秀传统文化的职责。各类企业和社会组织要积极参与文化资源的开发、保护与利用,生产丰富多样、社会价值和市场价值相统一、人民喜闻乐见的优质文化产品,扩大中高端文化产品和服务的供给。充分尊重工人、农民、知识分子的主体地位,发挥领导干部的带头作用,发挥公众人物的示范作用,发挥青少年的生力军作用,发挥先进模范的表率作用,发挥非公有制经济组织和社会组织从业人员的积极作用,发挥文化志愿者、文化辅导员、文艺骨干、文化经营者的重要作用,形成人人传承发展中华优秀传统文化的生动局面。

参考文献

[1] [美]阿兰·邓迪斯编,陈建宪等译. 世界民俗学[M]. 上海:上海文艺出版社,1990.

[2] 晓秦,明星编著. 起名的艺术[M]. 成都:四川人民出版社,1990.

[3] 陈克编著. 中国语言民俗[M]. 天津:天津人民出版社,1993.

[4] 舒燕编著. 中国民俗[M]. 北京:北京语言大学出版社,2002.

[5] 中国民间歌曲集成全国编辑委员会. 中国民间歌曲集成·安徽卷[M]. 北京:中国ISBN中心出版,2004.

[6] 卞利. 徽州民俗[M]. 合肥:安徽人民出版社,2005.

[7] 孙红侠编著. 民间戏曲(中国民俗文化丛书)[M]. 北京:中国社会出版社,2006.

[8] 吴凡. 民间音乐(中国民俗文化丛书)[M]. 北京:中国社会出版社,2006.

[9] 李北达编著. 民间舞蹈(中国民俗文化丛书)[M]. 北京:中国社会出版社,2006.

[10] 柯杨. 民间歌谣(中国民俗文化丛书)[M]. 北京:中国社会出版社,2006.

[11] 黄景春. 民间传说(中国民俗文化丛书)[M]. 北京:中国社会出版社,2006.

[12] 刘婷. 民俗休闲文化论[M]. 昆明:云南出版集团公司,云南人民出版社,2008.

[13] 汪良发主编. 徽州文化十二讲[M]. 合肥:合肥工业大学出版社,2008.

[14] 许若齐,汪红兴. 最美的民俗[M]. 合肥:合肥工业大学出版社,2011.

[15] 平章起. 成年仪式的德育功能研究[M]. 天津:南开大学出版社,2012.

[16] 邢军主编. 安徽民俗[M]. 合肥:时代出版传媒股份有限公司,安徽文艺出版社,2012.

[17] 郎涛主编. 话说安徽[M]. 合肥:时代出版传媒股份有限公司,安徽文艺出版社,2013.

[18] 李湧. 中国游艺民俗文化[M]. 郑州:中原出版传媒集团、中原农民出版社,2014.

[19] 安徽优秀传统文化丛书编写组. 桐城文化八讲[M]. 合肥:北京师范大学出版集团、安徽大学出版社,2015.

[20] 安徽优秀传统文化丛书编写组. 皖北文化九讲[M]. 合肥:北京师范大学出版集团、安徽大学出版社,2015.

[21] 余新华编. 民风民俗(霍山历史文化丛书)[M]. 合肥:黄山书社,2015.

[22] 安徽优秀传统文化丛书编写组. 合肥文化十讲[M]. 合肥:北京师范大学出版集团、安徽大学出版社,2017.

[23]关溪莹.钟敬文的民俗教育观[J].中山大学学报(社会科学版),2002,(04).

[24]许洁.安徽大鼓的历史发展研究[J].滁州学院学报,2009,(01).

[25]苏蔓,李美娟.中国民俗文化的特征与社会功能[J].文史哲论丛,2010,(02).

[26]张永芳.论五河民歌的艺术特征[J].淮北职业技术学院学报,2010,(04).

[27]伍德勤,李军.合肥地区中小学开发地方民俗教育课程的思考[J].合肥学院学报(社科版),2011,(01).

[28]孙杰远.论民族文化心理场及其教育意蕴[J].教育研究,2016,(12).

[29]孟凡翠.安徽亳州民间舞蹈"踩高跷"的形态与审美特征[J].湖北第二师范学院学报,2017,(07).

[30]毛新梅.论民俗文化的德育意蕴及其实施路径[J].教育研究与实验,2018,(05).

后　记

作为本书的编者,我们深感社会中的每个人都生活在民俗文化的氛围中,民俗文化与我们每个人的成长息息相关。之所以对民俗文化研究感兴趣,最初得益于民俗研究专家、也是我们的好朋友王焰安先生。20多年前他送给我们一本他参与主编的《世界风俗传说故事大观》(安徽少年儿童出版社,1997年版),10多年前又送给我们一本他的专著《桃文化研究》(中国档案出版社,2003年版)。另外,还有老朋友刘学忠教授送给我们的著作《文人与茶》(东方出版社,1997年版)以及好朋友沈召前送的他岳父刘奕云先生撰写的《中国酒林之葩:阜阳酒文化》(澳门文星出版社,2002年版)等。身边这些朋友对民俗的兴趣及其研究成果潜移默化地影响着我们的研究方向,我们也时常在一起交流有关问题。10年前,我们在合肥学院教育系开设了一门选修课《宗教、民俗与教育》,这门课自开课至今每年都有学生选修。由于曾经做过安徽省教育厅人文社科重点课题"世界三大宗教与教育发展关系研究",所以讲"宗教与教育"方面的内容较为顺手,但民俗部分就显得相对较弱。于是,2009年我们申报了合肥市哲学社会科学规划课题"合肥地区民俗特点及教育价值开发研究"。这使我们尝到了"科研与教学相互促进"的甜头。2017年,我们分别主持申报了安徽省社会科学知识普及规划项目("安徽地方民俗的教育价值赏析",伍德勤主持)和安徽省高校人文社科重点研究项目("不同场域的民俗文化与青少年德育研究",毛新梅主持),并获得立项(项目编号分别是 Z17013 和 SK2018A0601)。此书正是上述课题的研究成果之一。在此,除感谢安徽省社科联、安徽省教育厅和合肥学院科技处外,还要感谢为我们提供资料的被调研单位、有关网站(尤其是百度百科网站和安徽省非物质文化遗产网,书中彩插图片也主要来源于上述网站)以及有关作者和同仁。尽管书后列举了部分参考文献,但难免遗漏。由于帮助的人较多,包括我们以前教过的学生(尤其是 20 世纪末我们参与研究的"汉语言文学专业师范教育改革实验班"学生),在此不便一一列出他们的名字,敬请海涵!最后要感谢北京师范大学出版集团和安徽大学出版社的领导及编辑们,没有他们的支持和辛勤劳动,此书难以付梓。书中错误之处在所难免,敬请读者批评指正。

编 者

2018 年 10 月于合肥学院